Rue Caulaincourt
Basilique du Sacré-Cœur
NTMARTRE
Rue de Clignancourt
Boulevard Barbès
N
S
Boulevard de la Chapelle
Anvers
Boulevard de Rochechouart
Clichy
Gare du Nord
Rue de Maubeuge
uyère
Rue La Fayette
Gare de l'Est
Boulevard de Magenta
Rue La Fayette
Garnier
ard des Italiens
Musée Grévin
Bou
Bibliothèque Nationale
Rue d'Aboukir
Rue Réaum
Rue de Turbigo
Banque de France
Palais-Royal
Rue du Louvre
St.-Eustache
Boulevard de Sébastopol
Rue Beaubourg
Rue des Archives
MARAIS
Boulevard Beaumarchais
Forum des Halles
Centre Pompidou
Musée du Louvre
Châtelet
Rue de Turenne
Boulevard Richard Lenoir
Seine
Pont-Neuf
Bd du Palais
Justiz-palast
Hôtel de Ville
Ecole Nat. des Beaux-Arts
Cité
Quai de l'Hôtel de Ville
Rue de Rivoli
Place des Vosges
ÎLE DE LA CITÉ
Rue St.-Antoine
Place de la Bastille
Saint-Michel
Notre-Dame
Boulevard Henri IV
Boulevard Saint-Germain
Quai de la Tournelle

Hans-Joachim Lotz

Paris

Eine literarische Entdeckungsreise

Am besten lesen. *Am besten lesen.* *Am besten lesen.*

Die Deutsche Nationalbibliothek verzeichnet diese Publikation
in der Deutschen Nationalbibliografie;
detaillierte bibliografische Daten sind im Internet über
http://dnb.d-nb.de abrufbar.

Der Lambert Schneider Verlag ist ein Imprint der WBG

Die Herausgabe des Werkes wurde durch
die Vereinsmitglieder der WBG ermöglicht.
Redaktion: Mechthilde Vahsen, Düsseldorf
Satz: Janß GmbH, Pfungstadt
Umschlagabbildung: Blick vom Palais de Chaillot auf den Eiffelturm.
© Greg Evans/OKAPIA
Umschlaggestaltung: Peter Lohse, Heppenheim
Gedruckt auf säurefreiem und alterungsbeständigem Papier
Printed in Germany

Besuchen Sie uns im Internet: www.lambertschneider.de

ISBN 978-3-650-17241-9

Elektronisch sind folgende Ausgaben erhältlich:
eBook (PDF): 978-3-650-72695-7
eBook (epub): 978-3-650-72696-4

Inhalt

Vorwort

Unter allen Städten ist keine, die sich inniger mit dem Buche verband als Paris. Wenn Giraudoux Recht hat und es das höchste menschlicher Freiheitsgefühle ist, schlendernd dem Lauf eines Flusses zu folgen, führt hier noch der vollendetste Müßiggang, die beglückteste Freiheit also, zum Buch und ins Buch. Denn über die kahlen Seine-Quais hat sich seit Jahrhunderten der Efeu gelehrter Blätter gelegt: Paris ist ein großer Bibliothekssaal, der von der Seine durchströmt wird. Kein Monument in dieser Stadt, an dem sich nicht ein Meisterwerk der Dichtung inspiriert hätte.

Paris, die Stadt im Spiegel. Liebeserklärungen der Dichter und Künstler an die ‚Hauptstadt der Welt' Walter Benjamin, Denkbilder

Paris, eine der faszinierendsten europäischen Metropolen, gilt als Stadt der Modernität und als Stadt der Träume. Dieser Band aus der Reihe „Literarische Entdeckungsreisen" möchte eine lebendige Verbindung schaffen zwischen dem realen Paris der Gegenwart und dem erinnerten Paris der nahen und fernen Vergangenheit, zwischen der Stadt und dem Buch, zwischen der Wirklichkeit und der Dichtung. Damit können Leser historische und literarische Schauplätze der Seinestadt (wieder) entdecken.

Walter Benjamin bezeichnet Paris als „die Hauptstadt des XIX. Jahrhunderts" oder als „Hauptstadt der Welt". Die Entwicklungstendenzen des modernen Lebens finden sich hier wie in einem Brennpunkt vereinigt. Die französische Metropole stellt einen exemplarischen Mikrokosmos dar, ein Resümee des gesamten Universums („l'abrégé de l'univers"), einen „Ort des gesteigerten Bewusstseins", wie es der Romanist Karlheinz Stierle formuliert hat. In dieser Stadt ist eine unermessliche Fülle an Wissen gesammelt. Zunächst in dem konkreten Sinn, dass seit der Französischen Revolution in öffentlichen Bibliotheken und in den vielen Museen ein unerschöpflicher Reichtum an Kenntnissen für die Bürger zur Verfügung steht. Dann aber auch im übertragenen Sinn, dass der Betrachter der französischen Hauptstadt wie in einem „großen Bibliothekssaal" sitzt und im aufgeschlagenen Buch *Paris* sein Wissen erweitert. In der Welt des Buches entziffert er das Buch der Welt.

Aber er erwirbt durch die Lektüre nicht nur abstrakte theoretische Kenntnisse wissenschaftlicher Art. Die Bibliothek Paris enthält Sachbücher und Belletristik. Das Lesen bezieht sich immer auch auf das Leben: Die bunte Fülle von Ereignissen der äußeren und inneren Welt „verdichtet“ sich in den sprachlichen Kunstwerken. Der gegenwärtige Blick des Reisenden auf die Straßen, Plätze und Baudenkmäler von Paris verbindet sich mit dem historischen Blick des Schriftstellers; die Beobachtung menschlichen Treibens an den verschiedenen Orten der Stadt verknüpft sich mit dem epischen Geschehen an literarischen Schauplätzen: Die Kirche Notre-Dame de Paris ruft dem Reisenden beispielsweise die Beschreibung und die tragische Handlung des gleichnamigen Romans von Victor Hugo ins Gedächtnis, die Opéra Garnier die verborgenen Wege des Bauwerks und die Kriminalgeschichte von Gaston Leroux' *Phantom der Oper* (vornehmlich in der Musicalfassung); der Gang durch das Kaufhaus „Le Bon Marché“ lässt ihn an Zolas Werk *Das Paradies der Damen* denken und der Blick auf die Stadt vom Friedhof Père Lachaise aus an Rastignacs Paris-Vision am Ende von Balzacs *Vater Goriot*.

Dieser Band wendet sich an Parisreisende, die Freude an der Kunst und Kultur der Seinestadt und zugleich Interesse an der französischen Literatur haben, auch an ihrer Einordnung in den geistes- und sozialwissenschaftlichen Kontext sowie in historische Zusammenhänge. Der handliche Begleiter führt die Leser zu den literarischen Schauplätzen der französischen Metropole und durch die Pariser Straßen, Alleen und Boulevards. Die Spaziergänge beginnen in der Regel an der Métro-Haltestelle, die dem ersten Besichtigungsort am nächsten liegt.

Sie haben also eine Einladung zu zwei unterschiedlichen Entdeckungsreisen in der Hand: Sie spazieren zu den dichterisch bedeutsam gewordenen Orten, zu Bauwerken, Denkmälern und Plätzen und Sie begeben sich auf einen imaginären Ausflug zu Werken der – fast ausschließlich – französischen Literatur mit dem Thema Paris. An den jeweiligen Orten – sowohl real als auch fiktiv – verschmelzen diese beiden Wege und eröffnen eine zusätzliche (literar-)historische Tiefendimension. Und es gibt auch einiges Unbekannte zu entdecken – in der Seinestadt und in der französischen Literatur.

Das Ordnungsprinzip des Bandes ist die Topographie von Paris. Im Mittelpunkt der acht unterschiedlich langen Rundgänge stehen literarisch bedeutsam gewordene Baudenkmäler. Zusätzlich ist ein kurzes Kapitel dem Blick auf Paris gewidmet. Einige der Orte sind durch die vielfältigen Umgestaltungen der Stadt, insbesondere durch die radikalen Baumaßnahmen des Präfekten Baron Georges – Eugène Haussmann in der Mitte des 19. Jahrhunderts, verschwunden und nur noch in der Erinnerung – und in der Dichtung – existent.

Diese Form der Anordnung bringt es mit sich, dass sich literarisch Bedeutsames mit weniger Wichtigem mischt, dass auf ein Zitat aus einem

Roman der Weltliteratur eine Textstelle aus einem trivialeren Werk folgen kann. Die Textpassagen aus über fünf Jahrhunderten französischer Literatur, eine der umfangreichsten und bedeutendsten in Europa, ergeben eine kleine, auf Paris bezogene Anthologie der Dichtung Frankreichs. Darstellung und Texte fügen sich zu einem Mosaik der Literatur und Geschichte unseres Nachbarlandes.

Die literarischen Gattungen sind sehr unterschiedlich vertreten. Die Beschreibung der äußeren städtischen Welt gelingt am besten der erzählenden Dichtung, vor allem dem Roman, der sich in Frankreich aber spät entwickelt. Sieht man von einigen Ausnahmen – wie beispielsweise Furetières *Bürgerlichem Roman* aus dem Jahre 1666 – ab, so findet man erst am Anfang des 18. Jahrhunderts im Roman der französischen Frühaufklärung eine genauere Schilderung der urbanen Wirklichkeit und eine detailliertere Beschreibung der zeitgenössischen Straßen, Plätze und Bauwerke. Der ökonomische Aufstieg und die kulturelle Vorherrschaft des Bürgertums bewirken in dieser Zeit eine stärkere Berücksichtigung seiner großstädtischen Lebenswelt im Roman, denn dieser wird im Wesentlichen in bürgerlichen Kreisen gelesen. Den Höhepunkt wirklichkeitsnaher Städtedarstellung bietet die französische Literatur ab 1830 in den realistischen Erzählwerken Stendhals, Balzacs und Flauberts und später in den naturalistischen Romanen Zolas. Die Werke dieser Autoren werden daher ausführlicher behandelt, zumal sie einem größeren Lesepublikum bekannt sind. Für die französischen Schriftsteller des 20. Jahrhunderts steht die genaue Beschreibung der Stadt Paris und ihrer Bauwerke vielfach nicht mehr im Mittelpunkt der Darstellung. Einerseits hat sich die erzählende Dichtung hin zum „Dingroman“ entwickelt (wie zum Beispiel im „Nouveau Roman“): Es werden nur noch Details der zu beschreibenden Gegenstände wiedergegeben und bis in die einzelnen Bestandteile hin geschildert; die Beziehung zum gesamten Objekt, seine Bedeutung und seine Symbolhaftigkeit werden aber nicht thematisiert. Andererseits verlagert sich die Handlung teilweise in das Innere der Personen, in Bewusstseinsvorgänge. Die Außenwelt verliert an Realität und zerfällt; sie bekommt in diesen Werken einen heterogenen, fragmentarischen, banalen, imaginären oder auch phantastischen Charakter.

Die dramatischen Gattungen eignen sich nur wenig für eine detaillierte Darstellung städtischer Schauplätze. Zwar ist es nach den Normen der Dichtungstheorie auch dem bürgerlichen Trauerspiel in Frankreich seit der Mitte des 18. Jahrhunderts gestattet, das alltägliche Leben der nicht-adeligen Schichten auf der Bühne zu behandeln. Aber nur wenn – was selten der Fall ist – die städtische Umwelt selbst Teil der dramatischen Handlung wird, wie beispielsweise in Giraudoux' Theaterstück *Die Irre von Chaillot*, kann die urbane Außenwelt deutlicher hervortreten.

Eine präzisere Bestimmung der Stadtthematik erweist sich bei der Lyrik als besonders schwierig. Die detaillierte Beschreibung der äußeren Welt ist kein Ziel dieser literarischen Gattung. Die traditionelle Dichtung war bis zur Mitte des 19. Jahrhunderts wesentlich Bekenntnis- und Gefühlslyrik, die sich vorwiegend mit der inneren Welt der Personen beschäftigte. In der französischen Literatur erfolgt nach der Romantik eine entscheidende Änderung dieser Konzeption: Baudelaires Dichtung bezeichnet nach Hugo Friedrich den Anfangspunkt der „Entpersönlichung der modernen Lyrik". Der Autor der *Blumen des Bösen* ist zugleich einer der ersten Lyriker, in dessen Werken das Thema der Großstadt eine zentrale Stellung einnimmt. Die nachfolgenden Lyriker seit Rimbaud verstärken die Abkehr von der traditionellen Gefühls- und Erlebnislyrik. Sie haben die großstädtische Wirklichkeit verfremdet, deformiert, zerstört und aus den zerschlagenen Teilen der Realität neue phantastische, künstliche und chaotische Welten geschaffen. Die traditionelle Lyrik, die ebenso wie die moderne Stadtpoesie weiterhin fortbesteht, hat trotz ihrer fundamentalen Unterschiede eine Gemeinsamkeit: Pariser Straßen, Plätze und Bauwerke werden im günstigsten Fall namentlich angeführt, in Vorstellungen evoziert oder bruchstückhaft erwähnt, aber so gut wie nie detaillierter beschrieben. Entsprechendes gilt auch für das Chanson. Diese Texte sind daher für unsere literarischen Spaziergänge nur selten verwendbar.

Neben den traditionellen Genres des Romans und der Erzählung, des Dramas und der Lyrik werden vereinzelt auch Texte aus Essays, autobiographischen Schriften, Memoiren, Reportagen oder wissenschaftlich-dokumentarischen Werken erwähnt, sofern sie von bedeutenderen Schriftstellern verfasst oder von literarischem Wert sind.

Aus der Fülle der fiktionalen Literatur zum Thema Paris war eine Auswahl zu treffen. Nur solche Texte fanden Verwendung, die die Stadt, ihre Bauwerke, Denkmäler, Straßen oder Plätze nicht nur erwähnt, sondern auch charakterisiert oder beschrieben haben. Deshalb bedeutet die Nichterwähnung eines Werkes kein Qualitätsurteil.

Begeben wir uns also auf eine „literarische Entdeckungsreise" zu Pariser Bauwerken und Denkmälern, zu Plätzen und Straßen und nehmen wir dazu einen virtuellen Handkoffer voll von Werken der französischen Literatur mit. An den jeweiligen Orten schauen wir, welche Schätze uns die Bücher anbieten, und vertiefen uns in die Texte.

1. Rund um die Île de la Cité

Notre-Dame de Paris – Pont-au-Change – Palais de Justice – Place Dauphine – Pont-Neuf

Métro-Linie 4: Haltestelle Cité

Wenn man von der Métro-Haltestelle Cité in östlicher Richtung die Rue de Lutèce entlanggeht und dann rechts in die Rue de la Cité einbiegt, gelangt man nach wenigen Metern zur Place du Parvis Notre-Dame und der Pariser Hauptkirche. Die Kathedrale Notre-Dame nimmt den größten Raum der Île de la Cité ein. Die beiden Türme der Kirche erheben sich bis zu einer Höhe von 69 Metern und werden noch von dem 90 Meter hohen Dachreiter über dem Vierungsturm überragt. Der Vorplatz der Kirche wurde etwa 1860 durch die Modernisierungsmaßnahmen des Präfekten Baron Haussmann um das Vierfache vergrößert. Dadurch verlor sich der Charakter einer aus dem dichten Häusermeer steil aufsteigenden Kathedrale, der bis dahin vorherrschend war und die Bedeutung der Kirche für Paris schon im Stadtbild deutlich vor Augen führte. In der Gegenwart haben die vielen Hochhäuser diese herausragende Stellung der Kathedrale weiter stark relativiert. Sie ist aber auch heute noch das meistbesuchte Bauwerk Frankreichs.

Notre-Dame steht etwa im geographischen Mittelpunkt der französischen Hauptstadt. Eine kleine Bronzeplakette auf dem Vorplatz der Kathedrale bezeugt, dass man sich gewissermaßen auch im Zentrum Frankreichs befindet: Hier ist der Kilometer 0 der großen französischen Nationalstraßen, alle Entfernungsangaben von Paris werden von diesem Punkt aus berechnet, auch wenn dies als geographisches Zentrum nicht korrekt ist.

Ihre räumliche zentrale Funktion nimmt die Kirche auch in der fiktionalen Literatur zu Paris ein. Notre-Dame ist von allen Pariser Baudenkmälern in den verschiedenen literarischen Gattungen am ausführlichsten und präzisesten beschrieben worden. Ein Werk stellt sie sogar in den Mittelpunkt der Handlung, Victor Hugos Roman *Notre-Dame de Paris (Der Glöckner von Notre-Dame)* (1831), und setzt ihr ein literarisches Denkmal.

Victor Hugo (1802–1885), der als Lyriker, Dramatiker und Romancier bedeutende Werke verfasst hat, war Wortführer der romantischen Bewegung in Frankreich. Sie hatte das Mittelalter neu entdeckt; die Literatur und Architektur dieser Epoche rückten wieder in das Zentrum des ästhetischen Interesses. Der Roman wurde begeistert aufgenommen und erreichte schon ein Jahr nach der Veröffentlichung die achte Auflage. Einer der berühmtesten französischen Schriftsteller der damaligen Zeit, der Lyriker Alphonse de Lamartine, bezeichnete Hugo aufgrund dieses Werkes als „Shakespeare des Romans". *Notre-Dame de Paris* ist ein herausragendes Beispiel für die Wirksamkeit von Literatur in der Öffentlichkeit und trug wesentlich dazu bei, dass die vom Einsturz bedrohte Kathedrale von Grund auf renoviert wurde.

Bis in unsere Zeit ist Hugos bekanntestes Prosawerk durch Neuauflagen, Übersetzungen und besonders Verfilmungen lebendig geblieben – man denke zum Beispiel an die französische Fassung Jean Delannoys mit Anthony Quinn als Quasimodo und Gina Lollobrigida als Esmeralda. Zuletzt hat die Musicalfassung des Romans mit dem Text des Kanadiers Luc Plamondon und der Musik des französisch-italienischen Komponisten Richard Cocciante seit der Pariser Erstaufführung 1998 für Furore gesorgt.

Hugos *Notre-Dame de Paris* beeindruckt seine Leser zunächst einmal durch die melodramatische Handlung, die wichtige Elemente der Dramentheorie Hugos in das fiktionale Erzählen umsetzt, so vor allem die Verbindung der traditionellen ästhetischen Kategorie des Erhabenen mit dem für die Moderne charakteristischen Begriff des Grotesken. Dies wird schon bei den drei Hauptpersonen der Handlung deutlich. Esmeralda, die hübsche Zigeunerin, wird stets von einer Ziege begleitet; Quasimodo, der Glöckner von Notre-Dame, dessen äußere Gestalt hässlich und abstoßend wirkt, zeigt eine aufrichtige, edle Gesinnung; der Archidiakon Frollo schließlich, der wegen seiner Gelehrsamkeit berühmt ist, tritt als dämonische Gestalt und als lüstern-triebhaftes Wesen in Erscheinung. Da Esmeralda seine ungestümen Annäherungsversuche strikt zurückweist, lässt er sie als Hexe am Galgen hinrichten. Frollo beobachtet vom nördlichen Turm der Kathedrale aus den Todeskampf der Zigeunerin auf dem Hinrichtungsplatz vor dem Rathaus und bricht beim Tod Esmeraldas in satanisches Gelächter aus. Quasimodo, der ihn aus der Nähe heimlich beäugt hatte, stürzt ihn daraufhin vom Turm in die Tiefe. Zwei Jahre später werden in einem Beinhaus vor den Toren der Stadt Paris die Skelette Quasimodos und Esmeraldas gefunden, die sich eng umklammert halten. Der Glöckner von Notre-Dame musste noch lebendig in das Leichenhaus gelangt sein, hatte den geliebten Körper umarmt und war dann gestorben. Das blindwütige Schicksal (die „fatalité") hatte zugeschlagen.

Der Roman beeindruckt aber nicht nur durch die dramatische Handlung der zentralen Figuren und durch groteske Massenszenen. Seine besondere

Notre-Dame de Paris

Wirkung verdankt das Werk vor allem der starken Symbolkraft der Kathedrale, die im Grunde die zentrale mythische Figur des Buches ist. Das belegt auch der Originaltitel Victor Hugos, *Notre-Dame de Paris* (die deutsche Übersetzung stellt dagegen den Glöckner Quasimodo als Hauptfigur in den Mittelpunkt). Die bedeutende Rolle der Kirche zeigt sich darin, dass die drei Hauptfiguren in direkter Beziehung zum Bauwerk Notre-Dame leben: Frollo und Quasimodo wohnen in der Kathedrale, für Esmeralda dient sie am Ende des Romans vorübergehend als Zufluchtsstätte. In einer Rückblende wird erzählt, dass fünfzehn Jahre vor Beginn der Haupthandlung am Sonntag Quasimodogeniti (frz. „Quasimodo“) ein missgestaltetes Findelkind am Eingang der Kirche abgelegt wurde. Der Archidiakon adoptiert es, zieht es auf und tauft es auf den Namen des Tages, an dem es gefunden wurde. Als die Romanhandlung im Jahre 1482 einsetzt, ist aus dem Findelkind der Glöckner von Notre-Dame geworden.

Die Kathedrale spielt aber auch eine eigenständige Rolle. Ihr ist das erste Kapitel des dritten Buches gewidmet (*Notre-Dame*). Victor Hugo wechselt dort des Öfteren die Zeitperspektiven und stellt kunsthistorische Betrachtungen darüber an, wie man die Kirche stilistisch einzuordnen habe. Sie sei ein charakteristisches Beispiel für den Baustil am Übergang von der Romanik zur Gotik: „Es ist keine romanische Kirche mehr, aber auch noch keine gotische Kirche.“ Heute sieht man die im Jahre 1163 beginnende, über 150-jährige Baugeschichte von Notre-Dame stilgeschichtlich als Entwicklung von der Früh- zur Hochgotik. Zeitlicher Schwerpunkt der Beschreibung ist das Erscheinungsbild der Kirche im Jahre 1831:

Es gibt sicherlich nur wenige schönere Seiten im Buch der Architektur als diese Fassade [...]. Nacheinander und dann auch wieder gleichzeitig entfalten sich vor dem Auge – in vielfältigen Formen, aber in einer ruhig geordneten äußeren Gestalt – die drei in Spitzbogenform herausgemeißelten Portale, das reich geschmückte und gezackte Band der 28 Königsnischen, das riesige zentrale Rosenfenster, das von zwei Seitenfenstern eingerahmt wird [...], die hohe und filigrane Galerie mit kleeblattförmigen Arkaden, die auf ihren feingliedrigen Säulen eine schwere Plattform trägt, schließlich dann die beiden massigen schwarzen Türme mit ihren schieferbedeckten Fensteröffnungen. Diese harmonisch aufeinander abgestimmten Teile eines prachtvollen Ganzen, die sich in fünf mächtigen Stockwerken übereinander vor dem Auge in großer Zahl und ohne Verwirrung zu stiften mit ihren zahllosen Einzelheiten der Bildhauer- und Zieselierkunst entfalten und die sich zur ruhigen Größe eines monumentalen Ganzen wie eine gewaltige Symphonie aus Stein vereinigen.

Insgesamt preist Victor Hugo die Kirche Notre-Dame de Paris als „ein auch heute noch majestätisches und erhabenes Bauwerk“. Sie sei die „Königin der Kathedralen“, eine Formulierung, die bis in unsere Tage verwendet wird.

Im Bereich des Romangeschehens spielen sich die Ereignisse auf der Zeitebene des Jahres 1482 ab, wie es auch der Untertitel angibt. Die Kathedrale des späten 15. Jahrhunderts – im „Herbst des Mittelalters“ (Johan Huizinga) – ist unter dem Einfluss der handelnden Personen ständigen Verwandlungen unterworfen. Besonders gilt das für die Gestalten, die direkt in der Kirche leben; sie verändern auch den Charakter von Notre-Dame. Dem Glöckner ist es in erster Linie zu verdanken, dass die Kathedrale lebendig wird:

Die Gegenwart dieses außerordentlichen Wesens [Quasimodos] hauchte der ganzen Kathedrale eine Art lebendigen Atem ein. Es schien von ihm eine magische Ausstrahlung auszugehen, die alle Steine von Notre-Dame beseelte und die alte Kirche bis ins tiefste Innere erschütterte – zumindest meinte dies der immer stärker werdende Aberglaube der Menge. Schon die Vermutung, er sei dort anwesend, genügte, um die tausend Statuen der Galerien und Portale in lebendiger Bewegung zu sehen. Die Kathedrale schien wirklich unter seinen Händen ein folgsames und fügsames Wesen zu werden. [...] Man hätte sagen können, dass er das gewaltige Bauwerk mit Leben erfüllte.

Im Abendlicht der ersten Märztage erscheint Notre-Dame rot leuchtend und mit scharfen Konturen:

> *An diesen klaren, warmen und heiteren Tagen gibt es eine bestimmte Stunde, in der man das Portal von Notre-Dame bewundern muss: Das ist der Augenblick, in dem die Sonne, die sich schon zum Untergang neigt, die Kathedrale fast direkt anschaut. Ihre Strahlen, die immer waagrechter werden, weichen langsam vom Pflaster des Platzes zurück und steigen steil an der Fassade hoch; sie lassen Tausende von Hochreliefs aus dem Schatten heraustreten: die große zentrale Fensterrose leuchtet wie das glühende Auge eines Zyklopen auf, das das Feuer der Schmiede reflektiert.*

Die zunächst idyllisch anmutende Beschreibung bekommt durch den Vergleich mit dem Flammenschein der Zyklopenschmiede einen dämonischen Aspekt. Im elften Buch des Romans wird dieses Bild wieder aufgenommen. Esmeralda ist wegen eines Mordes (den sie nicht begangen hat) zum Tode verurteilt worden. Kurz vor ihrer Hinrichtung, die auf dem Vorplatz von Notre-Dame stattfinden soll, wird sie von Quasimodo den Henkersknechten entrissen und kann für kurze Zeit aufgrund des kirchlichen Asylrechts in der Kathedrale bleiben. Als ihr dieses Recht aber durch einen Beschluss des Pariser Parlaments wieder abgesprochen wird, versuchen ihre Freunde, kleine Gauner und Landstreicher der Stadt, sie nachts aus dem verbarrikadierten Bauwerk zu holen und in ihre Obhut zu nehmen. Der Aufruhr des Pöbels wird durch die königlichen Soldaten blutig niedergeschlagen. Der Schriftsteller Pierre Gringoire und ein Unbekannter, in dem man bald den Archidiakon Frollo erkennt, zwingen Esmeralda unter dem Vorwand, sie befreien zu wollen, die Kirche zu verlassen. Beim Blick zurück auf die nächtliche Kathedrale, die sich schwarz von dem weit leuchtenden, roten Lichtschein abhebt, der den Vorplatz erhellt, „sahen die mächtigen Türme von Notre-Dame wie zwei riesige Feuerböcke eines Zyklopenfeuers aus“. Die gigantische Ansammlung der aufbegehrenden Landstreicher und Ganoven mit ihren brennenden Fackeln und die drohende öffentliche Hinrichtung verwandeln die Kathedrale erneut: In den mythischen Flammen, die die Zyklopen, die Schmiedegesellen des Feuergottes Hephaistos, entfacht haben, kann man den Vorschein eines bevorstehenden infernalischen Geschehens erblicken.

Abends ändert sich der Charakter des Bauwerks vor allem dann, wenn der Archidiakon Frollo sich in seiner Nähe aufhält. Dann wirkt die Kathedrale dunkel und verlassen, die Fassade düster. Eines Nachts wagt er es noch nicht einmal, dieses „verhängnisvolle Bauwerk“ auch nur anzuschauen. Als er dann die Kirche betritt, scheint sie zu erzittern, sich zu bewegen, lebendig zu werden, als ob „die gewaltige Kathedrale nur noch einem Elefanten von magischer Größe ähnelte, der keuchend mit seinen Pfeilern als Füßen voranschritt und seine zwei Türme als Rüssel benutzte". An einem anderen Abend zeigt Frollo dem königlichen Leibarzt die mächtige Kathedrale. Ihre beiden Türme heben sich in schwarzen Umrissen vom Sternenhimmel ab und lassen Notre-Dame „als eine gewaltige Sphinx mit zwei Köpfen erscheinen, die sich mitten in der Stadt niedergelassen hatte". Die Sphinx wird zum Symbol für den Archidiakon, seine intellektuellen Fähigkeiten und sein geheimnisvolles Wesen. Auch Quasimodo und die Kirche gleichen sich einander an. Zu Beginn der Handlung wird er als „sonderbarer Zentaur, halb Mensch, halb Glocke" beschrieben. Kurz bevor der Glöckner Esmeralda befreit, hat er eine Gestalt angenommen, die den fabelhaften dämonischen Wasserspeiern zwischen den Türmen gleicht: „Ohne seine halbrote, halbviolette Kluft hätte man ihn für eines dieser Steinungeheuer gehalten, die seit sechshundert Jahren das Wasser durch ihre Mäuler von den langen unteren Dachrinnen der Kathedrale abfließen lassen."

Die gegenseitige Beeinflussung von Kathedrale und Mensch vollzieht sich aber nicht nur im Abgründigen, Dämonischen und Monströsen. Der schönen Zigeunerin Esmeralda vermittelt die Kirche während ihres Asyls Ruhe und Ausgeglichenheit. Die religiöse Aura der sie umgebenden Gegenstände übt auf ihre verletzte Seele eine heilsame Wirkung aus, obwohl sie das nicht bewusst empfindet. Einen ähnlichen Effekt haben die Glocken. Durch Chateaubriands Werk *Le Génie du christianisme (Der Geist des Christentums)* aus dem Jahre 1802 war die poetische Kraft der christlichen Religion literarisch gestaltet worden. Der architektonische Reiz der gotischen Kathedralen und die lyrische Wirkung der Kirchenglocken stellten seither gängige Themen der romantischen Literatur in Frankreich dar. Für Esmeralda haben die Glocken von Notre-Dame eine außerordentlich beruhigende Wirkung: „Besonders die Glocken ließen sie wie in einer Wiege hin- und herschaukeln. Diese großen Instrumente umfingen sie in breiten Wellen wie ein starker magnetischer Zauber."

Die religiöse Bedeutung der mittelalterlichen Kathedrale verbindet Victor Hugo im zweiten Kapitel des fünften Buches mit einer Theorie der Wissensvermittlung. Diese Ideen entstehen aus einem gelehrten Disput zwischen dem Archidiakon Frollo und dem Leibarzt des Königs. Der Autor bittet seine Leserinnen (!) ausdrücklich um Verzeihung, dass er den Fortgang der Handlung einen Augenblick unterbricht, um die für das 15. Jahrhundert neue Erkenntnis zu entwickeln. Frollo hatte mit der rechten Hand auf ein offenes Buch und mit der linken Hand auf die Kirche gezeigt und gesagt:

„Das Buch wird das Bauwerk töten." Die mittelalterlichen Kirchen waren Orte der religiösen Unterweisung, die für das Leben der Menschen eine große Bedeutung hatten. Gerade die Portale von Notre-Dame, durch die man in den Innenraum eintritt, vermitteln mit ihrem Reichtum an Skulpturen symbolhaft die biblische(n) Geschichte(n) und theologischen Botschaften, ganz besonders in einer Zeit, in der nur wenigen eine Lektüre der Heiligen Schrift möglich war. „Bis zu Gutenberg war die Architektur die erste und universelle Schrift", heißt es bei Hugo. Die Erfindung des Buchdrucks lässt eine neue Ära des Wissens entstehen; statt der Bibel aus Stein gewinnt nun die Bibel aus Papier große Bedeutung. Das Gedruckte kostet wenig und wird sich schnell verbreiten: „Der Buchdruck wird die Architektur töten." Dies werde auch die Machtpositionen im Staat ändern, aus der Herrschaft Gottes, der Theokratie, entstehe die Herrschaft des Volkes, die Demokratie. Die Wissensvermittlung geschehe zukünftig im Wesentlichen durch die Schrift.

Neben der verherrlichenden Beschreibung der Kathedrale mit ihren schönen architektonischen Formen, ihrer religiösen Aura und ihrem manchmal dämonischen Charakter steht in Victor Hugos Roman aber auch die vehemente Klage über den Verfall der Kirche am Beginn des 19. Jahrhunderts. Damit wechselt der Autor wieder zur zeitgenössischen Gegenwart über. Das Baudenkmal sei durch verheerende Zerstörungen zu einer Ruine geworden. Schuld daran trügen die Zeit, die politischen und religiösen Umwälzungen und die wechselnden Moden. Die Witterungseinflüsse aus fünf Jahrhunderten hätten größere Korrosionsschäden an der Kathedrale hervorgerufen, die aber mit der Belastung durch die gegenwärtige Umweltverschmutzung nicht zu vergleichen sind.

Politische Unruhen haben das Erscheinungsbild der Kirche stark beeinträchtigt: Während der Französischen Revolution wurden 1793 die meisten der 28 Statuen der Königsgalerie, die sich als einheitliches Band über den drei Portalen der Kathedrale entlangzieht, auf den Vorplatz gestürzt; man sah in ihnen – nach der Legende – Skulpturen französischer Könige und nicht alttestamentarische Herrschergestalten Israels und Judäas. Die Figuren wurden im 19. Jahrhundert erneuert. Die ursprünglichen Köpfe und die Torsi dieser insgesamt 3,50 Meter hohen Statuen wurden überraschend erst im Jahre 1977 wieder entdeckt und befinden sich heute im Pariser Musée de Cluny.

Die bedeutendsten Schäden richteten nach Victor Hugo aber die sich immer wieder erneuernden epochenbezogenen Kunstauffassungen seit der Renaissance an. Im Namen des guten Geschmacks („le bon goût") seien bereits bestehende Wunden in dem gotischen Bauwerk durch verfehlte Modernisierungen noch vergrößert sowie durch überflüssige barocke Verzierungen und unnützes Beiwerk verschandelt worden. Die innere Logik der Strukturen, die symbolische Einheit der Formen und die Schönheit der architektonischen Gestaltung habe man dadurch zerstört.

Victor Hugos Verherrlichung der Pariser Kathedrale und seine Klage über den Verfall hatten eine große Wirkung auf die französische Öffentlichkeit und schließlich auch auf die Staatsorgane Frankreichs. Durch eine Verordnung des Königs Louis-Philippe aus dem Jahre 1844 wurde die Restaurierung der Kathedrale beschlossen, die in wesentlichen Teilen der Architekt Viollet-le-Duc durchführte und die bis 1864 dauerte. Noch 1846, im Erscheinungsjahr des Romans *La Cousine Bette (Tante Lisbeth)*, warf Honoré de Balzac (1799–1850), einer der Hauptvertreter des französischen Realismus, seinen Landsleuten vor, sich nicht genügend für die Vollendung der Kathedrale einzusetzen. Die Erzählfigur des Werkes sieht hier einen großen Unterschied zu Italien:

> *Noch zu keiner Zeit hat der sogenannte „neue" Reichtum die Gelegenheit versäumt, übelsten Kitsch als Kunst in die Welt zu setzen. Paris hätte schon zehnmal ein neues Venedig sein können, wenn die Pariser nur halb soviel Kunstsinn gehabt hätten wie die Italiener. Noch vor gar nicht langer Zeit hat ein Mailänder Bürger eine halbe Million Franc hinterlassen mit der Bestimmung, die Kuppeln des Domes zu vollenden. Kein Pariser Bürger denkt je daran, die unvollendeten Glockentürme von Notre-Dame ausbauen zu lassen.*
>
> *Und doch geben sie alle vor, ihr Paris mehr wie sich selbst zu lieben.*

Größeren Einfluss auf die Vollendung von Notre-Dame übte die Entwicklung im Nachbarland aus. Die Romantik in Deutschland hatte die Gotik als deutschen Stil entdeckt; der unvollendete Kölner Dom wurde seit 1833 renoviert und entwickelte sich zum Symbol des deutschen Einheitswillens.

In Victor Hugos Roman, der das Mittelalterbild des literarischen Publikums lange und nachhaltig prägte, kommen unter den handelnden Figuren nur zwei historische Personen vor, König Ludwig XI. und der Schriftsteller Pierre Gringoire. Der Dichter steht zu Beginn im Mittelpunkt des Geschehens, denn eines seiner Bühnenwerke soll im Palais de Justice (Justizpalast) vor Studenten und dem einfachen Pariser Volk aufgeführt werden. Es handelt sich um eine Moralité, ein belehrendes, allegorisches Theaterstück, das aber keinen biblischen Stoff, sondern die Verheiratung des französischen Thronfolgers, des Dauphin, mit Margarete von Flandern zum Thema hat. Die Aufführung geht im allgemeinen Tumult der lärmenden Zuschauer unter. Religiöses Theater, vor allem Mysterien- und Mirakelspiele, wurden besonders auf den Vorplätzen der großen Kirchen dargeboten, deren Fassaden mit ihrem reichen Skulpturenschmuck als symbolisches Bühnenbild dienten. Der berühmteste dieser theatralischen Aufführungsorte war der Vorplatz der Kirche Notre-Dame, der etwa 2,50 Meter über dem übrigen Platz lag – der Höhenunterschied ist später wieder ausgeglichen worden – und der viele Zuschauer anlockte.

Die Kathedrale erscheint in der französischen Literatur allerdings nicht nur im Kontext dramatischer Handlungen wie bei Victor Hugo, sondern auch im Zusammenhang fröhlichen, frivolen und derb realistischen Geschehens, wie es für den „esprit gaulois" der Franzosen charakteristisch ist. Einer seiner wichtigsten Repräsentanten, François Rabelais (1494–1553), hat in seinem Roman *Gargantua* (1534) dafür ein drastisches Beispiel gegeben. Das Werk ist das erste Buch eines fünfteiligen Romanzyklus; es ist allerdings nicht erwiesen, ob der letzte – posthum erschienene – Band ganz oder teilweise von Rabelais stammt. Der Autor berichtet in *Gargantua* zunächst von der Jugend und der Erziehung des gleichnamigen Helden, eines unförmigen Riesen. Dessen Vater Grandgosier lässt ihn durch verschiedene Erzieher unterrichten, die ihn mit den mittelalterlichen Methoden des Lernens vertraut machen. Das reine Buchwissen der gelehrten, meist lateinischen Werke macht Gargantua schwachköpfig, albern und einfältig – eine Satire auf die überkommenen scholastischen Unterrichtsverfahren. Der Vater schickt daraufhin den Sohn mit dem welterfahrenen Erzieher Ponocrates nach Paris, damit sie dort die Erziehungsmethoden der damaligen französischen Jugend kennenlernen. In der Hauptstadt wird Gargantua zuerst bewundert und begafft; dann aber bedrängen ihn die Einwohner der Stadt so heftig, dass er auf die Türme von Notre-Dame flüchtet, um vor ihren Nachstellungen in Sicherheit zu sein. Als er schließlich eine große Menschenmasse versammelt sieht, sagt er klar und vernehmlich:

> *Ich glaube, diese Rüpel wollen, dass ich Ihnen meine Willkommensgabe und mein Gastgeschenk entrichte. Das ist recht und billig. Ich werde Ihnen ein Trinkgeld geben, aber nur aus Spaß [„par rys"].*
>
> *Lächelnd knöpfte er dann seinen wohlgestalteten Hosenlatz auf, holte sein bestes Stück heraus und bepisste sie so stark, dass er zweihundertsechzigtausendvierhundertachtzehn von ihnen ertränkte, Frauen und Kinder nicht mitgezählt.*

Rabelais setzt die Wortspiele mit dem Namen der französischen Hauptstadt fort: Die wenigen Bürger, die diesem Wasserstrom entkommen waren, flüchten sich auf eine Anhöhe und fluchen: „Bei der Heiligen Mutter, man hat uns aus Spaß („par rys") gebadet. Deswegen wird die Stadt seitdem Paris genannt." Der Name kommt aber, wie wir wissen, vom keltischen Volksstamm der Parisii her, der sich im 3. Jahrhundert vor Christus auf der Île de la Cité niederließ und eine Siedlung von Flussschiffern und Fischern gründete. Der bekannte französische Historiker Jean Favier hat in seinem Werk *Paris. Deux mille ans d'histoire (Zweitausend Jahre Geschichte)* (1997) die Ursprünge des Namens erläutert: Die Kelten nannten den Ort Lutuhezi, Ort der Sümpfe; daraus entwickelte sich der lateinische Name Lucoteciia oder Leucotecia, den auch der griechische Geograph Strabon (1. Jh. v. Chr.) verwendet. Ihn zitiert Rabelais, nur treibt er ein frivoles Spiel mit der Etymologie des Ortes. Er führt Leucotecia, französisch Leucèce, auf das griechische Wort leukos („weiß") zurück und behauptet keck, die Siedlung habe ihren Namen „wegen der weißen Oberschenkel der Damen dieses Ortes". Der alte Name der Hauptstadt findet sich in Caesars *De bello gallico (Über den Gallischen Krieg)* zur Form Lutetia zusammengezogen; im Französischen wurde daraus Lutèce. In Paris erinnert an den ehemaligen Stadtnamen zum Beispiel noch die Rue de Lutèce, die in der Nähe des Platzes von Notre-Dame zum Palais de Justice (Justizpalast) führt.

Nach diesen freizügigen Wortspielereien und einem verbalen Schlenker zur Charakterisierung der Pariser Einwohner („sie sind gute Flucher sowie gute Juristen und ein wenig überheblich") kommt Rabelais wieder auf die Kirche Notre-Dame zu sprechen, auf deren Türmen Gargantua noch immer sitzt. Der Riese betrachtet die Glocken und lässt sie harmonisch erklingen. Das bringt ihn auf die Idee, sie als große Schellen um den Hals seiner Stute zu hängen, die er „mit Briekäse und frischen Heringen beladen" seinem Vater zurückschicken möchte. Deshalb nimmt er die Glocken mit nach Hause. Erst nachdem die Pariser Universität den gelehrten Sophisten Janotus de Bragmardo zu Gargantua geschickt hat, der in einer – von Rabelais satirisch übertriebenen – Rede um die Rückgabe der Glocken bittet, kann sich der Riese dazu entschließen. Jetzt erfreut sich die Pariser Bevölkerung wieder am Geläut von Notre-Dame und erklärt sich zum Dank bereit, in Zukunft für die Stute Gargantuas zu sorgen. Der Sohn aus der Provinz kann sich jetzt wieder den neuen Erziehungsmethoden der Renaissance widmen. Lange wird das allerdings nicht dauern.

In den literarischen Werken der folgenden Zeit, die sich ausführlicher mit der Kathedrale befassen, steht meist der religiöse Kontext im Zentrum, besonders bei prunkvollen Trauerfeiern für bedeutende Persönlichkeiten. Im 17. Jahrhundert fand vor allem die Totenmesse für Ludwig II. von Bourbon, Prince de Condé, genannt der Große Condé, auch in der Literatur eine große

Resonanz. Der französische König Ludwig XIV., als Sonnenkönig gefeiert, bat den Schriftsteller Bossuet, Bischof von Meaux und Mitglied der Académie française, die Trauerrede auf den brillanten Feldherrn zu halten. Bossuet erfüllte diese Bitte am 10. März 1687 in einer langen emphatischen Rede, in der er zuerst die militärischen Erfolge des Verstorbenen, dann seine geistigen und religiösen Qualitäten lobte. Am Ende rief er den versammelten Trauergästen zu:

So mögen Sie alle aus seinen [des Fürsten Condé] Tugenden Nutzen ziehen: und dass sein Tod, den Sie beklagen, Ihnen zugleich als Trost und als Beispiel diene. Was meine Person angeht, wenn es mir erlaubt ist, nach all den anderen diesem Grab die letzte ehrenvolle Pflicht zu erweisen, oh Fürst, der Sie eine würdige Gestalt für unsere Lobreden und unsere Trauerbekundungen sind, Sie werden ewig in meinem Gedächtnis leben.

Großen Eindruck machte Bossuets Rede auch auf Marie de Rabutin-Chantal, Marquise de Sévigné. Die durch etwa 1500 Briefe bekannt gewordene Schriftstellerin schrieb noch an demselben Tag an ihren Vetter, den Comte de Bussy:

Es handelt sich nochmals um Tod und Traurigkeit, mein lieber Cousin. Aber wie soll ich Euch von der schönsten, großartigsten und strahlendsten Begräbnisfeier berichten, die jemals stattgefunden hat, seitdem es Sterbliche gibt? Es ist diejenige des verstorbenen Monsieur le Prince [des Fürsten Condé], die man heute in Notre-Dame begangen hat.

Berühmt wurde auch die Kaiserkrönung Napoleons I. am 2. Dezember 1804. Das schon vom Senat zum Empereur proklamierte Staatsoberhaupt ließ den Papst zu dem feierlichen Akt aus Rom kommen, setzte sich aber während der großen Zeremonie im letzten Augenblick die Kaiserkrone selbst auf. Der Maler Jacques-Louis David (1748–1825) hat diesen Moment in seinem Monumentalgemälde „Die Krönung Napoleons I." (1806/07) festgehalten, das sich heute im Louvre befindet. François-René de Chateaubriand berichtet in seinen *Mémoires d'outre-tombe (Memoiren von jenseits des Grabes)* (1848–1850) von den Feierlichkeiten:

Am 2. Dezember 1804 fand die Salbung und Krönung des Kaisers in der Pariser Notre-Dame-Kirche statt. Der Papst sprach das folgende Gebet: „Allmächtiger und ewiger Gott, […] verbreite durch meine Hände den Schatz Deiner Gnade und Deine Segnungen auf Deinen Diener Napoleon, den wir trotz meiner persönlichen Unwürdigkeit heute in feierlicher Weihe zum Kaiser in Deinem Namen krönen."

Im 20. Jahrhundert haben drei große festliche Gottesdienste die Bedeutung der Pariser Hauptkirche für die französische Öffentlichkeit hervorgehoben: am 26. August 1944 die Feier zur Befreiung Frankreichs, am 9. Mai 1945 das Te Deum aus Anlass des militärischen Sieges im Zweiten Weltkrieg und am 12. November 1970 das Requiem zum Tode des Präsidenten Charles de Gaulle (1890–1970). 8000 Personen, darunter viele ausländische Staatsoberhäupter, wohnten diesem Trauergottesdienst in der Kathedrale bei, mehr als 100 000 Menschen verfolgten die Messe auf dem Vorplatz. Man ehrte de Gaulle als militärischen Führer, als Staatsmann und als Schriftsteller. Seine Erinnerungen – *Mémoires de guerre (Kriegsmemoiren)* (1954–1959) und *Mémoires d'espoir (Memoiren der Hoffnung)* (1970/71) – wurden wegen ihrer literarischen und rhetorischen Qualitäten und ihrer geschichtsphilosophischen Reflexionen vielfach gewürdigt. Charles de Gaulle hatte in seinen testamentarischen Verfügungen festgelegt, dass während der Feier in Notre-Dame keine Trauerrede gehalten werden sollte. Es wäre eine hervorragende Gelegenheit für André Malraux (1910–1976), den Kultusminister des Staatspräsidenten der Jahre 1958–1969, gewesen, sich hier nochmals auszuzeichnen – hatte er doch berühmte und viel beachtete Grabreden für den Maler Georges Braque (1963), den Widerstandskämpfer Jean Moulin nach der Aufnahme seines Leichnams in das Panthéon (1964) und den Architekten Le Corbusier (1965) gehalten.

Malraux, der Romancier und Verfasser kunstphilosophischer und kulturhistorischer Werke, wird aber aufgrund seines politischen Amtes noch in anderer Weise mit der Kathedrale in Verbindung gebracht. Ein Gesetz, das im Jahre 1962 vom französischen Parlament verabschiedet wurde und den Namen „loi Malraux" (Malraux' Gesetz) erhielt, förderte den Erhalt alter Stadtviertel und Bauwerke. Auch Notre-Dame war davon betroffen: Seit 1970 wurden der schwarze Ruß und die Schadstoffe vom Gebäude entfernt, das dann weiß und fast geschichts- und konturenlos sowie quasi zweidimensional ohne architektonische Tiefenwirkung erschien; es schockierte das ästhetische Empfinden der meisten Besucher erheblich. Doch seitdem legte die Umweltverschmutzung wieder einen Grauschleier über das Bauwerk und machte eine Wiederholung der umfangreichen Säuberung erforderlich.

Eine eher unspektakuläre Trauerfeier fand am 25. Februar 1955 für einen Schriftsteller statt, der ebenfalls an prominenter Stelle in der Politik tätig war: Paul Claudel. Der Lyriker und Dramatiker war viele Jahre im diplomatischen Dienst beschäftigt, unter anderem als Generalkonsul in Prag, Frankfurt am Main und Hamburg. Die Kathedrale Notre-Dame wurde für sein Leben sehr wichtig: Im Alter von 18 Jahren besuchte der junge Mann, der in einer agnostischen Familie aufgewachsen war, am Weihnachtstag des Jahres 1886 die Messe. Beim Hören des Magnifikat wurde er so ergriffen, dass er eine plötzliche Hinwendung zum katholischen Glauben fühlte:

In einem Nu wurde mein Herz ergriffen, ich glaubte. Ich glaubte mit einer so mächtigen inneren Zustimmung, mein ganzes Sein wurde geradezu gewaltsam emporgerissen, ich glaubte mit einer so starken Überzeugung, mit solch unbeschreiblicher Gewissheit, dass keinerlei Raum auch nur für den leisesten Zweifel offen blieb, dass von diesem Tage an alle Bücher, alles Klügeln, alle Zufälle eines bewegten Lebens meinen Glauben nicht erschüttern, ja auch nur anzutasten vermochten.

Claudel verfasste diesen Text unter dem Titel *Meine Bekehrung* im Jahre 1913 für eine religiöse Zeitschrift. Am Ort dieses Glaubenserlebnisses, am zweiten Pfeiler auf der Südseite des Chors von Notre-Dame, erinnert eine Gedenktafel an diese Bekehrung. Der Schriftsteller André Maurois, der als Romancier, Historiker und Biograph bekannter Autoren (z. B. Lord Byron, Alphonse de Chateaubriand, Honoré de Balzac, Victor Hugo, George Sand und Marcel Proust) hervortrat, nahm an der Trauerfeier für Paul Claudel in Notre-Dame teil und berichtete in seinem Werk *Choses nues (Nackte Tatsachen)* aus dem Jahre 1963 von der Totenmesse:

In dem eisigen Gotteshaus zittern die Mitglieder der Akademie in Uniform vor Kälte; aber was sie sehen, ist so schön, daß sie darüber das Frieren vergessen. Ihnen gegenüber läßt eine schlichte und zugleich komplizierte Rosette ein übernatürliches Licht einfallen […]. Ein Akademiemitglied, mit leiser Stimme: ‚Schauen Sie dort oben diese Menschen auf der Empore […]. Wie klein sie wirken vor den Maßen der Kathedrale! Man meint, Quasimodo oder den Erzdechanten Claude Frollo zu sehen, wie sie sich über das steinerne Maßwerk beugen.

Eine Gattung fehlt bisher: die Lyrik. Hier wird die Kathedrale meist nur kurz erwähnt, fast nie genauer beschrieben; poetische Stimmungen werden nur selten evoziert. Aber es gibt doch einige Beispiele für eine intensivere Darstellung des Bauwerks in Gedichten des 19. und 20. Jahrhunderts. Paul Verlaine, der wegen seiner zahlreichen wohlklingenden Verse berühmt wurde, veröffentlichte in der Sammlung *Liturgies intimes (Innige Liturgien)* (1892) ein Gedicht mit dem Titel *Complies en ville (Komplet in der Stadt)* [Komplet ist der letzte abendliche Teil des Stundengebets]. Er schildert darin die abendlichen Eindrücke in der Kirche Notre-Dame, die von freudigen religiösen Empfindungen geprägt sind:

Beim Verlassen von Paris tritt man in Notre-Dame ein [...].

Das ist die größte Freude und das höchste Licht,
Das sich in den Strahlen der alleinigen Wahrheit sammelt [...].
Empfehlen wir unsere Seele dem Gott der Wahrheit.

Beeindruckend fanden französische Dichter auch die Fensterrose der Kathedrale. Der Lyriker und Essayist Jules Laforgue (1860–1887) hat ihr ein Gedicht mit dem Titel *Devant la Grande Rosace en vitrail de Notre-Dame (Vor der großen gläsernen Fensterrose von Notre-Dame)* gewidmet. Dessen erste Strophe lautet:

Die feierliche Orgel stimmt
Das Dies irae des letzten Tages an!
Die große achteckige Fensterrose
Strahlt noch schmerzerfüllter
Vor Anbetung und Liebe.

Die Lyrik ist aber auch distanzierter und respektloser mit der Kathedrale umgegangen. Der Dichter und Erzähler Gérard de Nerval (1808–1855), der die romantische Bewegung prägte und ein guter Kenner der deutschen Literatur war, die er auch übersetzte (Goethes *Faust I. Teil, Faust II. Teil*, Heine, Bürger), reflektiert im Jahre 1832 über das Alter von Notre-Dame. Ist die Kirche zeitlos? Sie sah Paris schon bei seiner Geburt. Aber in 1000 Jahren wird die Kirche eine Ruine sein, der ‚Zahn der Zeit' wird sie zerstört haben. Eine Hoffnung gibt es allerdings noch: Die Menschen, die aus aller Welt herbeiströmen und die zerstörte Kirche sehen, erblicken ein Bauwerk, das noch in der Agonie menschliche Züge trägt – Knochen und Nerven des Gebäudes bezeugen dies. Aber bei der Lektüre von Victor Hugos Roman werden sie Notre-Dame in ihrer Phantasie wieder zum Leben erwecken. Die Literatur macht die Kathedrale unsterblich:

Notre-Dame ist sehr alt: Vielleicht ist sie dereinst noch da
Und wird Paris begraben, wie sie es entstehen sah;
Doch wird die Zeit in abertausend Jahren in die Knie zwingen
Den ungeheuren Körper – gleich dem Stiere, den ein Wolf geschlagen;
Der Zahn der Zeit wird Eisennerven lautlos durcheinander schlingen
Und lustlos träge an den alten Felsenknochen nagen.

Aus allen Ländern dieser Erde werden Menschen kommen
Die aufrechte Ruine zu betrachten. Und beklommen,
Versonnen werden sie das Buch Victors von neuem lesen.
Dann werden sie zu sehen meinen, daß der alte Dombau lebt,
So kraftvoll und so prächtig, wie er ehemals gewesen,
Und sich, dem Schatten eines Toten gleich, erhebt.

Das Gedicht zeigt auch, wie beeindruckt die Schriftstellerkollegen von Victor Hugos Roman gewesen sind.

Respektloser geht der Romancier, Lyriker und Essayist Raymond Queneau (1903–1976) in seinem Gedicht *Chacun son tour (Jeder kommt einmal dran)* mit der Kathedrale um. Viele Kirchen seien in der Vergangenheit zerstört worden, dann kommt auch Notre-Dame einmal an die Reihe:

Man reißt Notre-Dame nieder
Die Zerstörungsmaschinen beginnen ihre Arbeit
Die Leute sagen sich, man muss dies
Akzeptieren
So ist es geplant [...].

Die Kathedrale Notre-Dame überstand die destruktiven Phantasiegebilde Queneaus ebenso wie die Zerstörungspläne der Französischen Revolution im Jahre 1793, der Kommune 1871 und die Hitlers 1944. Sie strahlt nach wie vor in altem Glanz.

Die einschneidenden Modernisierungsmaßnahmen des Präfekten Baron Haussmann haben auf der Île de la Cité nicht nur den Vorplatz der Kathedrale wesentlich vergrößert, sie ließen auch ein Viertel mit alten Häusern, verrufenen Spelunken und schmalen, winkligen Gassen verschwinden, das für das ehemalige Paris seit dem Mittelalter charakteristisch war. Der besonders durch seine Feuilletonromane bekannt gewordene Eugène Sue (1804–1857) schildert diese dunkle Gegend zu Beginn der *Mystères de Paris (Die Geheimnisse von Paris):*

An einem kalten, regnerischen Dezemberabend des Jahres 1838 schritt ein Mann von riesenhaftem Wuchs über den Pont-au-Change, um sich in das Gewirr von finsteren und engen Gäßchen zu begeben, das sich vom Justizpalast bis zur Notre-Dame erstreckte.

Es pfiff ein heftiger Wind. Das bleiche Licht der Laternen spiegelte sich im schwärzlichen Wasser des Rinnsteins, der in der Mitte des kotigen Pflasters hinlief.

In den schmutzigen Häusern führten dunkle, übelriechende Gänge zu finsteren Treppen, die so steil waren, daß man sich beim Hinaufsteigen an einem Seil festhalten mußte, das von der feuchten Wand herabhing.

Im Erdgeschoß der Häuser befanden sich Läden, deren armselige Auslagen mit Eisen vergittert waren; so sehr fürchteten die Verkäufer die kühnen Diebe dieses Stadtteiles [...].

Sues Werk erschien zwischen Juni 1842 und Oktober 1843 in der französischen Tageszeitung *Journal des Débats* und ist einer der ersten und erfolgreichsten Feuilletonromane, der ein großes Massenpublikum erreichte. Die männliche Hauptperson, der deutsche Großherzog Rudolf von Geroldstein, lebt als Arbeiter verkleidet in den Elendsvierteln der Île de la Cité. Um für eine alte moralische Schuld zu büßen, betätigt er sich als Wohltäter der Armen und Unterdrückten, belohnt die Guten und bestraft die Bösen. Es gelingt ihm, das Straßenmädchen Fleur-de-Marie (Marienblume) dem Milieu der Unterwelt zu entreißen; am Ende entpuppt sie sich als seine – bereits für tot erklärte – Tochter.

Der Roman wird auch in zwölf deutschen Zeitungen nachgedruckt und häufig nachgeahmt, in Deutschland entstehen unter anderem die *Geheimnisse von Berlin, von Hamburg* und *von München*. Ein bekannter deutscher Leser hat zu den *Geheimnissen von Paris* eine fast achtzigseitige Kritik geschrieben: Karl Marx. In der *Heiligen Familie* (1845) tadelt er die rein paternalistisch moralische Seite des Romans, der für das Elend des Proletariats keine Abhilfe bringe. Es werde deutlich, „daß Herrn Sue, Herrn Rudolph und der kritischen Kritik die allerbekanntesten ökonomischen Verhältnisse ‚Mysterien' geblieben sind".

Geht man von Notre-Dame zurück zur Rue de la Cité und zur Rue Lutèce, so kommt man an deren Ende zum Boulevard du Palais. Biegt man nach rechts in diese Straße ein, so erreicht man nach wenigen Metern den Pont-au-Change. Diese Brücke, die am zitierten Anfang der *Geheimnisse von Paris* erwähnt wird, erhält bei dem Lyriker, Romancier und Essayist Robert Desnos im Jahre 1944 eine dramatische politische Bedeutung. Paris wird wieder zur „Hauptstadt der Welt", deren Verteidigung auch andere Länder vom Joch der Besetzung befreit.

Der Wächter vom Pont-au-Change

[...]
Im Süden, im Norden, im Osten und im Westen
Nichts als Kriegslärm, der sich auf Paris zu bewegt.
Ich bin der Wächter vom Pont-au-Change.
Ich wache im Herzen der Stadt bei wachsendem Dröhnen,
In dem ich des Feindes panische Alpträume erkenne,
Das Siegesgeschrei unserer Freunde und das der Franzosen,
Die Schmerzensschreie unserer Brüder, gefoltert von Hitler-Deutschen.

Ich bin der Wächter vom Pont-au-Change
Und bewache nicht nur Paris diese Nacht,
Diese Sturmnacht über dem fiebrigen müden Paris,

Sondern die ganze Welt, die uns umgibt und zusammendrängt.
In der kalten Luft zieht all das Kriegsgebraus
Bis an diesen Ort, wo seit langem schon Menschen leben. [...]

Robert Desnos (1900–1945) gehörte zunächst der surrealistischen Bewegung an, von der er sich aber im Jahre 1929 wieder trennte. Die engagierte politische Position gegen die deutsche Besetzung Frankreichs, die auch aus dem Gedicht klar hervorgeht, führte ihn in die Résistance. Im Jahre 1944 wurde er von der Gestapo verhaftet und nach Theresienstadt deportiert. Dort starb er nach der Befreiung des Vernichtungslagers im Juni 1945 an Typhus.

Vom Pont-au-Change führt der Boulevard du Palais zum Palais de Justice (Justizpalast). Hier lag seit dem Mittelalter der zentrale politische Schwerpunkt von Paris, die Königsburg. In ihrer die Insel beherrschenden Stellung ist sie auf dem Kalenderblatt des Monats Juni im bekannten Stundenbuch (um 1415) des Duc de Berry deutlich zu erkennen. Die Burg der Könige als Zentrum der weltlichen Macht und in unmittelbarer Sichtweite die Kathedrale Notre-Dame als Zentrum der geistlichen Macht – eine symbolhafte Verkörperung der mittelalterlichen Zweischwerterlehre im städtischen Kernbereich der Île de la Cité.

In der Grande Salle des Palais de Justice findet zu Beginn des Romans *Notre-Dame de Paris* eine Theateraufführung des Schriftstellers Pierre Gringoire statt. Victor Hugo beschreibt diesen ehemaligen Festsaal mit den Statuen der französischen Könige, der „damals als der größte überdachte Raum auf der Welt angesehen", inzwischen aber durch den Großband des Jahres 1618 zusammen mit anderen Teilen des Justizpalastes zerstört wurde. An seiner Stelle entstand im Zentrum des Gebäudes die Salle des Pas-Perdus (Saal der verlorenen Schritte), in der sinnbildlich mancher Gang vor Gericht vergeblich war.

In diesem Saal und im übrigen Justizpalast lässt Honoré de Balzac (1799–1850) den dritten Teil des Romans *Splendeurs et Misères des Courtisanes (Glanz und Elend der Kurtisanen)* spielen, der auch ein Dokument für die Strafverfahren am Ende der Restaurationszeit mit ihren Einflussnahmen und Pressionen darstellt. Der dritte Teil erschien im Juli 1846 als Feuilletonroman in der Zeitung *L'Époque*; erst posthum im Jahre 1855 wurden die vier Teile der *Splendeurs et Misères des Courtisanes* im Rahmen der *Comédie humaine (Menschliche Komödie)* veröffentlicht, die den weitaus größten Teil des Romangesamtwerkes enthält.

Der Roman setzt die Handlung des Werkes *Illusion perdues (Verlorene*

Illusionen) fort und vermittelt einen breiten Überblick über die damalige Pariser Gesellschaft vom Hochadel über das Bürgertum bis in die Bereiche der Hausangestellten, Prostituierten, Straftäter und Verbrecher hinein. Der Dichter und Journalist Lucien de Rubempré kehrt nach seinem ersten Scheitern in die französische Hauptstadt zurück. Er wird von dem ehemaligen Strafhäftling Vautrin, der jetzt in der Verkleidung des spanischen Priesters Carlos Herrera auftritt, mit kriminellen Machenschaften dazu angetrieben, in eine alte Adelsfamilie einzuheiraten. Das nötige Geld für die Heirat Luciens lässt Carlos Herrera vom steinreichen Baron von Nucingen erpressen:

Die skrupellosen Machenschaften werden von der Polizei entdeckt; Lucien de Rubempré sowie Carlos Herrera bringt man in der grünen Minna („le pannier à salade") zum Justizpalast. Balzac widmet einen Abschnitt des dritten Teils der „geschichtlichen (!), archeologischen, biographischen, anekdotischen und physiologischen Geschichte des Justizpalastes".

Der Palais-de-Justice ist ein wirrer Haufen übereinander aufgetürmter Bauwerke, von denen die einen Größe ausstrahlen, die anderen aber unansehnlich sind; es stört, dass ein stimmiger Gesamteindruck fehlt. Die Salle des Pas-Perdus ist der größte aller bekannten Säle; aber seine Kahlheit wirkt schreckenerregend, er nimmt den Augen Mut und Hoffnung.

Die Salle des Pas-Perdus, die hier als „große Kathedrale der Rechtsverdrehung" apostrophiert wird, stürzt auch Lucien de Rubempré ins Unglück. Er ist den raffinierten Verhörmethoden des Untersuchungsrichters Camusot nicht gewachsen, enthüllt die verbrecherischen Handlungen und nimmt sich in der Gefängniszelle das Leben. Vautrin alias Carlos Herrera kann seinen Kopf aber noch aus der Schlinge ziehen, gibt seine wahre Identität preis und wird aufgrund seiner einschlägigen Kenntnisse zum Chef der Sicherheitspolizei ernannt.

Jacques Prévert (1900–1977), der in Deutschland vor allem als Drehbuchautor des Kultfilms *Les Enfants du Paradis (Die Kinder des Olymp)* (1945) und als Verfasser von Gedichten bekannt wurde, die als Chansons – von berühmten französischen Interpreten wie Juliette Gréco und Yves Montand gesungen – große Popularität erlangten, hat die fragwürdige Seite der Justiz zynisch beschrieben. Vom Seine-Ufer der Bouquinisten aus erscheint der Justizpalast in dem einleitenden Abschnitt *Encore une fois sur le fleuve (Noch einmal über den Fluss)* seiner *Histoires (Geschichten)* (1946) mit zwei verschiedenen Seiten:

Aber als der Bouquiniste den alten errötenden Mann betrachtet
wendet dieser verlegen seine Augen ab
und lässt das arme obszöne Buch liegen
er wirft einen unschuldigen gleichgültigen Blick
auf das andere Ufer der Seine
auf den goldfarbenen Quai des Orfèvres [Kai der Goldschmiede]
dort wo die Justiz einen Palast bewohnt
der von furchterregenden grauen Bullen bewacht wird
wo sie das Elend be- und verurteilt,
das es gewagt hat aus seinen Elendsbehausungen herauszukriechen.

Innerhalb des Palais de Justice befindet sich die Sainte-Chapelle, die schon auf dem Kalenderbild des Monats Juni im Stundenbuch des Duc de Berry neben der Königsburg steil emporragt. Balzac weist im dritten Teil des Romans *Splendeurs et Misères des Courtisanes* auf die gewaltige Größe der beiden Bauwerke hin:

Wenn man diese ausgedehnte Hauptstadt von der Höhe der Laterne [d. h. des lichteinlassenden Aufsatzes der Kuppel] des Pantheons aus betrachtet, erscheint der Palais [de Justice] mit der Sainte-Chapelle als das Beherrschendste unter einer Vielzahl von Bauwerken. Dieser Palast unserer Könige, in dem man entlanggeht, wenn man den riesengroßen Saal der verlorenen Schritte durchquert, war ein Wunderwerk der Architektur; er ist es noch in den klugen Augen des Dichters, der ihn erkunden will, wenn er die Conciergerie genauer betrachtet.

Der Schlusssatz erhält einen zusätzlichen biografischen Sinn, wenn man weiß, dass Balzac beim Schreiben des dritten Romanteils am 13. Dezember 1845 die Conciergerie besucht hat, um sich über den Handlungsort genauer zu informieren.

Die Sainte-Chapelle stellt den ältesten Teil des Palais de Justice dar. Sie wurde 1248 geweiht und von König Ludwig IX., dem Heiligen, mit kostbaren Reliquien ausgestattet. Den Brand von 1630 überstand sie ebenso wie die Zerstörungspläne der Französischen Revolution. Die Kirche besteht aus zwei Geschossen; die Oberkapelle war ursprünglich nur für die königliche Familie bestimmt. Sie besticht durch das farbige Lichtspiel der Fenster, die zu etwa zwei Dritteln noch aus dem 13. Jahrhundert stammen, die Wandflächen wurden fast völlig in Glas umgewandelt.

Ebenfalls im dritten Teil des Romans *Splendeurs et Misères des Courtisanes* hebt Balzac den „hohen und großartigen Bau der Sainte-Chapelle“ hervor, der allerdings Teile des Palais de Justice mit Schatten bedecke:

Dieses Viereck, diese Insel von Häusern und Baudenkmälern, wo sich die Sainte-Chapelle befindet, das herrlichste Juwel aus dem Schrein des Heiligen Ludwig, dieser Ort ist das Heiligtum von Paris, es ist der heilige Platz, die heilige Kirche. Und vor allem stellte dieser Ort die erste vollständige Stadt dar.

Der bewunderungswürdigen Sainte-Chapelle stellt Balzac die düstere Conciergerie gegenüber, die mit dem Palais de Justice einen großen Gebäudekomplex bildet. Die Erinnerung an die Schreckensherrschaft der Französischen Revolution ist um das Jahr 1846 noch sehr lebendig. In der Zeit von Januar 1793 bis Juli 1794 war die Conciergerie Vorhalle der Angeklagten zu den Revolutionsgerichten und Vorhölle der Verurteilten zur Hinrichtung mit der Guillotine. Nicht nur viele Adlige wie die französische Königin Marie-Antoinette, sondern auch Dichter wie André Chénier (1762–1794), den Victor Hugo als Vorläufer der romantischen Lyrik feierte, schickten die Revolutionäre von hier aufs Schafott.

Die Conciergerie – historische Bezeichnung, schreckliches Wort, noch schrecklicheres Objekt – ist mit den Revolutionen Frankreichs verbunden, besonders mit denen von Paris. Sie hat die meisten der großen Verbrecher gesehen. Wenn sie von allen Bauwerken in Paris das interessanteste ist, so ist sie auch das am wenigsten bekannte … bei den Leuten, die zu den oberen Klassen der Gesellschaft gehören.

Balzac bedauert vor allem, dass die Conciergerie den ehemaligen Königspalast mit seiner bedeutenden Architektur immer stärker zurückgedrängt habe.

Leider hat die Conciergerie den Palast der Könige überwuchert. Das Herz blutet einem, wenn man sieht, wie man Kerker, Kammern, Gänge, Unterkünfte und Säle ohne Licht und Luft in dieses großartig zusammengefügte Bauwerk hineingeschnitten hat, in der das Byzantinische, das Romanische und das Gotische, diese drei Seiten alter Kunst, durch die Architektur des 12. Jahrhunderts miteinander verbunden worden sind.

Auch wenn Balzac Spuren byzantinischer Kunst im Palais de Justice zu entdecken glaubt, so ist seine Kritik an den Umbauten und am Verschwinden älterer wertvoller Bausubstanz von anderen geteilt worden.

Zwischen der hinteren Seite des Justizpalastes, an der Rue de Harley, und dem Pont-Neuf erstreckt sich die Place Dauphine. Nachdem Ende des 16. Jahrhunderts drei kleine Seine-Inseln – darunter die kleine Ilot de la Gourdaine – mit der Île de la Cité verbunden und auf ihre Höhe aufgeschüttet wurden, erteilte König Heinrich IV. im Jahre 1607 den Auftrag an den Parlamentspräsidenten Achille de Harlay, den freien Raum anlegen und bebauen zu lassen. Der Platz, der sich der nach Westen auslaufenden Île de la Cité anpasst, wurde zu Ehren des Thronfolgers (dauphin), des späteren Königs Ludwig XIII., Place Dauphine genannt. Die dreieckige Form hat die erotische Phantasie der Pariser Bevölkerung angeregt: Da sie die Île de la Cité, das historische Zentrum der Stadt – auf den Menschen projiziert –, zwischen den Schenkeln der Seine liegen sah, verglich sie das magische Dreieck des Platzes mit dem Schamdreieck einer Frau.

Die gleichmäßige Bebauung der Place Dauphine mit einheitlich gestalteten Häusern aus Ziegelstein und weißen Steinen ist durch vielfältige Umgestaltungen weitgehend verloren gegangen. Die dem Palais de Justice zugewandte Häuserfront wurde im Jahre 1874 wieder abgerissen – angeblich, damit man das Justizgebäude besser bewundern könne. Geblieben ist ein sehr reizvoller, schattiger, Ruhe ausstrahlender Platz, der auch die Schriftsteller beeindruckt hat.

Gérard de Nerval (1808–1855) beginnt seine Erzählung *La Main enchantée (Die verzauberte Hand)*, die erstmals 1832 mit dem Zusatztitel *Histoire macaronique (Burleske Geschichte)* erschien, mit einer Beschreibung der Place Royale – heute der Place des Vosges –, die er mit der Place Dauphine vergleicht:

> *Es gibt einen anderen Platz in der Stadt Paris, der nicht weniger ein Gefühl des inneren Wohlbefindens durch sene regelmäßige Anlage hervorruft und der als Dreieck so ähnlich ist wie der andere [die Place des Vosges] als Viereck. Er ist unter der Herrschaft Heinrichs des Großen angelegt worden, der ihn* Place Dauphine *nannte. Man bewunderte damals, wie wenig Zeit man für die Gebäude benötigte, um das freie unbebaute Gelände der Île de la Gourdaine zu bedecken. Die zügige Umwandlung des ehemaligen Geländes erregte ein starkes Missbehagen bei den Kanzleigehilfen, die hierher kamen, um mit großem Lärm herumzutollen, und auch den Anwälten, die hierher kamen, um über ihre Plädoyers nachzudenken. Es war ein Spaziergang in der grünen und blühenden Natur, wenn sie aus dem widerlichen Hof des Palastes herausgingen.*

Als die Place Dauphine bebaut war, kehrten die Gerichtsleute wieder zurück.

Die Hauptperson der Erzählung, Godinot Chevassut, bewohnt eines der neuen Häuser des Platzes; er wird im Jahre 1609 in seltsam magische Ereignisse hineingezogen, an deren Ende die verzauberte Hand – so der Titel – eines gerade gehängten Tuchmacherlehrlings abgetrennt wird und sich selbstständig zum Wohnort eines Zigeuners bewegt, der die Verhexung ausgelöst hatte.

185 Jahre später, in den Wirren der Französischen Revolution, hat sich die Place Dauphine schon wesentlich verändert: Die ursprüngliche Schön-

heit ist heruntergekommen. Anatole France (1844–1924), dem 1921 der Nobelpreis für Literatur verliehen wurde, beschreibt im zweiten Kapitel seines historischen Romans *Les Dieux ont soif (Die Götter dürsten)* (1912) den Platz im Jahre 1794:

> *Evarist Gamelin verließ die Bernabitenkirche und machte sich auf den Weg nach der Place Dauphine [...]. Im volkreichsten Viertel von Paris gelegen, hatte dieser Platz seit hundert Jahren sein schmuckes Aussehen verloren. Die Paläste an seinen drei Seiten, die unter Heinrich IV. gleichmäßig in rotem Ziegelbau mit Querlagen von weißem Sandstein erbaut waren, als Wohnsitze prunkvoller hoher Beamter, hatten ihre vornehmen Ziegeldächer gegen zwei, drei elende Stockwerke aus Bruchstein eingetauscht, oder sie waren ganz abgerissen worden, und an ihre Stelle waren würdelose Mietshäuser mit dürftigem Kalkverputz getreten. Ihre Straßenfronten waren unregelmäßig, armselig, schmutzig, von zahlreichen ungleichen, schmalen Fenstern durchbrochen, die Blumentöpfe, Vogelkäfige und trocknende Wäsche zierten. Hier hauste eine Schar von Handwerkern, Goldschmieden, Uhrmachern, Optikern, Buchdruckern, Näherinnen, Schneiderinnen und Wäscherinnen sowie etliche alte Juristen, die der Sturm der Revolution nicht mit der alten Justiz fortgefegt hatte.*

Der Maler Evarist Gamelin, die zentrale Person des Romans, ist Mitglied des Revolutionstribunals, dessen grausame Verurteilungen und maßloser Blutdurst ihn aber nicht an den neuen fortschrittlichen Idealen zweifeln lassen. Mit Robespierre zusammen wird er schließlich ebenfalls durch die Guillotine hingerichtet.

Sehr viel reizvoller erscheint die Place Dauphine in der Erzählung *Nadja* (1928) von André Breton (1896–1966). Der Wortführer der surrealistischen Bewegung berichtet von Ereignissen, die sich in der Zeit zwischen Oktober 1926 und Februar 1927 abgespielt haben sollen. Eines Abends fahren Breton und Nadja zu einem Restaurant an der Place Delphine und lassen sich das Essen im Freien servieren:

> *Diese Place Dauphine ist wohl einer der zutiefst zurückgezogenen Orte, die ich kenne, eines der schlimmsten terrains vagues, die es in Paris gibt. Jedesmal, wenn ich mich dort befand, fühlte ich mich alle Lust verlieren, anderswo hinzugehen, mußte ich mit mir selbst kämpfen, um mich aus einer sehr geschmeidigen, allzu angenehm zudringlichen und alles in allem erschöpfenden Umarmung zu befreien.*

Breton fügte der Erzählung im Jahre 1928 44 Fotografien von Jacques Boiffard hinzu, darunter ein Bild des Platzes mit dem Restaurant.

Pont-Neuf

Durch den schmalen Durchgang an der Dreiecksspitze des Platzes gelangt man zum Pont-Neuf (Neue Brücke). Trotz ihres Namens ist es die älteste und immer noch eine der längsten Pariser Brücken. Sie ist seit ihrer Erbauung im Wesentlichen unverändert geblieben; im Jahre 1607 wurde sie von König Heinrich IV. eingeweiht, dessen Reiterstatue (1634) mitten auf der Brücke das erste Personendenkmal auf einem öffentlichen Platz in Frankreich war. Die Statue wurde 1792 von Revolutionären zerschlagen. Während der Restauration stellt man sie im Jahre 1818 dort wieder auf. Victor Hugo widmete in der Sammlung *Odes et Ballades (Oden und Balladen)* (1826) die sechste Ode dieser Wiederaufstellung (*Le Rétablissement de la Statue de Henri IV)*. Er beteiligte sich selbst voller Enthusiasmus am Transport:

Von tausend Armen gezogen, rollt der schwere Koloss voran.
Oh! Fliegen wir, schließen wir uns diesem frommen Streben an!
Was bedeutet es schon, wenn mein Arm sich in der Menge verliert!
Heinrich sieht mich aus der Höhe des Himmels.
Ein ganzes Volk hat diese Bronzestatue Deinem Gedächtnis gewidmet.

Die Legende berichtet, dass der Metallgießer des Denkmals, ein glühender Anhänger Napoleons, die Gelegenheit dazu benutzt habe, nicht nur eine kleine Figur des Kaisers, sondern auch eine zweibändige Ausgabe von Voltaires Epos *La Henriade (Der Heldengesang auf Heinrich IV.)* (1723) in den Sockel der Statue einzuschließen. Das Werk des Aufklärers ist eine Lobeshymne auf den französischen König, dem die Sorge für sein Volk wichtigste Leitlinie seines Handelns gewesen sei.

In seiner schon erwähnten Erzählung *La Main enchantée* erinnert Gérard de Nerval an den Erbauer der Brücke:

> *Der Pont-Neuf, der unter Heinrich IV. vollendet wurde, ist das wichtigste Bauwerk seiner Regierungszeit. Nichts gleicht der Begeisterung, den sein Blick ausdrückte, als er, nachdem die langwierigen Bauarbeiten beendet waren, mit zwölf großen Schritten die Seine vollständig überquert hatte [...].*
>
> *Aber die Brücke wurde auch bald der Treffpunkt der Pariser Müßiggänger, deren Zahl groß ist; besonders aller Gaukler, Quacksalber und Gauner, deren Geschäfte durch die vorbeilaufende Menge erst richtig in Schwung kommen – wie eine Mühle durch das strömende Wasser.*

Der Pont-Neuf war die erste Pariser Brücke ohne die bis dahin übliche Häuserzeile. Man konnte zum ersten Mal vom Übergang direkt auf die Seine blicken. Es gab auch Bürgersteige, die die Passanten vor Straßenschmutz schützten. Bei der Bevölkerung wurde die Brücke schnell beliebt, was aber im 18. Jahrhundert auch die Polizei auf den Plan rief:

> *Für die Stadt ist der Pont-Neuf das, was für den menschlichen Leib das Herz: Zentrum allen Lebens und aller Bewegung. Wer bestimmte Leute treffen will, seien es Einheimische oder Fremde, braucht nur täglich eine Stunde lang im Gewimmel dieser vielbegangenen Brücke auf und ab zu bummeln, und schon läuft ihm der Gesuchte in die Arme. Auch die Spitzel lauern dort, und wenn sie ihren Mann nicht binnen ein paar Tagen gesichtet haben, wissen sie mit Sicherheit, daß er Paris verlassen hat.*

Louis-Sébastien Mercier (1740–1814), der unter anderem als Theater- und Romanautor, Dramentheoretiker und Historiograph Bedeutung erlangte, verfasste diesen Text in seinem noch heute lesenswerten *Tableau de Paris (Mein Bild von Paris)*, dessen erste Gesamtausgabe im Jahre 1788 erschien. Das sehr umfangreiche Buch mit mehr als 2400 Seiten gibt einen breiten Überblick über das Alltagsleben der Pariser Bevölkerung am Vorabend der Französischen Revolution und beschreibt die soziale Wirklichkeit von den Höhen der adligen und großbürgerlichen Gesellschaft bis hinein in die Welt der Handwerker, Arbeiter, Bettler und Dirnen. Besonders die Missstände des Ancien Régime werden kritisch herausgestellt. Das Werk, dessen Anlage kaleidoskopartig und unsystematisch ist, wurde ein großer Erfolg; in über 100 000 Exemplaren erreichte es europäische Leser.

Mercier schildert auch die Quacksalber und Rekrutenwerber, die auf dem Pont-Neuf ihr Unwesen treiben. Aber entgegen anders lautenden Gerüchten sei die Brücke auch bei Nacht sicher:

In der Provinz glaubt man, daß, wer den Pont-Neuf nachts begehe, Gefahr laufe, in den Fluß geworfen zu werden, und man redet von Cartouche und seinen Anschlägen, als ob es diesen berühmten Dieb noch immer gäbe, dabei ist der Pont-Neuf die sicherste Brücke von ganz Paris [...].

Am Ende der Brücke treiben jene ihr Geschäft, die man als Aufkäufer von Menschenfleisch bezeichnet: die Rekrutenwerber. Die Männer, die sie den Obristen zutreiben, werden von diesen an den König weiterverschachert. Früher verschleppten die Werber junge Leute, deren sie durch Gewalt oder List habhaft wurden, in einen stillen Winkel und preßten ihnen dort die Verpflichtung mit Hilfe von Zwang und Schlägen ab. Inzwischen hat man diesem monströsen Mißbrauch ein Ende bereitet, nicht jedoch den Listen und Betrügereien, mit denen die Kanaille angeworben wird. Die Menschenfänger bedienen sich dabei seltsamer Methoden. So haben sie eine Leibwache aus leichten Mädchen, die sie auf junge Leute mit einem gewissen Hang zur Ausschweifung ansetzen. Weiter verfügen sie über Kneipen, wo sie jene, die den Wein mögen, betrunken machen. Auch tragen sie zur Fastnacht und zu Martini lange Spieße mit sich herum, bestückt bis oben hin mit gebratenen Truthähnen, Hühnern, Wachteln und Häschen, damit die, welche den Verlockungen der Wollust gegenüber standhaft blieben, nun der Verführung durch die Völlerei erlägen.

Dass die Gegend aber auch im 20. Jahrhundert gefährlich zu sein scheint, davon berichtet das schon zitierte Gedicht *Encore une fois sur le fleuve (Noch einmal über den Fluss)* aus Jacques Préverts Zyklus *Histoires:*

Ich war dabei, als etwas sich
direkt in der Nähe des Pont-Neuf ereignet hat
nicht weit von dem Bauwerk, das man
Haus der Münze nennt
Ich war dabei, als sie sich hinüberlehnte
und ich habe ihr dann einen Stoß versetzt
Es blieb nichts anderes übrig
Ich bin die Not
ich habe meine Arbeit erledigt
und die Seine ebenfalls
als sie über sie

den brüderlichen Arm gelegt
Vollkommen brüderlich
Brüderlichkeit, Gleichheit, Freiheit, das ist vollkommen
Oh wohlwollende Not
wenn du nicht existiertest, müsste man dich erfinden.

Im Jahre 1985 war der Pont-Neuf für 14 Tage völlig verwandelt: Das Ehepaar Christo hatte ihn mit Stoff verhüllt.

2. Vom Forum des Halles zum Louvre

Forum des Halles – Sainte Eustache – Fontaine des Innocents – Grand Louvre

Métro-Linien 1, 4, 7, 11, 14: Haltestelle Châtelet

Die Haltestelle Châtelet ist mit fünf Métro-Linien sowie endlos langen Verbindungsgängen einer der größten und am meisten frequentierten Verkehrsknotenpunkte der französischen Hauptstadt. Über den Bahnstationen befindet sich auf vier unterirdischen Etagen und einer oberirdischen Ladenpassage das 1979 eingeweihte Forum des Halles. Die Beton-, Glas- und Stahlkonstruktion des riesigen Einkaufs- und Freizeitzentrums war inzwischen aber so heruntergekommen, dass die Neugestaltung des gesamten Baukomplexes in Angriff genommen wurde.

Die runden Stahlträger des Forum des Halles werden auch als Zitate der ehemaligen Halles angesehen, die bis 1969 an diesem Ort standen. Seit dem Mittelalter (1183) war hier der zentrale Marktplatz von Paris mit überdachten Hallen. Im Zusammenhang mit den Modernisierungsmaßnahmen des Präfekten Baron Haussmann entstanden hier zwischen 1854 und 1866 zehn gigantische pavillonartige Markthallen aus Eisengerüsten mit Glasdächern nach den Plänen der Architekten Baltard und Callet.

Der naturalistische Romanschriftsteller, Kunst- und Literaturtheoretiker sowie Journalist Emile Zola (1840–1902) hat dieses bunte Treiben in seinem Werk *Le Ventre de Paris (Der Bauch von Paris)* (1873) eindringlich beschrieben. Die Handlung spielt im Jahre 1858, als im Bereich des alten Marktplatzes schon neue Hallen errichtet worden waren. Dem Republikaner Florent Quenu, der beim Staatsstreich Napoleons III. im Dezember 1851 festgenommen und nach Cayenne deportiert worden war, gelingt die Flucht nach Paris. Er nähert sich dem neugestalteten Marktzentrum und sieht den riesigen Komplex aus dem Dunkel auftauchen:

Florent sah, wie die großen Markthallen aus dem Schatten hervortraten und aus dem Traum erwachten, in dem er gesehen hatte, wie sie ihre durchbrochenen Paläste bis ins Unendliche aneinanderreihten. Sie verdichteten sich in einem grünlichen Grau und wurden mit ihrem außergewöhnlichen Mastwerk, das die uner-

meßlich großen Dächer trug, noch riesenhafter; sie stapelten ihre geometrischen Körper aufeinander, und als alle Helligkeit im Innern erloschen war und sie viereckig und gleichförmig in dem erwachenden Tag badeten, wirkten sie wie eine moderne Maschine, die außerhalb aller Größenordnungen lag, wie eine Dampfmaschine, wie ein gewaltiger Dampfkessel, der zur Verdauung eines ganzen Volkes bestimmt war, ein riesiger Metallbauch, zusammengeschraubt und vernietet, aus Holz, Glas und Eisen gebaut, von der Eleganz und der Kraft eines Motors, der durch die Hitze einer Heizung angetrieben wurde und die unaufhaltsame Bewegung der zahllosen Räder bewirkte.

Vor allem gefällt sich Zola darin, das bunte Farben- und Formenspiel des Obst- und Gemüsemarktes in allen Einzelheiten zu beschreiben:

Es war ein Meer, das sich zwischen den beiden Gruppen der Markthallen von der Pointe Sainte-Eustache bis zur Rue des Halles erstreckte. Und an beiden Enden, an beiden Kreuzungen stieg die Flut weiter, und das Gemüse überschwemmte die Pflastersteine. Der Tag erwachte langsam in einem zarten Grau und überzog alle Dinge mit einem hellen Aquarellton. Diese Haufen, die sich wie eilige Fluten kräuselten, und dieser Strom von Grün, der wie ein Niederprasseln heftiger Herbstregen in die engen Straßen und Gassen zu fließen schien, nahmen feine und perlende Schatten an: zartes Violett, mit Milchtönen durchsetztes Rosa, in Gelb ertrunkenes Grün – all diese Blässe, die den Himmel bei Sonnenaufgang mit schillernder Seide überzieht. Und je mehr die morgendliche Feuersbrunst am Ende der Rue Rambuteau in Flammenstrahlen gen Himmel stieg, desto stärker erwachte das Gemüse und trat aus der tiefen Blautönung hervor, die sich über die Erde ergoß. Kopfsalat, Endivie, Lattich und Chicorée, aufgeblüht und noch mit Gartenerde verschmiert, zeigten ihre glänzenden Herzen. Spinat- und Sauerampferstapel, Artischockenbunde, Berge von Bohnen und Erbsen und Haufen von Sommerendivie, die mit Strohhalmen zusammengebunden waren, sangen die ganze Tonleiter des Grüns, vom Lackgrün der Schoten bis zum Dunkelgrün der Blätter – eine anhaltende Tonleiter, die noch im Sterben die gesprenkelten Selleriestengel und Porreebunde erreichte. Doch die lebhaften Farbtupfer der Möhren und die reinen Farbflecke der Rüben, die in beachtlichen Mengen auf dem ganzen Markt lagen, den sie mit der bunten Pracht ihrer beiden Farben beleuchteten, sangen die grellsten Töne, die am lautesten erklangen.

Die prächtige Farbkomposition, die an die impressionistische Malerei erinnert, wird durch eine breite Duftpalette ergänzt. Die folgende Beschreibung aufdringlicher Gerüche hat ihren ekelerregenden Charakter bis heute erhalten; schon die zeitgenössische Kritik des späten 19. Jahrhunderts hatte Zolas Art der Darstellung weitgehend negativ beurteilt.

Sie [Madame Lecoeur, Mademoiselle Saget] blieben stehen und verabschiedeten sich im Geruchsfinale des Käses, in das zu diesem Zeitpunkt alle einstimmten. Das war ein Mißklang ekelhafter Gerüche, von der weichen Schwere gekochten Breis des Schweizerkäses und des Holländers bis zu den Ammoniakschärfen des Olivet. Es erklang dumpfes Schnarchen des Cantal, des Chesters und des Ziegenkäses ähnlich einem breiten Baßgesang, von dem sich in staccato gespielten Tönen der kleine jähe Mief des Neufchâtel, des Troyes und des Mont-d'or abhoben. Dann gerieten die Gerüche in Bestürzung, rollten sich alle übereinander, verdichteten sich mit den Dunstböen des Port-Salut, des Limburger, des Géromé, des Marolles, des Livarot und des Pont-l'Evêque, die sich allmählich vermischt hatten und in einer einzigen Gestanksexplosion erblühten. Der Gestank breitete sich aus, behauptete sich inmitten der allgemeinen Schwingung, in der es keine unterschiedlichen Gerüche mehr gab und ein fortwährender Schwindel von Übelkeit und eine schreckliche Kraft des Erstickungstodes vorherrschte.

Die synästhetisch mit den durchdringenden Düften verbundenen Geräusche werden auch einzeln als akustische Charakteristika der Hallen am frühen Morgen „über den Flammen der Feuersbrunst des Sonnenaufgangs" in Zolas Roman geschildert:

Nun waren die Hallen eine wimmelnde Stadt in einem fliegenden Goldstaub. Die Geräuschkulisse des Erwachens war vom Schnarchen der Gemüsebauern, die unter ihren weiten Mänteln lagen, bis zum lauteren Dröhnen der Anlieferungen gewachsen. Jetzt räumte die ganze Stadt ihre Gitter weg. Die Marktplätze summten, die Hallen grollten. All diese Stimmen gaben den Ton an, und man hätte sie für das meisterhafte Erblühen dieser Melodie halten können, die Florent seit vier Uhr in der Früh hörte, wie sie sich in der Dunkelheit dahinschleppte und anschwoll. Rechts und links, an allen Seiten, erzeugte das Kreischen der Versteigerung grelle Töne einer kleinen Flöte inmitten der dumpfen Bässe der Menge.

Diese Geräusche lassen die Stadt zu einem riesenhaften, mythischen Ungeheuer werden, das die Berge von Lebensmitteln mit seinen gigantischen Kiefern verschlingt:

Nun hörte er [Florent] das langgezogene Dröhnen, das an den Hallen begann. Paris kaute die Bissen für seine zwei Millionen Einwohner. Es war, als schlüge wütend ein riesiges Herz, welches das Lebensblut in alle Adern pumpte. Das Getöse ungeheurer Kiefer, lärmender Radau der Lebensmittelversorgung, angefangen von den Peitschenschlägen der Großhändler, die zu den Märkten in den einzelnen Vierteln aufbrachen, bis zum schleppenden Schritt der armen Frauen, die mit ihren Körben von Tür zu Tür gingen und Salat anboten.

Diese detailreichen Beschreibungen veranschaulichen eine bezeichnende ästhetische Seite des wichtigsten Vertreters des französischen Naturalismus.

Doch seine Schilderungen bleiben nicht unvermittelt stehen: Der Autor stellt sozialkritisch den Gegensatz zwischen den Bergen von Lebensmitteln für die finanzkräftige bürgerliche Bevölkerung einerseits und den hungernden Mägen der besitzlosen Bewohner von Paris andererseits deutlich dar. Der in die französische Hauptstadt zurückkehrende Florent Quenu verspürt dies am eigenen Leib:

> *[...] ein wahnsinniger Schmerz überfiel ihn, so Hungers zu sterben in diesem überfütterten Paris, in diesem strahlenden Erwachen der Markthallen. Dicke, heiße Tränen rannen aus seinen Augen.*

Le Ventre de Paris mit den Bergen von Blumen, Früchten und Gemüse, von Fleisch, Käse und Fisch ist ein Symbol für die wohlhabende Großstadt, „fett, herrlich und von Nahrungsmitteln überquellend". Aber zugleich bildet der Roman auch den Lebensbereich für die am Rande der Gesellschaft dahinvegetierenden Parias ab. Das Elend der schmutzigen Lastenträger und mittellosen Herumtreiber, der armen Kohlsuppenverkäuferinnen und der verkommenen Straßenmädchen wird von Zola deutlich geschildert.

Noch stärker hebt der Romancier, Lyriker, Literaturtheoretiker und Journalist Louis Aragon (1897–1982) das beklagenswerte Dasein der in den Halles lebenden Armen, Notleidenden und Ausgebeuteten hervor. Der seit 1917 mit André Breton befreundete Autor hatte zusammen mit Philippe Soupault die Zeitschrift *Littérature* gegründet und die surrealistische Bewegung mit aufgebaut. Durch seinen Eintritt in die kommunistische Partei Frankreichs im Jahre 1927 wandte sich Aragon von der Ästhetik des Surrealismus ab und der Literaturtheorie des sozialistischen Realismus zu. Seit 1934 veröffentlichte er einen Zyklus von vier Romanen, der den Gesamttitel *Le monde réel (Die wirkliche Welt)* trug. Das zweite Werk dieser Serie heißt *Les beaux quartiers* (1936), dessen deutscher Titel in der Übersetzung von Stephan Hermlin, *Die Viertel der Reichen* (1952), die Intention des Autors noch deutlicher ausdrückt. Im zweiten Teil des Romans, der sich *Paris* nennt, kommt der jüngere Sohn des Provinzbürgermeisters Barbentane, Armand, mittellos aus der Provinz in der französischen Hauptstadt an und läuft in der Nacht durch die dunklen Straßen. Schließlich gelangt er in das Viertel der Halles.

> *Der Instinkt führte ihn nach den Markthallen hinüber trotz der Lockungen von engen Straßen, Biegungen und Laubengängen, denen er sich einen Moment lang genähert hatte, als er plötzlich am Boden eine Art menschlicher Säcke wimmeln sah, deren abstoßende Schmutzigkeit und Verwahrlosung ihn einen Schritt zurück machen ließ. Vor ihm riefen zwei Polizisten, die sich mit lauter Stimme unterhielten, eine dieser erbarmungswürdigen menschlichen Ruinen an. Das war vor einer*

Art von dunklem Lagerraum, dessen eiserner Laden sich auf eine finstere Straße zu schloß, die rechts nach den Markthallen hinlief. Unter der gläsernen Markise des Ladens („Eierspezialitäten") lagen, auf ausgebreiteten Zeitungen ausgestreckt, Haufen von schlafenden Wesen, die ihre Köpfe in den Mauerwinkeln verbargen. Ganzen Bergen von Lebensmitteln gegenüber verkamen diese menschlichen Schatten vor Hunger und Schlafsucht. Die starken Sklaven jenes Paris, das ißt, schienen ihre im Elend verkommenen Brüder nicht zu sehen; sie gingen zwischen ihnen hin und her und gaben nur acht, ihre mächtigen Füße nicht auf die liegenden Leiber zu setzen, so wie man sich vor Kot in acht nimmt.

Aragons Roman beschreibt neben dem menschlichen Elend in den Halles auch – wie der Titel es sagt – die Viertel der Reichen. Das Werk versucht, ein Gesamtbild des politischen und sozialen Lebens in Frankreich vor dem Ersten Weltkrieg zu geben, und hebt in Paris – gemäß der marxistischen Weltanschauung des Autors – vor allem die Zweiteilung nach wohlhabenden und armen Stadtbezirken hervor. Die Ereignisse und die historischen Personen des Jahres 1913, in dem der Roman spielt, werden direkt in die Handlung integriert, so zum Beispiel die Wahl Poincarés zum Präsidenten der Republik, der Kampf um eine dreijährige Militärdienstzeit und der Streik der Pariser Taxifahrer.

Am nordwestlichen Rand des Hallenviertels steht die Kirche Saint-Eustache. Sie war die Kirche der Markthändler; ihre reiche Ausstattung verdankte sie teilweise auch ihnen. Sie hat allerdings durch die Französische Revolution und einen Brand im Jahre 1844 stärker gelitten. Die Kirche lag immer im Blick der Halles und symbolisierte ihren geistlichen Gegenpol. Florent Quenu, die männliche Hauptperson in Emile Zolas *Der Bauch von Paris*, nimmt das Gotteshaus sogleich bei seinem ersten Gang durch das Hallenviertel wahr:

Florent litt. Er glaubte an irgendwelche übermenschlichen Versuchungen. Er wollte nichts mehr sehen und betrachtete Saint-Eustache. Die Kirche stand schräg vor ihm; im Licht des blauen Himmels sah sie aus, als wäre sie mit schwarzer Tinte gewaschen worden. Er schaute auf die Rosetten, die breiten Bogenfenster, den Glockenturm und die Schieferdächer. Sein Blick verweilte an der dunklen Einmündung der Rue Montorgueil, wo Ausschnitte der grellen Reklameschilder funkelten, und am stumpfen Winkel der Rue Montmartre, auf der die mit goldenen Buchstaben versehenen Balkone glänzten.

In dieser profanen, verschmutzten Umgebung der Hallen erstrahlt die Kirche aber schon kurze Zeit später als sinnbildhafte Verkörperung des sakralen Gegensatzes:

Die Sonne fiel schräg in die Rue Rambuteau und setzte die Häuserfassaden in Flammen, in deren Mitte die Einmündung der Rue Pirouette ein schwarzes Loch hinterließ. Am anderen Ende stand – golden im Sonnenstaub wie ein riesiger Heiligenschrein – das große Kirchenschiff von Sainte-Eustache. Und inmitten des Gewühles näherte sich von der Straßenkreuzung ein Trupp Straßenfeger, der in einer Linie mit gleichmäßigen Schlägen ihren Besen schwang, während die Müllmänner den Unrat mit Forken auf Karren warfen, die alle zwanzig Meter mit einem Klirren anhielten, als würde Geschirr zerschlagen.

Auch Teile der Baugeschichte von Saint-Eustache, die sich über ein Jahrhundert erstreckte, werden in Zolas Roman thematisiert. Die Kirche war im Jahre 1532 nach den Plänen von Notre-Dame begonnen worden, deren kreuzförmigen Grundriss und fünfschiffigen Aufbau sie mit dem Pariser Vorbild gemeinsam hat. Die räumlichen Dimensionen nähern sich ebenfalls teilweise einander an: Mit 43 Meter Breite und 33 Meter Höhe liegt Sainte-Eustache nur 5 bzw. 2 Meter unter den Maßen von Notre-Dame; nur an die Länge der zentralen Pariser Bischofskirche von 130 Meter reichen die 88 Meter von Saint-Eustache nicht heran. Auf die imponierende Größe des Baus wird in Zolas Roman mehrmals verwiesen. So hebt der obige Text „das große Kirchenschiff von Sainte-Eustache" hervor, später wird „das hohe, kahle und strenge Mittelschiff" erwähnt. Deshalb ist das Bauwerk auch von fern her sichtbar. Im *Ventre de Paris* bewegen sich die männliche Hauptperson Florent Quenu und der Maler Claude Lantier auf die Markthallen zu:

Als sie an der Rue du Roule vorbeigekommen waren, hatte er [Claude Lantier] dieses Seitenportal von Saint-Eustache betrachtet, das man von weitem über dem riesigen Schuppen einer überdachten Straße der Markthallen sehen konnte.

Seit der zentrale Pariser Markt im Jahre 1969 nach Rungis verlagert und die Hallen zu Beginn der 70er Jahre abgerissen wurden, ist eine der schönsten Pariser Kirchen ohne die ehemalige höhere Bausubstanz im Süden den Blicken wieder frei zugänglich.

Die Baugeschichte von Saint-Eustache endete erst 105 Jahre später im Jahre 1637, sodass das Gotteshaus einerseits als die letzte Kirche der Gotik und andererseits als der früheste Sakralbau der Renaissance in Paris bezeichnet wird. So sieht es auch der Maler Lantier, der im Roman die Rolle des Kunstexperten übernimmt. Er verbindet mit seiner Auffassung einen sehr kritischen Blick auf die zeitgenössische Architektur:

Diese Kirche besteht übrigens aus verschiedenen Architekturen. Das Mittelalter liegt hier im Sterben, und die Renaissance stammelt erst wie ein Kleinkind … Haben Sie bemerkt, was für Kirchen uns heute gebaut werden? Die ähneln allen möglichen Bauwerken: Bibliotheken, Sternwarten, Taubenschlägen und Kasernen, aber ganz sicher ist niemand davon überzeugt, daß der liebe Gott dort wohnt. Die Maurer des lieben Gottes sind tot, und es wäre sehr klug, nicht mehr diese häßlichen Steingerippe zu errichten, in denen wir keinen Menschen unterzubringen haben ... Seit Beginn des Jahrhunderts wurde nur ein einziges echtes Baudenkmal geschaffen, ein Bauwerk, dem kein anderes als Vorbild diente und das ganz natürlich aus dem Boden der Epoche hervorgesprossen ist. Das sind die Zentralmarkthallen, verstehen Sie, Florent, ein großartiges Werk, das bisher nur eine schüchterne Offenbarung des 20. Jahrhunderts ist ... Deshalb ist Saint-Eustache dort versunken, verdammt! Saint-Eustache steht dort hinten mit seiner Rosette, von seinem frommen Volk verlassen, während sich die Markthallen daneben ausbreiten und von summendem Leben erfüllt sind ...

Der Maler geht sogar soweit, die Markthallen zu einem solch bedeutenden Symbol aufzuwerten, dass sie die Bauten der Vergangenheit zu Recht verdeckten und verdrängten:

In der Verengung der Rue des Prouvaires blinzelte Claude mit den Augen und betrachtete gegenüber, am Ende der überdachten Straße, ein von diesem riesigen Schiff eines modernen Bahnhofs eingerahmtes Seitenportal von Saint-Eustache mit seiner Rosette und seinen beiden übereinanderliegenden Reihen Rundbogenfenster. In seiner herausfordernden Art sagte er, daß das ganze Mittelalter und die ganze Renaissance unter den Zentralmarkthallen Platz hätten. Und wenn sie dann die neuen, breiten Straßen entlanggingen, die Rue du Pont-Neuf und die Rue des Halles, erklärte er den beiden Straßenkindern das neue Leben, die herrlichen Bürgersteige, die hohen Häuser und den Luxus der Geschäfte.

Sainte-Eustache ist aber auch die zuständige Gemeinde für die Menschen, die in den Hallen arbeiten. Dort holen sie sich, wie die weibliche Hauptperson des Romans *Le Ventre de Paris*, Lisa Quenu, vom Pfarrer Rat und Hilfe, nicht nur in Fragen des Glaubens, sondern auch bei Problemen des täglichen Lebens. Die politischen Aktivitäten ihres Schwagers Florent erfüllen Lisa mit Unruhe. In dieser für sie schwer einzuschätzenden Situation erhofft sie sich vom Abbé Roustan eine Empfehlung, wie sie verantwortungsbewusst handeln soll, ohne sich selbst in Gefahr zu bringen. Mit Lisa Quenus Empfindungen lernen wir das Innere der Kirche näher kennen:

Sie [Lisa] bedankte sich, ohne zu sagen, daß sie nicht beichten wolle, entschloß sich aber zu warten und schritt mit kleinen Schritten über die Fliesen bis zum großen Portal, von wo aus sie sich das hohe, kahle und strenge Mittelschiff zwischen den mit lebhaften Farben bemalten Seitenschiffen anschaute. Sie hob ein wenig das Kinn, hielt den Hochaltar für zu schlicht, fand keinen Gefallen an dieser kalten,

> *steinernen Erhabenheit und bevorzugte die Vergoldungen und die bunten Farben der Seitenkapellen. Auf der Seite der Rue du Jour blieben die Kapellen grau, weil durch die verstaubten Fenster nur wenig Licht fiel, während der Sonnenuntergang auf der Seite der Markthallen die Scheiben der großen Kirchenfenster entzündete, denen sehr zarte Farben, vor allem Grün- und Gelbtöne, eine heitere Note verliehen […]. Sie kehrte auf dieser Seite zurück, die durch das glühende Licht erwärmt zu sein schien, und betrachtete einen Moment interessiert die Reliquienschreine, die Altaraufsätze und Malereien, die sie im Widerschein des gebrochenen Lichtes sah. […].*
>
> *Sie ging bis ans Ende der Kirche. Hinter dem Hochaltar lag im Schatten der doppelten Reihe der Pfeiler die Kapelle der Heiligen Jungfrau, die vom Schweigen und der Finsternis ganz feucht war. Die dunklen Kirchenfenster hoben nur die Heiligengewänder mit den breiten roten und violetten Rockschößen hervor, die wie Flammen mystischer Liebe in der Andacht, in der stummen Anbetung der Dunkelheit brannten.*

Lisa Quenu ist schließlich bereit, ihren Schwager zu denunzieren, der seit seiner Rückkehr nach Paris schon von der Polizei überwacht wurde. Nun wird er wieder zur Deportation verurteilt.

Noch vor Emile Zolas Roman *Le Ventre de Paris* wird die Kirche Saint-Eustache in Gérard de Nervals Erzählung *Aurélia ou le Rêve et la Vie (Aurélia oder der Traum und das Leben)*, die 1855 im Todesjahr des Dichters teilweise posthum erschien, zum Ort religiösen Trostes. Der erste Satz des kleinen Werkes, „Der Traum ist ein zweites Leben“, wird für das erzählerische Ich zum Ausgangspunkt eines auf Dantes *Vita nuova* anspielendes neues Leben. Die Suche nach der entschwundenen geliebten Aurelia, die der Erzählfigur nur in Traumvisionen erscheint, lässt sie durch Paris irren:

> *Anschließend ging ich zur Kirche Saint-Eustache hin, wo ich mich ehrfürchtig vor dem Altar der Heiligen Jungfrau niederkniete und an meine Mutter dachte. Die Tränen, die ich vergoss, beruhigten meine Seele.*

Mit Blick auf das Forum des Halles liegt südwestlich genau in der diagonal entgegengesetzten Ecke zur Kirche Saint-Eustache die Fontaine des Innocents (Brunnen der unschuldigen Kinder) auf der Place gleichen Namens. Hier befand sich im Mittelalter der Cimetière des Innocents, der größte Pariser Friedhof. Als er etwa im 10. Jahrhundert angelegt wurde, lag er – dem römischen Brauch entsprechend – außerhalb der Stadt. Den spätmittelalterlichen Dichter und Vagabunden François Villon (1431 oder 1432–nach 1463) regte der Friedhof in seinem Hauptwerk, dem *Grand Testament (Großes Testament)*, erschienen 1489, zu einer sarkastischen Reflexion über die Gleichheit vor dem Tod an. Er will dem Blindenheim, dessen Bewohner regelmäßig als Trauernde zu Begräbnissen abgeordnet werden, seine große Brille vermachen:

In gleicher Weise gebe ich den [dem Blindenheim des Hôtels der]
Fünfzehnmal Zwanzig,
(Die genauso auch die Dreihundert genannt werden könnten)
Und zwar denen aus Paris, nicht aus [der Stadt] Provins,
Denn ihnen fühle ich mich verbunden,
Sie sollen, und damit bin ich einverstanden,
Meine große Brille, aber ohne Futteral bekommen,
Damit sie auf dem Cimetière des Innocents
Die guten von den schlechten Leuten unterscheiden können.

Der große Friedhof existierte in dieser Form auch noch im Jahre 1738, als die Handlung des historischen Romans *Das Parfüm* (1985) von Patrick Süskind (geboren 1949) einsetzt. An einem heißen Sommertag wird dort Jean-Baptiste Genouille geboren, „der zu den genialsten und abscheulichsten Gestalten dieser an genialen und abscheulichen Gestalten nicht armen Epoche gehörte". Sein Geburtsort wird ausführlich beschrieben:

Und natürlich war in Paris der Gestank am größten, denn Paris war die größte Stadt Frankreichs. Und innerhalb von Paris wiederum gab es einen Ort, an dem der Gestank ganz besonders infernalisch herrschte, zwischen der Rue aux Fers und der Rue de la Ferronnerie, nämlich den Cimetière des Innocents. Achthundert Jahre lang hatte man hierher die Toten des Krankenhauses Hôtel-Dieu und der umliegenden Pfarrgemeinden verbracht, achthundert Jahre lang Tag für Tag die Kadaver zu Dutzenden herbeigekarrt und in lange Gräben geschüttet, achthundert Jahre lang in den Grüften und Beinhäusern Knöchelchen auf Knöchelchen geschichtet [...].

Hier nun, am allerstinkendsten Ort des gesamten Königreiches, wurde am 17. Juli 1738 Jean-Baptiste Grenouille geboren.

Die in Zolas Werk beschriebenen widerwärtigen Gerüche der Markthallen werden in Süskinds Kultroman, der in über 15 Millionen Exemplaren verbreitet wurde, noch übertroffen. Grenouille treibt die Suche nach dem perfekten Duft junger Frauen in die Provinz und lässt ihn zum vielfachen Mädchenmörder werden. Er entgeht aber seiner Hinrichtung und kehrt im Juni 1767 an seinen Geburtsort in Paris zurück:

Er ging über den Pont Neuf ans rechte Ufer und weiter zu den Hallen und zum Cimetière des Innocents. In den Arkaden der Gebeinhäuser längs der Rue aux Fers ließ er sich nieder. Das Gelände des Friedhofs lag wie ein zerbombtes Schlachtfeld vor ihm, zerwühlt, zerfurcht, von Gräben durchzogen, von Schädeln und Gebeinen übersät, ohne Baum, Strauch oder Grashalm, eine Schutthalde des Todes.

Kein lebender Mensch ließ sich blicken. Der Leichengestank war so schwer, daß selbst die Totengräber sich verzogen hatten.

Ein schrecklicher kannibalischer Akt setzt seinem Leben ein Ende.

Im Jahre 1786 wurde der Friedhof geschlossen: Die Skelette verlegte man zu den Catacombes. Reste der Beinhäuser befinden sich noch unter den Häusern der Rue des Innocents. Auf dem Terrain wurde ein neuer Platz angelegt, der Square gleichen Namens; in seine Mitte stellte man wieder die Fontaine des Innocents, die – von Jean Goujon 1547 bis 1549 geschaffen – eines der bedeutendsten Zeugnisse der französischen Renaissancearchitektur in Paris bildet. Bei der Versetzung wurde der Brunnen umgebaut. Da er ursprünglich nur drei Seiten hatte und an den ehemaligen Kirchenbau angelehnt war, wurde die vierte südliche Arkade neu geschaffen und in den Rahmen eines kleinen Tempels eingefügt. Die fünf bisherigen Najaden (Nymphen) auf den Reliefs zwischen den Pilastern ergänzte man durch drei neue.

Dieser Brunnen dient in Zolas *Ventre de Paris* als Spielplatz für die beiden Kinder Marjolin und Cadine, die in den Markthallen herumtollen:

An sonnigen Tagen liefen sie [Marjolin und Cadine] so lange durch die Straßen, daß sie sich am Abend nicht mehr rühren konnten. Sie nahmen Fußbäder im Brunnen […].

Bedrohlich und unheilvoll ist dagegen die Situation in Louis Aragons Gedicht *Le jour se lève sur la Fontaine des Innocents (Der Tag bricht über der Fontaine des Innocents an)*, das im Sommer 1941 nach dem Einmarsch der deutschen Truppen geschrieben wurde. Es erschien Ende 1944 nach der Befreiung von Paris in einer Gruppe von Gedichten unter dem Titel *En étrange pays dans mon pays lui-même (Im eigenen Land in einem fremden Land)* zusammen mit dem Zyklus *La Diane française (Der französische Weckruf)* und verbindet die Beschreibung des Renaissancebrunnens mit der Schilderung der aktuellen Schrecken des Krieges.

Asche auf den morgendlichen Dächern
Wenn die allerletzte Hure
Müde vom Krieg schlafen geht.
Die Morgenröte löscht mit bleichem Licht
Die Straßenlampen auf den Spiegeln.
[…]

In der schwachen abwesenden Sonne
Lässt dieser Renaissancetempel
Alexandrien, Rom, Athen wiederaufleben
Von zwei Gräberfeldern des Cimetière des Innocents
Ist nur ein Brunnen noch geblieben.

Warum geben sich seit bald vierhundert Jahren
Die Gestalten, die man Wasser schöpfen sieht,
Den Anschein, an dem Brunnen
Auf die Huld der Höflinge zu warten –
Die Zeit grausamen Mordens ist zurückgekehrt.

Bäuerinnen, die mit eingeschränkter Perspektive
Am Rande ihrer Häuser stehen
Ideale Samariterinnen
Händlerinnen in allen Jahreszeiten
Nymphen, die die Luft der Hallen bräunt

Werden sie sich äußern
Ob ihre Herzen denn aus Stein verfertigt sind
Wie es das Zittern ist
Das ihre Kleider aus Stein
In Falten zusammendrückt.
[...]

Aber an die Bartholomäusnacht
Hat keiner mehr Erinnerung bewahrt
Bis auf die großen Mädchen in Gewändern
Die ihre Freunde sterben sahen
Dort wo sie Jean Goujon einst aufgestellt.

Seltsame Wendung unsrer Qualen
Ein Denkmal muss errichtet werden
Dass unsre Schlachten dann lebendig werden
Und in dem Marmor ewig überleben
Ein Monument, das der Bedeutung von Paris entspricht.
[...]

In dem Kriminalroman *La Fontaine des Innocents* (1992) des Romanciers, Historikers und Journalisten Max Gallo (geboren 1932), der im Jahre 2007 in die Académie française aufgenommen wurde, erscheint der Brunnen erneut verwandelt. Durch die Nachbarschaft zum Forum des Halles ist die Gegend um die Fontaine des Innocents auch heruntergekommen. Die Hauptfigur des Romans, Anne-Marie Bermont, nähert sich an einem Dezemberabend des Jahres 1989 dem Brunnen:

Es lag ein süßlicher Geruch von Crêpes und Beignets (Pfannkuchen und Krapfen) in der Luft. Jugendliche saßen auf den Stufen der Fontaine des Innocents, andere sprangen über die Schanzen, die sie sich aus Kisten gemacht hatten, indem sie mit ihren Skateboards herumwirbelten. Ein Mann, der eine Kette fest um seinen Bizeps und um seinen nackten Oberkörper gezogen hatte, hüpfte und verrenkte sich inmitten eines Kreises von Schaulustigen und brüllte, dass es ihm bald gelänge, sich zu befreien.

Anne-Marie blieb einen Augenblick etwas abseits der Menge stehen.

Sie war schon seit Jahren nicht mehr hierher gekommen, vielleicht seitdem man die Hallen abgerissen hatte, und sie entdeckte ein anderes Viertel, andere Leute, Schwarze, Maghrebiner, eine Menge von Leuten, die man an der Place Saint-Sulpice nicht traf, wo sie jeden Tag auf ihren Bus wartete, um mit Frauen, die wie sie aussahen, nach Hause zu fahren.

Ihr ehemaliger Lebenspartner Julien hatte sie mit Rücksicht auf ihre gemeinsame Tochter Isabelle sehr energisch vor dieser Gegend gewarnt, diese alarmierenden Worte kommen ihr jetzt wieder in den Sinn:

Er [Julien] hatte erfahren, dass Isabelle gerne nach Beaubourg und zu den Hallen gehe, und hatte sie angebrüllt; er erklärte ihr, dass dort unten das Mittelalter lebendig sei, die Rückkehr zur ehemaligen Bestimmung dieses Zentrums von Paris, zwischen der Rue de la Grande-Truanderie und der Fontaine des Innocents, die Drogen, die Überfälle … Anne-Marie und Isabelle hatten ihn ausgelacht.

Doch Anne-Marie Bermont vergeht die Erinnerung an das Lachen an diesem Abend sehr bald. Sie wird inmitten der Menge auf einer Rolltreppe des Forum des Halles von einem jungen Mann, der sie gerade erfolglos angebettelt hatte, angegriffen und mit einer Spritze gestochen. Der Roman verfolgt diesen kriminellen Überfall, der die Existenz der Hauptperson in große Schwierigkeiten bringt, und präsentiert dabei ein breites Panorama des Berufslebens und der Lebensgewohnheiten der Pariser Bevölkerung am Ende des 20. Jahrhunderts.

Biegt man von dem Forum des Halles nach rechts in die Rue Berger ein und geht dann links in die Rue du Louvre, erreicht man an der übernächsten Straßenkreuzung die Rue de Rivoli. Wenn man nach rechts die Straße weiterläuft, steht man nach wenigen Metern vor dem Haupteingang des Grand Louvre. Durch die Glaspyramide des Architekten Iech Ming Pei gelangt man ins größte Museum der Welt.

Die über 800-jährige, sehr komplexe Baugeschichte des Louvre beginnt im Jahre 1190. König Philippe Auguste ließ die Stadt mit einer Ringmauer umgeben, die er mit einer Wehrburg schützte, denn die englischen Besitzungen in Frankreich lagen damals nur etwa 80 Kilometer von Paris entfernt. Die königliche Festung befand sich an der Mauer außerhalb der Stadt, ganz in der Nähe der heutigen Cour Carrée des Louvre, und hatte ebenfalls einen fast quadratischen Grundriss. Im Zentrum des Befestigungswerkes ragte der 32 Meter hohe Wohnturm hervor, der zunächst die königliche Schatzkammer, das Archiv und ein Waffenarsenal beherbergte und im Jahre 1202 fertiggestellt wurde. Einen guten Eindruck dieses mittelalterlichen Louvre vermittelt das Kalenderblatt des Monats Oktober im Stundenbuch (um 1415) des Duc de Berry.

Victor Hugo beschreibt das Bauwerk im dritten Buch seines schon zitierten Romans *Notre Dame de Paris (Der Glöckner von Notre Dame)* (1831). Im zweiten Kapitel stellt er unter dem Titel *Paris à vol d'oiseau (Paris aus der Vogelschau)* die französische Hauptstadt im Jahre 1482 dar und teilt sie in drei größere Gebiete ein: den alten Kernbereich der Île de la Cité, das Universitätsviertel und die neueren Stadtbezirke. Nach den Adelspalästen, den Bürgerhäusern und dem Ring der Abteien charakterisiert er schließlich den Bezirk um den Louvre:

> *Schließlich war dann noch ein vierter Teilbereich, der sich in der Vielzahl der Dächer des rechten Seineufers abzeichnete und die westliche Ecke der Stadtmauer sowie das Flussufer stromabwärts einnahm: ein Gewirr von Adelspalästen und bürgerlichen Stadthäusern zu Fuße des Louvre. Der alte Louvre Philippe-Augustes, dieses gewaltige Gebäude, dessen mächtiger Zentralturm die dreiundzwanzig Haupttürme um sich versammelte – ohne die kleinen Türme mitzurechnen. […]. Diese Hydra von Türmen, riesige Wächterin von Paris, mit ihren vierundzwanzig immer steil emporgerichteten Köpfen, mit ihren wuchtigen Rückenpanzern aus Blei oder Schiefer, die vollständig in metallischem Glanz strahlten, bildete in überraschender Form den Schlusspunkt des Stadtbildes nach Westen.*

Zur damaligen Zeit befand sich der feste Wohnsitz des Königs noch nicht im Louvre. Zunächst residierten die französischen Herrscher des Mittelalters in der Königsburg auf der Île de la Cité, dem heutigen Palais de Justice (Justizpalast). Doch als dort am 22. Februar 1358 der erste revolutionäre Aufstand in Paris stattfand und die Rebellierenden unter der Führung Etienne Marcels, des ersten Vertreters der Kaufmannszunft und der Stadtregentschaft, zum Thronfolger und späteren König Karl V. (1364–1380) vordrangen, ihn bedrohten und zwei seiner engsten Berater töteten, war über das weitere Schicksal dieses Palastes entschieden: Die Herrscher suchten sich andere und sicherere Paläste der Stadt zum Wohnsitz aus und resi-

Louvre mit Glaspyramide

dierten häufig in der Festung des Louvre. Im 15. Jahrhundert zog es die französischen Könige zu den Schlössern der Loire – auch wegen der militärischen Auseinandersetzungen mit England, das Paris länger besetzt hielt, und der Kämpfe mit Burgund.

Erst der bedeutende französische Renaissancekönig Franz I. (1515–1547) erklärte – nach seiner Gefangenschaft durch Kaiser Karl V. – im Jahre 1527, von nun an den Louvre zu seiner Residenz zu machen, und setzte diese Absicht 1534 in die Tat um. Er hatte schon sechs Jahre zuvor den mittelalterlichen zentralen Wehrturm niederreißen lassen und beauftragte dann 1546 – einige Monate vor seinem Tod – den Architekten Pierre Lescot und den Bildhauer und Baumeister Jean Goujon, den Louvre in einen Renaissancepalast im italienischen Stil umzubauen, ein Stil, der auch für die Schlösser an der Loire charakteristisch ist.

Unter Heinrich II. (1547–1559), Nachfolger Franz' I., setzten beide Baukünstler ihre Arbeit fort. Zwischen 1546 und 1556 errichteten sie den heute Lescot-Flügel genannten Trakt der Cour Carrée. Den Frontgiebel der Zentralfassade hatte Goujon mit der Figur der Renommée ausgeschmückt – seit Vergil die römische Göttin des Gerüchts (Fama), die mit ihren vielen Mündern für eine Verbreitung ihrer Botschaften sorgt.

Der bedeutende Renaissancedichter Pierre de Ronsard (1524–1585), Anführer der Dichterschule der Pléiade, stellt in einer gereimten Lobrede auf seinen Freund Pierre Lescot, dem *Discours à P. L'Escot* [!], erschienen im *Second Livre des Poèmes* (dem *zweiten Buch der Gedichte)* (1560), dessen besondere Verdienste als Architekt heraus. Er vergisst dabei nicht, seine eigenen Meriten hervorzuheben, indem er auf die Göttin Renommée verweist, die sich bei ihm zur Repräsentantin des Ruhmgedankens gewandelt hat:

Einst war König Franz, der Liebhaber schöner Literatur,
Der erste Bewunderer Deines [d. h. Lescots] göttlichen Geistes
Dir über alles zugetan; das war zu seiner Zeit keine geringe Ehre
Hochgeschätzt von einer so erhabenen Person zu werden,
Die im Augenblick das Laster von der Tugend unterschied,
Gleich in welche Verkleidung ein Mensch auch schlüpfte.

Heinrich, der nach ihm das Zepter Frankreichs führte,
Hat Deinen Wert vollkommen anerkannt
Und hielt Dein Wissen hoch in Ehren, sodass der große König
Niemand anderem als Dir dann folgen wollte,
Ob beim Mittag- oder Abendessen, Dir übertrug er das Amt,
Mit einem bedeutenden Gebäudetrakt, seinen Louvre zu erweitern,
Ein prunkvolles Werk, um zu beweisen,
Dass ein großartiger König Dir begegnet war.

Ich entsinne mich, dass eines Tages dieser Fürst
Bei Tisch von Deiner Tugend voll Bewunderung erzählte,
Und sagte, dass Du sie Dir allein gelehrt hattest,
Dass Du den Preis vor allen anderen erringen wirst –
Wie dann es auch mit meinem Ronsard geschah,
Der trotz der Verwandtschaft die Inspiration der Dichtkunst widmet.

Deshalb ließest du oben am Louvre eine Göttin einmeißeln,
Der niemals bei prall aufgeblasner Wange
Der Wind im hohlen Schallstück der Trompete fehlt,
und zeigtest sie dem König mit der Bemerkung,
Dass sie ausdrücklich dazu geschaffen sei, die Kraft meiner Dichtung zu verkünden,
So wie der Wind seinen Namen im Universum verbreitet.

Doch nun ist dieser gute Fürst verstorben.

Am Ende der Herrschaftszeit des von Ronsard so hochgelobten Königs Heinrich II. spielt auch der historische Roman *La Princesse de Clève (Die Prinzessin von Cleve)*, der im Jahre 1678 anonym veröffentlicht wurde. Seine

Verfasserin ist Marie-Madeleine Comtesse de La Fayette (1634–1692); der Autor der berühmten *Maximen und Reflexionen*, La Rochefoucault, und der Novellenerzähler Segrais haben an dem Werk mitgewirkt. Für Frauen galt im Frankreich des 17. Jahrhunderts die Lektüre von Romanen als moralisch sehr bedenklich. Doch Liebesromane selbst zu verfassen, verstieß erst recht gegen die Sitten des Anstands. Deshalb erschien das Werk anonym, hatte aber großen Erfolg nach seiner Veröffentlichung und löste längere Debatten beim Publikum aus, insbesondere bei den Literaturkritikern.

Die Darstellung in Mme. de La Fayettes Roman zeigt, dass sich der Hof auch noch in Blois, Chambord und Fontainebleau aufhielt, sich des Öfteren jetzt aber im Louvre zusammenfand. Zu Beginn des Werkes wird die Vermählung zwischen dem Herrn von Cleve und dem Fräulein von Chartres gefeiert:

> *Der Hochzeitstag kam heran; die Trauungszeremonien fanden im Louvre statt. Abends speisten der König, die Königinnen und der ganze Hof bei Frau von Chartres und wurden mit staunenswerter Pracht empfangen.*

Die für die Romanhandlung entscheidende Begegnung ereignet sich kurze Zeit später zwischen der frisch verheirateten Frau von Cleve und dem Herzog von Nemours bei einer Verlobungsfeier – ebenfalls im Louvre – in Anwesenheit des Königs Heinrich II.:

> *Den Tag der Verlobung verbrachte sie [Frau von Cleve] ganz damit, sich für den Ball und das abendliche Bankett im Louvre anzukleiden. Als sie kam, erregte ihre Schönheit und ihr Schmuck allgemeine Bewunderung. Der Ball begann. Während sie mit Herrn von Guise tanzte, entstand am Eingang des Saales ein ziemlich starker Lärm, wie von einem Eintretenden, dem man Platz macht. Frau von Cleve beendete den Tanz, und da sie noch mit den Augen suchte, wen sie zum nächsten Partner wählen wolle, rief ihr der König zu, den Ankömmling zu nehmen. Sie wandte sich um und sah einen Mann, von dem sie sofort annahm, es könne nur Herr von Nemours sein, über einige Stühle steigen, um zu den Tanzenden zu gelangen. Der Herzog war von solcher Gestalt, daß sein Anblick außerordentlich auf sie wirken mußte, da sie ihn vorher noch nie gesehen hatte. Besonders stark aber war der Eindruck an diesem Abend, da die Sorgfalt seiner Kleidung das glanzvolle Aussehen noch hob. Aber ebenso unmöglich war es, Frau von Cleve zum erstenmal ohne Überraschung zu sehen.*

Als sich Herr von Nemours genähert und sie ihre Reverenz gemacht hatte, war er so betroffen, daß er seine Bewunderung nicht verbergen konnte. Dann aber begannen sie zu tanzen, und es erhob sich im Saal ein Murmeln des Beifalls.

Die gegenseitige Bewunderung verwandelt sich in leidenschaftliche Liebe. Der vorübergehende Rückzug Frau von Cleves auf ihr Landgut ändert ihre Gefühle nicht, auch wenn sie sie vor der Öffentlichkeit und vor dem Herzog von Nemours zu verheimlichen sucht. In der berühmten – und von den Zeitgenossen eindringlich erörterten – Geständnisszene bekennt Frau von Cleve ihrem Ehegatten, einen anderen Mann zu lieben, ohne dessen Namen zu nennen. Herr von Cleve, der seine Frau aufrichtig liebt, geht an diesem Kummer zugrunde. Seine Frau fühlt sich am Tod schuldig und zieht sich vom Hof zurück. Die Annäherungen des Herzogs von Nemours weist sie zurück; sie fürchtet um ihre Seelenruhe und um sein Abgleiten in die Galanterie anderer Liebesbeziehungen. In Madame de La Fayettes fiktiver Welt der Hocharistokratie um Heinrich II. spiegelt sich schon der Hof Ludwigs XIV. und das Menschenbild des 17. Jahrhunderts wider. Im Unterschied zu den heroisch-galanten Ritter-, den idealisierten Schäferromanen und den „romans comiques“ (komische Romane) dieser Zeit gilt die *Prinzessin von Cleve* mit der vertieften seelischen Analyse leidenschaftlicher Liebesbeziehungen als der erste psychologische Roman der französischen Literatur.

Die Baugeschichte des Louvre war seit dem Tod König Heinrichs II. bei einem Turnierunfall im Jahre 1549, den Mme. de La Fayettes Werk ausführlich beschreibt, nur in einzelnen Etappen vorangeschritten. Heinrichs Witwe, Katharina von Medici, ließ sich als Regentin den Tuilerienpalast erbauen, wo früher Ziegeleien (tuileries) gelegen hatten. Doch die Religionskriege, deren schrecklicher Kulminationspunkt, die Bartholomäusnacht, sich am 23. und 24. August 1572 im Louvre abspielte und verheerende mörderische Gewaltakte zur Folge hatte, brachten die Bautätigkeit wieder zum Stocken. König Heinrich IV. (1589–1610) ließ die langen Verbindungsbauten zwischen dem Louvre-Palast und den Tuilerien auf der Seite des Seine-Ufers vollenden. Sein Nachfolger Ludwig XIII. (1610–1643) ordnete den Weiterbau der Cour Carrée an, aber erst Ludwig XIV. (1643–1715) konnte das große Viereck entscheidend voranbringen.

Der durch den Einfluss des Sonnenkönigs immer prächtiger ausgestattete Palast wurde zunehmend für Theater- und Opernaufführungen genutzt. Nach dreizehn Jahren Wanderschaft mit seiner Theatertruppe durch die französische Provinz durfte Jean-Baptiste Poquelin (1622–1673), der sich seit seinem 23. Lebensjahr Molière nannte, am 24. Oktober 1658 in der Salle des Caryatides (Saal der Karyatiden) des Louvre vor König Ludwig XIV. und dem versammelten Hof auftreten. Während der von seiner Truppe aufgeführten Tragödie *Nicomède (Nikodemus)* von Pierre Corneille nur mäßiger Erfolg beschieden war, fand Molières heute verlorengegangene Farce *Le*

Docteur amoureux (Der verliebte Arzt) als kleine Zugabe beim König begeisterte Zustimmung. Der Komödiendichter durfte nun im Petit Bourbon-Palast mit seiner Truppe bis Ende 1660 spielen. Als dieses Bauwerk im Oktober 1660 abgerissen wurde, wies Ludwig XIV. Molière den Theatersaal des Palais Royal als Aufführungsstätte zu.

Auch die beiden Kardinäle als leitende Minister, Richelieu und Mazarin, setzten sich nachdrücklich für die Künste ein, der erste vor allem für das Theater – ihm werden auch dramatische Werke zugeschrieben –, der zweite insbesondere für die Oper. In einer Rückschau nach fast einem Jahrhundert beschäftigt sich der in vielen literarischen Gattungen quasi universell tätige Schriftsteller François-Marie Arouet (1694–1778), der sich Voltaire nannte, mit dem Wirken der beiden Kardinäle auf diesen Gebieten.

Über die Hochzeitsfeierlichkeiten König Ludwigs XIV. mit der spanischen Infantin Maria Theresia 1660 schreibt er in seinem Geschichtswerk *Le Siècle de Louis XIV (Das Zeitalter Ludwigs XIV.)*, das auch die kulturellen Entwicklungen deutlich hervorhebt und im Jahre 1751 in Berlin während seines Aufenthalts beim preußischen König Friedrich II. (dem Großen) erschien:

> *Alles nahm bei der Hochzeit Ludwigs XIV. einen noch stärkeren Charakter von Pracht und Eleganz an, der sich seitdem weiter gesteigert hat […]. Um die Hochzeit sehr feierlich zu gestalten, ließ Kardinal Mazarin im Louvre die italienische Oper* L'ercole amante (Der liebende Herkules) *[von Francesco Cavalli] aufführen. Sie gefiel aber den Franzosen nicht; sie sahen nur mit Freude, wie der König und die Königin bei der Aufführung mittanzten. Der Kardinal wollte deshalb ein Theaterstück präsentieren, das mehr nach dem Geschmack der Nation war. Der Staatsminister de Lyonna übernahm den Auftrag, eine Art allegorische Tragödie in Anlehnung an das Bühnenwerk* Europe *schreiben zu lassen, an dem der Kardinal Richelieu mitgearbeitet hatte. Für den großen Corneille war es ein Glück, dass er nicht dazu auserwählt wurde, den schlechten Szenenentwurf fertig zu stellen. Das Thema war Lysis und Hesperia: Lysis bedeutete Frankreich und Hesperia Spanien. Quinault wurde beauftragt, daran mitzuarbeiten. Er hatte sich gerade großes Ansehen durch sein Stück* [Agrippa oder] Der falsche Tiberinus *erworben, das – obwohl schlecht – einen gewaltigen Erfolg hatte. Das galt aber nicht für das Stück* Lysis; *man führte es im Louvre auf; das einzig Gute daran war die Theatermaschinerie. […] Der junge und ansehnliche Quinault hatte den Hof auf seiner Seite, Corneille dafür sein Renommee und Frankreich. Daraus ergibt sich, dass wir in Frankreich die Oper und das Theater zwei Kardinälen verdanken.*

Die vielfältigen Abriss- und Erweiterungsarbeiten am Louvre im Auftrag Ludwigs XIV. hatten zur Folge, dass der gesamte Bereich eine große Baustelle bildete, auf die der klassische Ordnungsbegriff sicherlich keine nachhaltige Wirkung ausübte. Zu dem beträchtlichen Durcheinander könnte auch eine starke Geruchsbelästigung gehört haben. Es ist gewiss nicht willkürlich gewesen, wenn der bedeutende Fabeldichter und Erzähler Jean de La Fontaine (1621–1695), der Mitglied der Académie française war, den Louvre in diesen Zusammenhang stellt. Im siebten Buch der zweiten Sammlung der *Fables choisies mises en vers (Ausgewählte in Verse gesetzte Fabeln)*, die im Jahre 1678 erschienen, lädt Seine Majestät der Löwe seine Untertanen an seinen Hof ein (*La Cour du Lion*). Er möchte wissen, wer überhaupt seine Untertanen sind. Das Vorbild des französischen Königshofes wird dabei deutlich: Der Monarch lässt die Vertreter der jeweiligen Tiergattung durch einen Rundbrief, der sein Siegel trägt, zu der Versammlung in den Palast einladen, um Hof zu halten und den Beginn festlich zu begehen:

Durch diese Eigenschaft der Großzügigkeit
Zeigte der Herrscher den Untertanen seine Machtposition.
Er lud sie in seinen Louvre ein.
Welch ein Louvre! Ein wahrhafter Schlachthof,
Dessen Gestank sogleich in die Nasen der Leute drang.

Entscheidend ist jetzt die Reaktion der anwesenden Tiere. Der Bär hält sich wegen des üblen Geruchs die Nase zu. Der Affe dagegen erklärt als großer Schmeichler, es rieche nach Ambra und Blumen. Beide Verhaltensweisen gefallen dem Löwen nicht und er bestraft den Bär und den Affen mit dem Tode. Zuletzt ist der Fuchs an der Reihe. Auf die entsprechende Frage des Königs weicht er aus; er habe Schnupfen und könne nichts riechen. Als Lehre gelte: Wenn man am Hofe arrivieren wolle, helfe weder die reine Wahrheit noch die Schmeichelei. Manchmal komme man weiter, wenn man sich „wie ein Normanne" verhalte und sich unter einem geschickten Vorwand aus der Affäre ziehe.

Voltaire, ebenfalls Mitglied der Académie française, hat sich in seinen Werken mehrmals mit dem Louvre beschäftigt, nicht nur bei der Beschreibung der Hochzeitsfeierlichkeiten Ludwigs XIV. Sein Blick war sowohl auf die Gegebenheiten des 17. als auch des 18. Jahrhunderts gerichtet. Zweimal thematisierte er den Ruf Gian Lorenzo Berninis, des berühmten italienischen Bildhauers, Architekten und Malers, nach Paris. König Ludwig XIV. betraute ihn mit den Entwürfen zum Ausbau des Louvre, die Bernini ab Juni 1665 in der französischen Hauptstadt zu verwirklichen suchte. Doch seine Pläne entsprachen nicht den Wünschen des Herrschers und seines Finanzministers Colbert. Voltaire beschreibt Berninis Ankunft in seinem

Discours en vers sur l'Homme (Abhandlungen in Versen über den Menschen) (1737):

Auf den Ruf Colberts hin, kam Bernini aus Rom,
Er bewunderte am Louvre die künstlerische Hand Perraults.
„Oh!" sagt er, „wenn Paris in seiner Mitte
Solch vollkommene Werke, einen so seltenen Genius beherbergt,
War es da nötig, mich aus dem tiefsten Italien zu rufen?"
So sieht das wahre Verdienst aus [...].

Schließlich entscheidet sich Ludwig XIV. im Jahre 1667 für die Entwürfe, die die französischen Architekten Le Vau, Le Brun und Claude Perrault (der Bruder des Märchendichters Charles Perrault) angefertigt hatten.

Doch im Jahre 1674 ließ der König die Bauarbeiten am Louvre einstellen, da sein Interesse jetzt nur noch dem neuen Schloss von Versailles galt, in das er 1678 einzog. Es wurde ab 1682 seine offizielle Residenz. Der Pariser Königspalast blieb als Rohbau zurück und drohte teilweise als Ruine zu verfallen. Er diente jetzt verschiedenen Akademien als Domizil, der Académie française und den Akademien der Malerei, der Architektur sowie schließlich auch der Akademie der Wissenschaften.

Nach dem Tod König Ludwigs XIV. residierte sein Enkel Ludwig XV. nur sieben Jahre während der Regentschaft Philipps von Orléans (1715–1723) im Louvre und nahm dann seinen Herrschaftssitz wieder in Versailles ein.

Im 18. Jahrhundert wurden nur wenige kleinere Baumaßnahmen vorgenommen, der ehemalige Königspalast verfiel weiter. Deshalb beurteilt Voltaire den Gesamtzustand des Louvre seiner Zeit viel kritischer als im Jahrhundert Ludwigs XIV. Der Palast in seiner jetzigen Beschaffenheit setze Frankreichs Ansehen in der Welt herab, urteilt er in einem Gedicht des Jahres 1749, das er dem Louvre gewidmet hat:

Über den Louvre

Unvollendetes Bauwerk des so gepriesenen Jahrhunderts,
Das vor allen schönen Künsten unser Gedächtnis geprägt hat,
Werde ich Euch immer nur, wenn ich seinen Ruhm bezeuge,
Einen gerechten Vorwurf an seine Nachwelt richten?

Muss man sich entrüsten, wenn man Euch bewundert?
Sind denn die Nationen, die sich uns widersetzen wollen,
Stolz über unsre Fehler – im Recht, wenn sie uns sagen,
Dass alles wir beginnen, um gar nichts zu vollenden?

[...].
Louvre, prunkvoller Palast, dessen Frankreich sich rühmt,
Sei dieses Königs [Ludwigs XV.] würdig, Deines Herrn und unseres Förderers
Verschönre dieses Land, das seine Tugend schützt,
In Deinem großen Glanz, zeige so Dich wie er.

Louis-Sébastien Mercier geht in seinem schon zitierten *Tableau de Paris* (1788) mit seiner Kritik noch weit über Voltaire hinaus:

Der Louvre

Der Louvre scheint dazu verurteilt, niemals zur Vollendung zu gelangen; das steht fest. Fast könnte man meinen , daß dieses grandiose Bauwerk vom Schicksal dazu auserkoren worden sei, die Wesensart des Geistes der Franzosen zu verkörpern.

Vor seiner großartigen Kolonnade breitet eine Vielzahl kleiner Trödler unter freiem Himmel allen möglichen Kram und Lumpenplunder aus, und dieser schreiende Kontrast sagt dem geschärften Blick genug; er ist das Sinnbild für den ganzen Rest: Glanz und Elend wohnen Tür an Tür!

In diesem Louvre, der also, wie man auch sagen könnte, schon als Ruine gebaut worden ist, haben drei Akademien (ganz abgesehen von derjenigen der Architektur!) ihren Sitz. Einige Akademiker sowie gewisse Privatpersonen haben sich in ihm sogar niedergelassen, doch so richtig wohnen läßt sich in diesen riesigen Sälen nur insoweit, als man in ihnen eine Art von kleinen, den allzu weiten Raum unterteilenden Hütten aus Holz errichtet hat. Trotzdem diese Wohnungen wenig bequem sind – dies schon der engen, der sonstigen Majestät des Palastes in keiner Weise gerecht werdenden Treppen wegen –, nimmt man für sie Wucherpreise. Mehrere Maler der Akademie haben im Louvre ihre Ateliers, die sie mit einer Menge Ratten, dem üblichen Gefolge der Begabten, teilen. [...].

Er war so schön, der Bauplan des Louvre! Doch in die Quere kam ihm der Palast von Versailles. Jetzt freilich liegt es mehr an der Finanzlage, an der inzwischen verstrichenen Zeitspanne und vielleicht auch an der Politik, wenn der ursprüngliche Entwurf nicht mehr voll und ganz verwirklicht wird. Wenn nicht alles täuscht, werden Frankreichs Könige nie mehr in der Hauptstadt residieren, und dieser einzig eines Herrschers würdige Palast wird auch in künftigen Jahrhunderten unfertig und nur in halbem Glanz dastehen.

Mercier hat die Pariser Wirklichkeit seiner Zeit mit seinen Beschreibungen und Analysen scharfsinnig dargestellt; mit seinen Zukunftsvisionen hat er sich dagegen aber getäuscht. Frankreichs Könige (und Kaiser) residierten doch wieder in der Hauptstadt, aber nicht im Louvre, sondern in den Tuilerien – und unter ganz unterschiedlichen Umständen. Der Sitz der politischen Institutionen der französischen Republiken blieb bis heute ebenfalls Paris – allerdings mit zwei Ausnahmen: Veranlasst durch den Aufstand der Kommune einerseits zogen die Exekutive und die Legislative während der Jahre 1871 bis 1879 nach Versailles; und wegen des Einmarsches der deutschen Truppen während des Zweiten Weltkriegs andererseits verlegte die französische Regierung unter Marschall Philippe Pétain ihren Sitz zwischen Juli 1940 und August 1944 nach Vichy.

Auch mit seiner zweiten Vorhersage hat Mercier geirrt: Der Louvre wurde doch vollendet. Zunächst ließ Napoleon I. endlich die Cour Carrée fertig stellen. Durch einen royalistischen Bombenanschlag im Jahre 1800 auf den Ersten Konsul Napoleon in der Nähe der Place du Carrousel und durch weitere Baumaßnahmen im Bereich des Louvre wurden Teile des engwinkeligen Häuserviertels zerstört, das zwischen der Cour Carrée und dem Tuilerienschloss allmählich zerfiel. Dort lag auch die Rue du Doyenné, wo Honoré de Balzac (1799–1850) in seinem Roman *La Cousine Bette (Tante Lisbeth)*, der im Feuilleton der Zeitschrift *Le Constitutionnel* von Oktober bis Dezember 1846 und dann in Buchform 1847 erschien, zwei Hauptpersonen in einem alten Haus wohnen lässt: die Titelfigur und Madame Marneffe, die skrupellose Kokotte, die den liebestollen Baron Hulot brutal ausbeutet und seine gesamte Familie ruiniert. Der Erzähler des Romans kritisiert diesen Schandfleck vehement, im Gegensatz zu Mercier glaubt er aber an die Vollendung des Louvre, wenn auch erst in ferner Zukunft:

> *Daß man das alte Häuserviertel längs des Louvre noch immer bestehen läßt, ist einer der vielen Widersprüche gegen den gesunden Menschenverstand, den die Franzosen sich leisten, um Europa zu beweisen, daß der Fortschritt gar nicht so gefährlich ist, wie er immer hingestellt wird. Es mag sein, daß man damit unbewußt eine große politische Idee verfolgt. Und darum erscheint es uns wichtig genug, diesen Schmutzwinkel im modernen Paris zu beschreiben. In späterer Zeit wird man es vielleicht kaum glauben wollen, daß so etwas tatsächlich existiert hat. Unsere Enkel, die zweifellos den Louvre vollendet sehen werden, werden es ganz gewiß nicht für möglich halten, daß er so lange in einer ihm unwürdigen Umgebung stehen konnte – dieses Palais im Herzen von Paris, in dem drei Dynastien in einem Zeitraum von sechsunddreißig Jahren die geistigen und politischen Spitzen Frankreichs und ganz Europas empfangen haben.*
>
> *Von dem Tor aus, das zum Pont du Carrousel und zur Rue du Musée führt, fallen einem sofort etwa ein Dutzend Häuser auf, deren Fassaden einen äußerst baufälligen Eindruck machen. Die Besitzer halten es nicht der Mühe wert, diese alten Baracken zu renovieren. Es sind die Überbleibsel eines Viertels, das zerstört wurde, als Napoleon mit Macht daran ging, den Louvre zu vollenden. […]. Diese Häuser dort wirken wie von Lava verschüttet. Dazu kommt noch, daß die ewigen Schatten der hohen, vom Nordwind geschwärzten Galerien des Louvre darauf liegen. Finsternis, Schweigen, eisige Luft und die kellerartige Tiefe des Bodens machen diese Häuser*

zu Grüften, zu lebendigen Gräbern. Wer in einem Wagen an diesem schauerlichen Viertel entlangfährt, kann das Gruseln bekommen, und man wird es keinem übelnehmen, wenn er sich ohne Not nicht hineinwagt, besonders nachts nicht, wenn alle Laster von Paris sich hier versammeln. Dieses an sich schon beunruhigende Gefühl wird noch verstärkt, wenn man sieht, daß diese sogenannten Häuser auf der Seite der Rue de Richelieu an einen langgestreckten Morast grenzen, auf der Seite der Tuilerien hingegen an eine unglaubliche Wüstenei von Pflastersteinen, auf der Seite der Galerien an kleine Gärten und unheimliche Baracken und auf der Seite des alten Louvre an wahre Steppen von Abbruchsteinen und Gerümpel. [...].

Seit vierzig Jahren schreit der Louvre aus allen offenen Mäulern seiner geborstenen Mauern, aus den ewig gähnenden Fensterhöhlen: Brennt diese Warzen aus meinem Körper! Ohne Zweifel sieht man aber in dieser Räuberhöhle etwas unbedingt Notwendiges, nämlich im Herzen von Paris das enge Verhältnis von Glanz und Elend zu veranschaulichen, das für die Königin der Weltstädte so charakteristisch ist.

Kaiser Napoleon III. (1852–1870) ließ schließlich das heruntergekommene Häuserviertel abreißen und die noch fehlenden Verbindungsbauten zwischen dem Louvre und dem Tuilerienschloss errichten. Im Jahre 1868 wurden die Arbeiten an dem großen Baukomplex beendet.

Erst über einhundert Jahre später veranlasste der vierte Präsident der Fünften Republik, François Mitterrand (1981–1995), die vorläufig letzten Pläne einer über 800-jährigen, nur schwer entwirrbaren Baugeschichte zu verwirklichen: Zur Zweihundertjahrfeier der Französischen Revolution wurde als neuer Eingang zum Louvre die Glaspyramide des amerikanischen Architekten chinesischen Ursprungs Ieoh Ming Pei eingeweiht. 1993 folgte nach dem Auszug des Finanzministeriums aus dem Richelieu-Flügel die substantielle Vergrößerung des nunmehr „Grand Louvre" genannten Bauwerks, das seit dem Jahre 1999 – zunächst einmal – wirklich vollendet ist.

Das Jahr 1993 war ein wichtiges Datum, wiederum ein zweihundertjähriges Jubiläum: die Umwandlung des ehemaligen Königspalastes durch den revolutionären Konvent in ein öffentlich zugängliches Museum, das am 14. August 1793 seine Tore öffnete. Der Funktionswandel lag nahe. Schon König Franz I. hatte mit der Sammlung bedeutender Kunstwerke begonnen und unter anderem die *Mona Lisa* von Leonardo da Vinci erworben. Am Ende der Regierungszeit Ludwigs XIV. sollen schon 2500 Gemälde den königlichen Louvre geschmückt haben, in dem auch bis zum Ende des 18. Jahrhunderts eine Reihe von Künstlern lebte. Heute umfassen die Sammlungen des größten Museums der Welt über 30 000 Exponate.

Der Besuch dieser Kunstwerke wird immer wieder ein Thema der Literatur. Emile Zola hat in seinem Roman aus dem Arbeitermilieu *L'Assommoir (Der Totschläger)*, der zunächst von April 1876 bis Januar 1877 im Feuilleton der Zeitung *Le Bien public* und in Buchform schon im Januar 1877 erschien, eine der fröhlichsten, unbeschwertesten, aber auch inkompetentesten Besichtigungen des Museums beschrieben. Die Hauptfigur, die Wäscherin Gervaise, hat gerade den Zinkarbeiter Coupeau geheiratet. Die Hochzeitsgesellschaft macht sich nach einem sehr bescheidenen Mahl und einem langen Platzregen auf den Weg in den Louvre. Der Unternehmer Madinier führt sie durch die Museumsräume:

Höflich bat Herr Madinier darum, die Führung des Zuges übernehmen zu dürfen. Der Louvre sei sehr groß, man könne sich verlaufen; und außerdem kenne er die schönen Stellen, weil er oft mit einem Künstler hergekommen sei, einem sehr klugen Burschen, dem eine große Kartonagenfirma Zeichnungen abkaufe, um sie auf Schachteln anzubringen. Als die Hochzeitsgesellschaft unten ins assyrische Museum geraten war, fröstelte sie ein wenig. Donnerwetter! Warm war es hier ja nicht, der Saal hätte einen famosen Keller abgegeben. Und langsam bewegten sich die Paare mit erhobenem Kinn und zuckenden Lidern vorwärts zwischen den steinernen Kolossen, den Göttern aus schwarzem Marmor, die stumm in ihrer priesterlichen Steifheit dastanden, den ungeheuerlichen Tieren, halb Katze, halb Frau, die Totengesichter mit spitzen Nasen und geschwollenen Lippen hatten. Sie fanden das alles sehr häßlich. Heutzutage bearbeitete man den Stein weitaus besser. Eine Inschrift in phönizischen Schriftzeichen verblüffte sie. Das war doch nicht möglich, dieses Geschreibsel hatte ja wohl nie jemand lesen können.

Aber Herr Madinier, der mit Frau Lorilleux schon auf dem ersten Treppenabsatz war, rief nach den anderen und schrie in die Gewölbe hinein: „Kommen Sie doch! Das Zeug da ist ja nichts ... Im ersten Stock gibt's was zu sehen."

Die strenge Kahlheit der Treppe machte sie ernst. […]. Ehrfurchtsvoll und so leise wie möglich gehend, betraten sie die französische Galerie.

Die Augen vom Gold der Rahmen erfüllt, gingen sie alsdann, ohne stehenzubleiben, die lange Flucht der kleinen Säle entlang und sahen die Bilder vorüberziehen, die zu zahlreich waren, als daß man sie genau hätte betrachten können. Eine Stunde vor jedem Bild hätte man gebraucht, wenn man sie hätte verstehen wollen. Wie viele Gemälde, verflixt noch mal! Das nahm ja kein Ende. Da mußte allerhand Geld drin stecken. […].

Währenddessen paßte er [Herr Madinier] auf das Ende des Zuges auf. Mit einer Handbewegung gebot er in der Mitte des Salon Carré Halt. Hier befänden sich nur Meisterwerke, murmelte er halblaut wie in einer Kirche. Man machte einen Rundgang durch den Salon. Gervaise fragte, was denn die „Hochzeit zu Kana" darstelle; es sei dumm, daß nicht auf den Rahmen geschrieben stünde, was die Bilder dar-

stellten. Coupeau blieb vor der „Mona Lisa" stehen, bei der er eine Ähnlichkeit mit einer Tante von ihm entdeckte. Boche und Röstfleisch-Bibi feixten, während sie sich verstohlen die nackten Frauen zeigten. Besonders die Schenkel der Antiope riefen Ergriffenheit in ihnen hervor. Und ganz am Ende stand das Ehepaar Gaudron – der Mann mit offenem Mund, die Frau mit den Händen auf dem Bauch – baff, gerührt und blöd vor der Madonna von Murillo. [...].

Herr Madinier sprach nicht mehr, führte langsam den Zug, der ihm geordnet folgte, wobei sich alle den Hals verrenkten und nach oben blickten. Jahrhunderte der Kunst zogen an ihrer verblüfften Unwissenheit vorüber, die edle Härte der Primitiven, die Pracht der Venezianer, das üppige und schöne Leben des Lichts bei den Niederländern. Was sie jedoch am meisten interessierte, waren immer noch die ungeniert malenden Kopisten mit ihren mitten unter den Leuten aufgestellten Staffeleien. [...].

Herr Madinier schwieg, um einen Knalleffekt zu erzielen. Er ging stracks auf die „Kirmes" von Rubens zu. Dort sagte er immer noch nichts und begnügte sich damit, mit einem anzüglichen Blick auf das Gemälde zu deuten. Als die Damen ihre Nasen dicht auf der Malerei hatten, stießen sie leise Schreie aus; dann wandten sie sich hochrot ab. Witze machend und nach unflätigen Einzelheiten suchend, hielten die Männer sie zurück.

„Seht doch!" sagte Boche immer wieder. „Das ist das Geld wert. Da ist einer, der sich übergibt. Und der da berieselt die Butterblumen. Und der da, oh, der da! – Na, die sind ja sauber hier!"

„Gehen wir" sagte Herr Madinier, entzückt über seinen Erfolg. „Auf dieser Seite ist nichts mehr zu sehen".

Natürlich verirrt sich die Hochzeitsgesellschaft, wie befürchtet, in dem weitläufigen Museum und kann nur mit Mühe verhindern, dass sie bei der abendlichen Schließung in den Louvre eingesperrt wird. Der Wolkenbruch und das Gewitter am Hochzeitstag sind für die Jungvermählten ein schlechtes Omen. Zunächst bringt der Aufstieg in die Selbständigkeit durch den Kauf eines Waschsalons neue Hoffnung. Aber als Coupeau bei der Arbeit vom Dach eines Hauses abstürzt, beginnt der endgültige Abstieg. Der Alkohol lässt Gervaise und ihren Ehemann verkommen und in absoluter Erniedrigung sterben.

Aber der Besuch im Louvre kann auch zur Entdeckung einer neuen Welt führen wie im Romanzyklus *Jean-Christophe (Johann Christof)* von Romain Rolland (1866–1944). Das Werk erschien zunächst von Februar 1904 bis Oktober 1912 im Feuilleton der Zeitung *Cahiers de la Quinzaine* und dann in zehn Bänden von 1905 bis 1912. Der deutsche Pianist und Komponist Jean-Christophe Krafft flieht nach einer Schlägerei, die ein gerichtliches Nachspiel erwarten lässt, aus einer kleinen deutschen Residenzstadt am linken Rheinufer nach Paris, wo er mit Klavierstunden nur mühsam seinen

Lebensunterhalt bestreitet. An einem kalten Dezembernachmittag geht er frierend in den Louvre, den er bisher kaum kennengelernt hat. Die ihm unbekannte Bilderwelt und besonders ein Rembrandt-Gemälde ergreift ihn in seinem Innersten und bewirkt ein tiefes religiöses Erlebnis:

> *Auch in Christof war irgend etwas verändert, als er an jenem Abend durch die Säle des Louvre irrte. Er war matt, fror, hatte Hunger, fühlte sich einsam. Die Dämmerung sank rings um ihn in die leeren Galerien, schlummernde Formen lebten auf. Christof ging still und erstarrt an ägyptischen Sphinxen und assyrischen Ungeheuern, an Stieren aus Persepolis, an glatten Majolikaschlangen vorbei. Er fühlte sich in einem Märchenreich, und sein Herz war geheimnisvoll bewegt. Der Traum der Menschheit umhüllte ihn, die seltsamen Blüten der Seele …*
>
> *Inmitten des vergoldeten Staubes der Gemäldegalerien, der Gärten aus aufleuchtenden, reifen Farben, der gemalten Steppen, denen die Luft fehlt, traf es den fiebernden Christof, der an der Schwelle des Krankseins stand, wie ein Blitzschlag.– Er ging herum, fast ohne etwas zu sehen, von Hunger und Müdigkeit, von der lauen Luft der Säle und dieser Orgie von Bildern betäubt: ihm schwindelte. Als er vor Rembrandts Barmherzigem Samariter am Ende der großen Galerie angekommen war, stützte er sich, um nicht hinzufallen, mit beiden Händen auf die Eisenstange vor den Gemälden; einen Augenblick schloß er die Augen. Als er sie zu dem Werke, das sich ihm gegenüber, ganz nahe vor seinem Gesichte, befand, wieder aufschlug, stand er wie gebannt …*
>
> *Der Tag verlosch. Das Licht war schon fern, schon tot. Die unsichtbare Sonne versank in Nacht. Es war die Zauberstunde, in der die Gesichte aus der nach des Tages Arbeit schlummermüden, reglosen und betäubten Seele emportauchen wollen. […]. Man ist traurig und wehrlos und hat ein unendliches Bedürfnis: in die Arme eines Freundes zu sinken; man fleht um ein Wunder, man fühlt, daß es kommen muß … Und da ist es! Ein Strom von Gold flammt in der Dämmerung auf, bricht sich an der Mauer, an der Schulter des Mannes, der den Sterbenden trägt, badet die schlichten Geräte und die ärmlichen Wesen und taucht alles in göttliche Holdheit und Glorie. Gott selber umfängt mit seinen furchtbaren und zärtlichen Armen diese Elenden, Schwachen, Häßlichen, Armen, Schmutzigen […] – die ganze jammervolle Menschheit Rembrandts, diesen Haufen dunkler, gefesselter Seelen, die nichts anderes wissen und können als harren, zittern, weinen, beten. – Aber der Herr ist nahe. Man sieht Ihn selbst nicht; aber man sieht seinen Glorienschein und den geheimnisvollen Schatten, den Er über die Menschen wirft.*
>
> *Christof verließ mit unsicheren Schritten den Louvre. Der Kopf schmerzte ihn. Er sah nichts mehr.*

Der Louvre spielt auch bei Gesprächen von Kunstliebhabern und Kunstkritikern eine Rolle. Einen breiten Raum nimmt dieser Bereich im Romanzyklus *A la recherche du temps perdu (Auf der Suche nach der verlorenen*

Zeit) von Marcel Proust (1871–1922) ein. Das Werk erschien zwischen 1913 und 1927 in fünfzehn Bänden; fünf davon wurden erst posthum veröffentlicht. Die Kunstauffassung in der Welt der *Recherche* wird entscheidend durch den impressionistischen Maler Elstir geprägt, der den Erzähler Marcel in seiner Sichtweise der zeitgenössischen Malerei stark beeinflusst. Einige Bilder Elstirs hängen im Pariser Stadtpalais des Herzogs von Guermantes. Im aristokratischen Milieu des Salons seiner Ehefrau kreisen viele Gespräche um die Malerei. Im dritten Teil des Romanzyklus *Le Côté de Guermantes (Die Welt der Guermantes)* gibt die Herzogin in einer Unterhaltung mit der Prinzessin von Parma ihr Urteil über Edouard Manets skandalumwittertes Aktbild *Olympia* ab. Das heute weltbekannte Gemälde war 1863 gemalt, 1865 zum ersten Mal ausgestellt, aber erst 1907 durch Anordnung des französischen Ministerpräsidenten Clemenceau in den Louvre aufgenommen worden. Im Salon stellt sich einige Jahre später also die Frage: Ist dieses Bild von seiner Qualität her in diesem bedeutenden Museum am richtigen Ort?

> *Im übrigen ist es ja auch im gleichen Lande so, daß, sobald einer die Dinge auf eine etwas neue Art betrachtet, die Mehrzahl der Leute nicht versteht, was er ihnen zeigt. Es dauert dann mindestens vierzig Jahre, bis sie es begreifen. [...]. Es ist dabei wie mit der ersten isolierten Erscheinung aus einer Gattung, die noch nicht existiert, später aber überall zu finden ist. Man hat ein Individuum vor sich, das mit einer Art von neuem Sinn begabt ist, den die Menschheit zu seiner Zeit noch nicht besitzt. Ich darf mich selbst dabei nicht zitieren, denn ich habe immer ja gerade alle interessanten, wenn auch noch so neuen Kundgebungen des Geistes schon in ihren Anfängen geliebt. Aber kürzlich war ich mit der Großfürstin im Louvre, und da gingen wir an der „Olympia“ von Manet vorbei. Jetzt staunt kein Mensch darüber, sie wirkt nachgerade wie eine Sache von Ingres! Und doch habe ich weiß Gott wie viele Lanzen für dieses Bild brechen müssen, auf dem ich nicht alles liebe, das aber sicherlich das Werk eines Meisters ist. Allerdings gehört es vielleicht nicht unbedingt in den Louvre.*

Seit 1986 hängt das Bild im Musée d'Orsay, das vom Louvre die Gemälde der Epoche von 1848 bis 1914 übernommen hat.

Auch im sozial niedrigeren Zirkel der Marquise de Cambremer-Legrandin, dem die Salons der Herzogin von Guermantes verschlossen bleiben, spielen Gespräche über Malerei eine wichtige Rolle. Besonders die Impressionisten werden hoch geschätzt, dagegen teilweise Maler vergangener Epochen herabgemindert. Die Marquise de Cambremer versucht, sich mit dieser Auffassung in dem auf die *Welt der Guermantes* folgenden Teil *Sodom und Gomorra* in ihren Kreisen als kunstverständige Sachkennerin zu profilieren:

Doch erregte der Name Poussin, ohne die Liebenswürdigkeit der Weltdame [Mme. de Cambremer-Legrandin] zu verändern, lebhaften Widerspruch bei der Kunstliebhaberin. […]. „Um Himmels willen, nennen Sie nicht gleich nach einem Maler wie Monet, der ganz einfach ein Genie ist, einen alten talentlosen Akademiker wie Poussin. Ich muß Ihnen rundheraus sagen, daß ich ihn für den fadesten aller Pedanten halte. Was wollen Sie, ich kann so etwas einfach nicht als Malerei bezeichnen. Monet, Degas, Manet, ja das sind wirkliche Maler! Es ist ganz merkwürdig, setzte sie hinzu […], früher zog ich Manet vor. Jetzt bewundere ich Manet selbstverständlich immer noch, aber ich glaube, Monet schätze ich doch vielleicht noch mehr. Oh, diese Kathedralen!“

Dass die Einschätzungen der Marquise den augenblicklichen Kunstmoden unterworfen sind, stellt sich bald heraus. Man muss ihr nur – wie der Erzähler Marcel – das sachverständige Urteil von Experten entgegenstellen.

Der Louvre hat aber auch einen direkten Platz im Leben der Menschen, er ist ein Ort, wo die Liebenden sich treffen, gerade in Zeiten des Krieges. In den literarischen Texten stehen nicht nur Gemälde aus verschiedenen Epochen, sondern auch zum Beispiel die ägyptische Antike mit ihren Kunstschätzen im Vordergrund. So spielt König Osiris, der schon in Mozarts *Zauberflöte* Tamino und Pamina Weisheit und damit die Erfüllung ihrer Liebe schenkt, in einem Gedicht von Jacques Prévert aus der Sammlung *Paroles (Worte)* (1946) eine Rolle: Er kommt aus seiner Krypta hervor, verheiratet die Liebenden und kehrt dann an seinen angestammten Platz zurück.

Osiris
oder
die Flucht nach Ägypten

Das ist der Krieg das ist der Sommer
Schon Sommer und noch immer Krieg
Und die verlaßne bekümmerte Stadt
Lächelt noch immer
Lächelt trotz allem
Mit ihrem Sonnenblick
Lächelt hold denen zu die sich lieben
Das ist der Krieg das ist der Sommer
Ein Mann und eine Frau
Durchwandern ein Museum
Ihr Schritt hallt einsam durch das Riesenverlies
Das Museum ist der Louvre
Die Stadt ist Paris
Und die Frische der Welt

Schlummert hier ungestört
Ein Wächter erwacht als er die Schritte hört
Er dreht einen Schalter und sinkt zurück in sein Traumgesicht
Indes erscheint in der Nische aus Stein
Das Wunder Ägyptens aufrecht im Licht
Des Osiris lebendiges Standbild im toten Hain
Und verhängt wieder einmal tödliche Finsternis
Über die toten Idole der Kirchen von Paris
Und die Liebenden küssen sich
Osiris macht sie zu Gatten
Und kehrt zurück in den Schatten
Seiner lebendigen Nacht.

Die ägyptische Abteilung des Louvre und eine Mumie, die noch nicht ins Jenseits hinüber wandern konnte, erscheinen in dem Roman *Belphégor ou le fantôme du Louvre (Belphégor [Baal-Pegor] oder das Phantom des Louvre)* (1927) des Schriftstellers Arthur Bernède (1871–1937). Das Werk wurde aber erst durch eine mehrteilige Fernsehserie und einen Mystery-Film in Frankreich, später auch in Deutschland bekannt. Der Geist der Mumie schlüpft in ein weibliches Wesen, das in einer Phantomgestalt nachts durch den Louvre geistert und Schaden anrichtet, bis durch eine feierliche Zeremonie der Geist der Mumie unter Verwendung umfangreichen Expertenwissens ausgewiesener Ägyptologen endlich seinen Weg ins Jenseits antreten kann. Die von ihrem Phantomdasein erlöste weibliche Person kann wieder ins Pariser Leben zurückkehren, 1965 ist es in der mehrteiligen Folge die Chansonsängerin Juliette Gréco, 2001 im Film die Schauspielerin Sophie Marceau.

3. Vom Louvre zur Place de la Concorde

Place du Carrousel – Arc de triomphe du Carrousel – Palais des Tuileries – Jardin des Tuileries

Métro-Linien 1, 7: Haltestelle Palais Royal-Musée du Louvre

Geht man von der großen Glaspyramide des Louvre weiter nach Westen in Richtung Place de la Concorde, gelangt man nach wenigen Minuten zur Place du Carrousel. Der Name leitet sich von festlichen Reiterspielen (le carrousel) ab, die nach dem Verbot der Turniere an deren Stelle traten. Insbesondere durch den tragischen Ausgang des Wettkampfes, der König Heinrich II. das Leben kostete – der Roman *La Princesse de Clèves (Die Prinzessin von Cleve)* schildert das Ereignis ausführlich –, hatte man die Turniere untersagt. Eines der großen „carrousels" fand am 5. und 6. Juni 1662 hier statt, König Ludwig XIV. nahm in festlicher Römerkleidung teil. Anlass war die Geburt des Thronfolgers (Dauphin); die Feier war so berauschend, dass der Platz daraufhin seinen Namen erhielt.

Honoré de Balzac hat diesen Ort in seinem Roman *La Cousine Bette* erwähnt, weil die heruntergekommenen Häuserviertel einen „Schmutzwinkel im modernen Paris" darstellen: „die Gegend um den Louvre herum ist ein Schandfleck, sie entehrt den Louvre und die Place du Carrousel". In der Rue du Doyenné dieses Viertels wohnten nicht nur literarische Personen der *Cousine Bette*, dort versammelten sich auch die jungen romantischen Schriftsteller Alphonse-Marie de Lamartine, Gérard de Nerval, Alfred de Musset und Théophile Gautier sowie Balzac. Während der Februarrevolution des Jahres 1848 versuchte die Volksmenge, auf der Place du Carrousel die Wagen des Königs anzuzünden, um seine Flucht zu verhindern.

Auf Befehl Napoleons III. wurde der Rest des alten Häuserbezirks 1849 abgerissen, um die Erweiterungsbauten am Louvre voranzutreiben. Es verschwanden damit nicht nur das Viertel der literarischen Bohème, sondern auch weitere winkelige Straßen des alten Paris, die sich – wie die Gegend der Hallen um die Kirche Saint-Eustache im Jahre 1832 – für Aufstände auf den Barrikaden gegen die politische Macht sehr gut geeignet hatten. Diesen politischen Hintergrund sollte man kennen, um das Gedicht *Le Cygne (Der Schwan)* des Lyrikers, Prosadichters, Kunst- und Literaturkritikers Charles Baudelaire (1821–1867) richtig zu verstehen. Der als „Dichter der Modernität“ (Hugo Friedrich) und Ausgangspunkt der Avantgarden in der Lyrik des 19. und 20. Jahrhunderts gefeierte Autor schrieb das Gedicht im Jahre 1859; es erschien in der Zeitschrift *La Causerie* im Januar 1860 und wurde in die zweite Auflage der streng strukturierten Lyriksammlung *Les Fleurs du Mal (Die Blumen des Bösen)* 1861 aufgenommen, und zwar in die Abteilung der *Tableaux parisiens (Pariser Bilder).*

Der schwan
Für Victor Hugo

I

Andromache, ich denke an dich! – Dieser kleine Fluß,
armseliger Spiegel, in dem einst die
unendliche Hoheit deines Witwen-Schmerzes erglänzte,
dieser Lügen-Simois, der von deinen Tränen größer ward,

Hat unvermittelt mein fruchtbares Gedächtnis angeregt
Als ich über das neue Carrousel dahinschritt.
Das alte Paris ist nicht mehr (ach! Die Gestalt einer Stadt
ist wandelbarer als eines Sterblichen Herz);

Nur im Geiste schaue ich dieses ganze Barackenlager,
diese Haufen grob behauener Kapitelle und Säulenschäfte,
das Unkraut, die großen Blöcke, die vom Wasser der Pfützen grün geworden waren,
und das Durcheinander von Gerät, das in den Scheiben glänzte.

Dort erstreckte sich vormals eine Menagerie;
dort sah ich eines Morgens, zur Stunde, da unter den
kalten und klaren Himmeln die ARBEIT erwacht, da die Straßenkehrer
einen düsteren Orkan in die stille Luft stoßen,

Einen Schwan, der aus seinem Käfig entwichen war,
und mit seinem Schwimmfuß das trockene Pflaster rieb
auf dem holprigen Boden sein weißes Gefieder schleifen.
An einem wasserlosen Rinnstein sperrte das Tier den Schnabel auf,

Badete aufgeregt seine Flügel in dem Pulverstaub,
und sprach voll herzlicher Sehnsucht nach dem schönen See seiner Heimat:
„Wasser, wann endlich wirst du regnen? Wann, Blitz , wirst du niederschlagen?“
Ich sehe diesen Unglückseligen, diese sonderbar-schicksalhafte Mythenfigur,

Zum Himmel zuweilen, wie Ovids Mensch,
zu dem ironischen, unbarmherzig blauen Himmel,
auf dem zuckenden Hals sein dürstendes Haupt emporstrecken,
als richte er einen Vorwurf an Gott!

II

Paris wandelt sich, aber nichts in meiner Melancholie
ist vom Platze gerückt! Neue Paläste, Gerüste, Steinblöcke,
alte Vorstädte: alles wird mir zur Allegorie,
und meine teuren Erinnerungen sind schwerer als Felsen.

Und so bedrückt mich ein Bild im Angesicht des Louvre:
ich denke an meinen Schwan mit seinen verrückten Gebärden,
lächerlich und erhaben wie die Verbannten,
und von einem rastlosen Verlangen zerfressen! Und dann an dich,

Andromache, aus den Armen eines großen Gatten gefallen,
elendes Vieh, unter die Hand des hochmütigen Pyrrhus,
in Ekstase über ein leeres Grab gebeugt;
Witwe Hektors, ach! Und Weib des Helenus!

Ich denke an die Negerin, die abgemagert und schwindsüchtig
sich durch den Straßenschmutz schleppt und stieren Blickes
die abwesenden Kokospalmen des stolzen Afrika
hinter der unendlichen Mauer des Nebels sucht;

An jeden, der verloren hat, was sich nicht wiederfindet
niemals! niemals! an die, die sich mit Tränen sättigen
und die der SCHMERZ wie eine gute Wölfin säugt!
An die mageren Waisenkinder, die wie Blumen welken!

So in dem Walde, wohin mein Geist auswandert,
stößt eine alte ERINNERUNG mächtig ins Horn!
Ich denke an die Matrosen, die man auf einer Insel vergaß,
an die Gefangenen, die Besiegten ... und an viele andere noch!

In *Le Cygne* knüpft Charles Baudelaire drei grundlegende Komponenten des Gedichts kunstvoll zusammen: erstens die genaue zeitliche und örtliche Lokalisierung beim Gang über den neugestalteten Place du Carrousel, der das lyrische Ich an das alte Paris vor der Vernichtung und Umstrukturierung durch Napoleon III. und den Präfekten Baron Haussmann sowie an die Zeit der gescheiterten Junirevolution 1848 denken lässt; zweitens der Mythos von der vertriebenen Andromache mit der traurigen Erinnerung an das verwüstete Troja, das mit dem jetzt zerstörten ehemaligen Paris korrespondiert; und drittens der weiße Schwan, der dem Käfig entkommen ist und der – wie der Albatros in Baudelaires gleichnamigem Gedicht – wie der Dichter in der ihn umgebenden Gesellschaft entfremdet im Exil lebt und vehement aufbegehrt. Das alles wird verbunden in einer melancholischen

Erinnerung. Mit *Le Cygne* ist – schreibt Karlheinz Stierle – „zugleich eine lange Geschichte der Darstellung der zum Bewußtsein ihrer selbst kommenden großen Stadt zu einem Höhepunkt und Endpunkt gelangt".

Weiter westlich des Platzes steht der Arc de triomphe du Carrousel (Triumphbogen des Carrousel), den Napoleon I. nach seinem Sieg in Austerlitz 1805 gegen die vereinigten österreichisch-russischen Truppen zwischen 1806 und 1808 errichten ließ. Vorbilder waren der Triumphbogen des Septimus Severus (203 n. Chr.) und der Konstantinbogen (312 n. Chr.), beide in Rom. Auf der oberen Plattform des 14,6 Meter hohen und 19,5 Meter breiten dreibogigen Bauwerks von imperialer Größe waren als Krönung die vier antiken Bronzerosse aufgestellt, die die Truppen Napoleons von der Galerie im Mittelpunkt der Westfassade der Basilica di San Marco (Markuskirche) in Venedig erbeutet hatten; die Venezianer ihrerseits entwendeten die Pferde im Jahre 1204 aus dem Hippodrom von Konstantinopel. Nach Napoleons Niederlage 1815 mussten die Bronzerosse wieder nach Venedig zurückkehren und wurden im Jahre 1828 durch eine Quadriga mit einem römischen Streitwagen ersetzt, in dem eine antike Göttin als Allegorie der Restauration in Herrschaftspose die Zügel führt. Das auch „kleiner Triumphbogen" genannte Monument mit sechs Marmor-Flachreliefs, die die glorreichen Siege der französischen Armee im Jahre 1805 darstellen, war am Eingang des Tuilerienpalastes der würdige Rahmen für die Truppenparaden Napoleons I. Im Zuge der Umbaumaßnahmen zur Schaffung des Grand Louvre wurde der Arc de Triomphe du Carrousel sorgfältig renoviert.

Zwischen der Baugeschichte des Louvre und dem Palais des Tuileries besteht – wie wir gesehen haben – ein enger Zusammenhang, seit Katharina von Medici ab 1564 den ersten Abschnitt ihres Palastes am Ort der ehemaligen Tuilerien (Ziegeleien) errichten ließ. Achtzig Jahre später, als im Jahre 1644 die fünfaktige Verskomödie *Le Menteur (Der Lügner)* von Pierre Corneille (1606–1684) erscheint, gilt der ehemals gewerblich genutzte Platz als Treffpunkt der mondänen Welt. Zu Beginn der ersten Szene des ersten Aktes präsentiert sich Dorante – der Lügner – mit seinem Diener Cliton. Beide kommen aus Poitiers, wo Dorante Rechtswissenschaften studierte. Nun hat er die Robe eines Jurastudenten abgelegt und die – ihm nicht zustehende – Uniform eines adligen Reiteroffiziers angelegt. Sie soll eine militärische Karriere vortäuschen und ihm in Paris galante Abenteuer erleichtern:

Nun habe ich endlich die studentische Richterrobe mit dem Schwert vertauscht,
Die erwartungsvolle Hoffnung, in der ich lebte, ist nicht enttäuscht worden,
Mein Vater ist einverstanden, dass ich meine Wahl in die Tat umsetze,

Und ich verzichte auf diesen ganzen Gesetzeskram.
Aber weil wir uns nun in den Tuilerien befinden,
Am Ort der großen Welt, der galanten Höflichkeit,
Sag mir, bin ich jetzt richtig als Reiteroffizier gekleidet?
Siehst Du nichts mehr an mir, das noch an den Studenten der Rechte erinnert?

Da die Uniform den militärischen Status anscheinend bestens simuliert, kann Dorante mit seinen prahlerischen Lügen über phantastische Kriegserlebnisse beginnen, die ihn nach vielen Täuschungen, Verwechslungen und Komplikationen schließlich in die Arme der geliebten „wirklichen“ Lucrèce führen, ohne dass an den Lügner allzu strenge moralische Maßstäbe angelegt werden. Das Theaterstück geht auf die dreiaktige Komödie *La verdad sospechosa (Die verdächtige Wahrheit)* (1630) des spanischen Theaterdichters Juan Ruiz de Alarcón y Mendoza zurück; Corneille hat sich teilweise sehr eng an die Vorlage gehalten, die Handlung am Ende aber gut ausgehen lassen und den geographischen Rahmen vollständig auf Frankreich übertragen. So lässt er nicht nur die erste Szene, sondern den ganzen ersten Akt in den Tuilerien spielen.

Seit König Ludwig XIV. Versailles als Residenz gewählt hatte, spielte Paris in Frankreich keine politische Rolle mehr. Das änderte sich auch im 18. Jahrhundert zunächst nicht. Der Palais des Tuileries war weiterhin den Künsten und Wissenschaften vorbehalten. Es fanden dort bis zum Jahrhundertende bedeutendere Theatervorstellungen statt, wie zum Beispiel eine Aufführung von Beaumarchais' Komödie *Le Barbier de Séville ou la Précaution inutile (Der Barbier von Sevilla oder Die nutzlose Vorsicht).* Im Schweizer Saal erlebte Wolfgang Amadeus Mozart im Juni 1778 bei seiner Reise in die französische Hauptstadt die Erstaufführung seiner Pariser Sinfonie in D-Dur (KV 297) „mit allem applauso“.

Erst durch die Französische Revolution gewann Paris seine politische Führungsrolle zurück. Zunehmend standen die Tuilerien wieder im Mittelpunkt des historischen Geschehens. König Ludwig XVI. wurde am 6. Oktober 1789 von der Pariser Bevölkerung von Versailles zwangsweise in die Hauptstadt überführt, wo er bis zum 13. August 1792 in den Tuilerien wie ein Gefangener lebte. Schon am 20. Juni 1792 hatte die Volksmenge das Schloss gestürmt, um den König zu zwingen, das Veto gegen zwei Dekrete der Nationalversammlung zurückzunehmen. Der Lyriker Arthur Rimbaud (1854–1891) hat fast genau einhundert Jahre später eine Begebenheit dieser Erstürmung in dem Gedicht *Le Forgeron (Der Schmied)* (1891) festgehalten. Er ließ sich dabei von einem Stich inspirieren, der sich als Illustration in der *Histoire de la Révolution française (Geschichte der Französischen Revolution)*

(1823–1827) des Politikers, Journalisten und Historikers Adolphe Thiers (1797–1877) findet. Dort wird eine Szene dargestellt, in der König Ludwig XVI. von dem Fleischer Legendre gezwungen wird, die rote phrygische Mütze als Symbol der Revolution überzuziehen. Rimbaud hat aus dem Fleischer einen Schmied gemacht, dessen mythologische Bedeutung poetisch anspruchsvoller ist. Der „Mann aus dem Volk“ bezeichnet in einer ironischen Verkehrung die Aufständischen als „crapule“ („Kanaille“), so wie es Ludwig XVI. im Grunde genommen nahe lag:

Der Schmied

Schloß der Tuilerien, um den 10. August 92

Den Arm auf einem Riesenhammer, schrecklich Bild
Von Trunkenheit und Größe, breit die Stirn und wild,
Gleich einem erznen Horne lachend und den Dicken
Da vor ihm bannend fest in seinen rohen Blicken,
Zu Ludwig dem Sechzehnten eines Tages sprach
Der Schmied als in dem goldgetäfelten Gemach
Der Pöbel seine schmutzbefleckten Röcke zeigte.
Der gute König, aufrecht auf dem Bauch, erbleichte,
Bleich so wie ein Besiegter, dem der Galgen ragt,
Geduckt, so wie ein Hund, der nicht zu knurren wagt;
Denn dieser Lump von Schmied, mit dem enormen Nacken,
Gab ihm in altem Stil so drollig Zeug zu knacken,
Daß er ihn gleich beim Kragen packte, einfach da!
[...]

Er packt ihn bei dem Arm, zerreißt des Vorhangs Samt
Und zeigt da unten ihm die weiten Höfe, samt
Dem Volk in Aufruhr. Wimmelnd, wimmelnd wogt die Menge,
Entsetzlich anzusehn, hohl lärmendes Gedränge,
Wie eine Hündin heulend, heulend wie das Meer,
Mit seiner Stöcke Wucht und seiner Picken Wehr,
Mit Trommeln, lauten Schrein der Halln und schmutzgen Boden,
Ein dunkler Lumpenhauf, draus rote Mützen bluten:
Der Mann, durchs offne Fenster, zeigt ihm alles das,
Dem König, schwankend, bleich, von feuchtem Schweiße naß,
Den krank macht, was er sieht.
„Das, Herr, ist die Crapüle,
Dies mauerspuckende, aufsässige Gewühle:
– Da sie nicht essen, Sire, sind sie nur Bettelleut!
Ich bin der Schmied. Mein Weib ist unter Ihnen heut,

Die Närrin: Brot gäb's, glaubt sie, in den Tuilerien.
– Doch aus den Bäckerläden läßt man leer uns ziehen.
Drei Kinder hab ich, bin Crapüle. – Ich kann sehn,
Wie alte Frauen in ihren Hauben weinend gehn,
Weil ihnen Söhne oder Töchter man entrissen:
Crapüle. – Der hat auf Galeeren schmachten müssen,
In der Bastille der: sie beide Bürger, und
Voll Biederkeit. Befreit, lebt jeder wie ein Hund:
Man schmäht sie! Und so brennt im Herzen da die Wunde,
Die schmerzt. Furchtbar, nicht wahr? Aus keinem andren Grunde
Fühln sie zerbrochen, fühln verdammt sie sich, und hier
Nun sind sie, heulen ins Gesicht dir ihr Gewieh'r!
Crapüle. – Dort kannst Dirnen du, ehrlose schauen;
Denn allzu schwach ist das, du wußtest es, die Frauen.
Das will, ihr Herrn vom Hofe, immer gütig sein.
Ihr spucktet ihnen, als wär's nichts, ins Herz hinein!
Crapüle ist es. Eure Liebchen sind dort, heute.
[…].

– Er warf den Hammer auf die Schulter sich.
Die Menge,
Nah diesem Manne, war berauscht; und im Gedränge
Der Prunkgemächer, in des Hofes großem Feld,
Darin Paris mit keuchendem Geheule gellt,
Lief durch des Pöbels weite Reihn ein schauernd Beben.
Dann sah man eine breite schmierige Hand sich heben;
Der Schmied, ihn stört des dicken Königs Schwitzen nicht,
Warf, schrecklich, ihm die rote Mütze ins Gesicht!

Diese Szene fand in Wirklichkeit am 20. Juni 1792 statt, wie ein anderes Manuskript des Gedichtes korrekt angibt. An dem von Rimbaud angegebenen Datum, dem 10. August 1792, fand die zweite Erstürmung des Tuilerienschlosses und dessen Plünderung statt. Die legislative Versammlung, die im September 1791 auf die Nationalversammlung gefolgt war, setzte unmittelbar nach der zweiten Erstürmung den König ab. Am 13. August 1792 wurde Ludwig XVI. dann mit seiner Familie in den mittelalterlichen Festungsturm des Templerordens verlegt und auf Beschluss des Konvents schließlich am 21. Januar 1793 auf der Place de la Révolution, der heutigen Place de la Concorde, hingerichtet.

Nach dem erzwungenen Umzug und dem Tod des Königs blieben die Tuilerien ein zentraler Ort politischen Geschehens. Die Nationalversammlung und die legislative Versammlung tagten in der Salle du Manège im

Nordwesten des Tuileriengartens an einem Ort, über den heute die Rue de Rivoli entlangführt, die im Zuge der Umwandlung von Paris durch den Präfekten Baron Haussmann im Jahre 1854 hier durchgebrochen wurde. Die darauf folgende Deputiertenkammer, die Convention nationale (der Konvent), beriet in der Salle de Manège noch fast acht Monate, bevor sie am 10. Mai 1793 in den alten Theatersaal des Tuilerienschlosses umzog und die politischen Geschicke Frankreichs bis Oktober 1795 bestimmte. Noch vier Jahre wurde die Salle de Manège für die Tagungen des Conseil des Anciens (des Rates der Alten), der nächsten gesetzgebenden Versammlung, genutzt.

Nach dem Staatsstreich Napoleons I. am 18. Brumaire des Jahres VIII des neuen Kalenders (9. November 1799) und dem Ende der Revolution blieben die Tuilerien politisches Zentrum Frankreichs. Napoleon zog am 19. Februar 1800 als Erster Konsul in den Palast ein und blieb auch als Kaiser dort wohnen, bis er schließlich im Juni 1815 nach St. Helena ins zweite Exil gehen musste. Auch die ihm nachfolgenden Kaiser und Könige wählten die Tuilerien als Residenz. Entweder starben sie dort wie Ludwig XVIII. im Jahre 1824 oder sie wurden gezwungen, ins Exil zu gehen: Karl X. 1830, Louis-Philippe 1848 und Napoleon III. 1870.

Die beiden Revolutionen von 1848 brachten erneut folgenreiche Veränderungen des politischen Lebens. Wiederum standen die Tuilerien im Schnittpunkt der Auseinandersetzungen. Da die Regierung Guizot sich weigerte, den Forderungen nach sozialen Reformen und nach der Ausweitung des Wahlrechts nachzukommen, kam es in Paris zum Aufstand. Als der König Louis-Philippe bei der Parade seiner Soldaten in den Tuilerien am 24. Februar 1848 erleben musste, dass sich ein Teil seiner Nationalgarde mit dem revoltierenden Volk solidarisierte, trat er noch am gleichen Tag zurück. Die Menge nahm wie während der Französischen Revolution am 10. August 1792 die Gelegenheit wahr, den Tuilerienpalast einzunehmen und zu plündern.

Gustave Flaubert (1821–1880), dessen Werk auf die Romanentwicklung im 20. Jahrhundert einen entscheidenden Einfluss ausübte, beschreibt die Besitzergreifung des Schlosses durch das Volk in der (zweiten) *L'Education sentimentale (Lehrjahre des Gefühls)* (1869) ausführlich. Charakteristisch für seine Schilderung der Ereignisse ist das Fehlen der revolutionären Begeisterung. Die Menge wird bei Flaubert Handlungsträger, aber im Gegensatz zu den zeitlich späteren Romanen Zolas (z. B. *Germinal*) verkörpert sie kein revoltierendes Element. In der *L'Education sentimentale* erscheint sie als abstoßende, übelriechende, vergnügungssüchtige, unpolitische Masse. Die Hauptperson des Romans, Frédéric Moreau, trifft in den Tuilerien seinen Bekannten, den Journalisten Hussonet, als das Volk in das Schloss drängt:

Die Place du Carrousel dehnte sich friedlich wie sonst. Das Hôtel de Nantes ragte einsam wie immer; und die Häuser dahinter, die Kuppel des Louvre gegenüber, die lange Holzgalerie rechts und die ungewisse Fläche, die bis zu den Baracken der Standkrämer hin sich wellte, verschwammen im Grau der Luft [...]. Innerhalb der Gitter versammelten sich im Gespräch Gruppen von fünf oder sechs Personen. Die Schloßtore waren geöffnet, die Diener auf der Schwelle ließen sie eintreten. [...]. Unten an der großen Treppe schrieb jemand seinen Namen in ein Register. Frédéric erkannte ihn von hinten. „Ah, Hussonet!“

„Jawohl“, sagte der Bohémien. „Ich führe mich bei Hof ein. Das ist ein famoser Ulk, was?“

„Wollen wir hinauf?“ [...].

Plötzlich erscholl die Marseillaise. Hussonet und Frédéric beugten sich über die Rampe. Das war das Volk. Es wälzte sich über die Treppe, es trieb in seinen Wogenwirbeln bloße Köpfe, Helme, rote Mützen, Bajonette und Schultern, so wild brausend, daß Menschen in dieser wirbelnden Masse verschwanden, die immer noch stieg wie ein Strom, der sich gestaut hat, bei der Springflut der Tag- und Nachtgleiche, mit langem Tiergebrüll, mit alles zermalmender Wucht. Oben breitete sie sich aus, und der Gesang verstummte. [...]

Vorwärtsgeschoben gegen ihren Willen betraten sie einen Raum, an dessen Decke ein Baldachin von rotem Samt gespannt war. Auf dem Thron darunter saß ein schwarzbärtiger Proletarier, das Hemd halb offen, mit der stumpfsinnigen Heiterkeit eines häßlichen Affen. Andere kletterten auf die Estrade, um an seinen Platz zu kommen. „Ein Mythos!“ sagte Hussonet. „Das souveräne Volk!“

Der Thronsessel wurde mit Gewalt hochgehoben und wanderte geschaukelt durch den ganzen Saal. „Sapperlot!“ meinte Hussonet. „Wie es wackelt! Das Staatsschiff schwankt auf stürmischem Meer! Es tanzt Cancan! Es tanzt Cancan!“

Man hatte den Thron einem Fenster genähert und schleuderte ihn unter Johlen hinab. „Armes altes Gerümpel!“ sagte Hussonet, als er es in den Garten purzeln sah, wo es mit Eifer empfangen wurde, um von da bis zur Bastille getragen und verbrannt zu werden.

Nun platzte ein frenetischer Jubel los, als ob an Stelle des Thrones eine Zukunft unermeßlichen Glücks erschienen wäre. Und minder zur Rache als um sich sein Eigentumsrecht zu bestätigen, zerschmetterte und zerriß das Volk Spiegel und Vorhänge, Lüster, Leuchter, Tische, Stühle, Rundsessel, alle Möbel, sogar Albums mit Zeichnungen und Stickereikörbchen. Da man gesiegt hatte, warum sollte man sich nicht amüsieren? Der Mob putzte sich zum Hohn mit Spitzen und Kaschmir. Goldfransen wurden um Blusenärmel gewickelt, Hüte mit Straußenfedern schmückten den Kopf von Grobschmieden, Ordensbänder der Ehrenlegion dienten Huren als Gürtel. Jeder tat nach seiner Laune; die einen tanzten, andere zechten. [...].

Dann wurde der Ingrimm des Volkes finsterer. Eine obszöne Neugier erwachte, alle Kabinette, alle Winkel zu durchstöbern, alle Schubladen aufzusperren. Galeerensträflinge vergruben die Arme in die Kissen der Prinzessinnen und torkelten darüber, zum Trost, daß sie sie nicht schänden konnten. Andere, mit unheilvolleren Mienen, irrten schweigend umher und suchten etwas zu stehlen; aber es waren zu viele Menschen da.

Der Roman wurde von der Kritik teilweise mit Unverständnis aufgenommen. Das hing vor allem mit der Hauptperson Frédéric Moreau zusammen, den Flaubert bewusst gegensätzlich zu den aktiven, tatkräftigen Balzac'schen Helden gestaltet hatte. Die zentrale Figur der *L'Education sentimentale*, bei der alle Handlungsströme zusammenfließen, ist als ein passives Medium gestaltet, in dem sich die Ereignisse spiegeln. Frédéric bleibt untätig, mittelmäßig, schwach; er übt keinen festen Beruf aus, fängt vieles an, führt es aber nicht zu Ende, er erlebt die Revolution, nimmt aber nicht aktiv an ihr teil; er engagiert sich nicht wie der Autor, der bewusst abwesend bleibt.

Den Zustand der verwüsteten Tuilerien hat ein anderer bekannter Autor, Victor Hugo, in ihrem Zustand am 14. März 1848 geschildert, also etwa 20 Tage später. In der Sammlung von Prosatexten aus seinen Manuskripten, die zum großen Teil auf Tagebuchaufzeichnungen, Erinnerungsprotokollen und Notizen beruhen und posthum in zwei Teilen 1887 und 1900 unter dem Titel *Choses vues (Gesehene Dinge)* herausgegeben wurden, befindet sich das Schloss fast noch in dem chaotischen Zustand nach der Erstürmung:

1848 14. März Das Zifferblatt der Tuilerien bei drei Uhr stehen geblieben (Ist seit der Revolution nicht wieder aufgezogen worden). Bezeichnet die Stunde des Falls der Monarchie. Die Fassade, alle Scheiben zerbrochen. Keine Vorhänge mehr. Man nimmt durch die zerschlagenen Fensterscheiben schwarze, gespenstig wirkende Kronleuchter wahr, die sich als Schattenriss auf den Fenstern der anderen Fassade abzeichnen. Wenn Louis-Philippe diese Fassade vor einem Monat im Traum erschienen wäre! [...]. Die Gitter der Tuilerien gewaltsam herausgerissen, hastig wieder gerade gebogen, mit Holzzäunen geflickt. Das Gitter zur Rue Castiglione hin mit Ketten geschlossen und mit mächtigen Steinen abgestützt. Die Vorübergehenden blicken in die Keller des Pavillon Marsan. Dort sind die Küchen. Sie sind verwüstet. Man sieht noch einen großen Stapel von grünen Stieltöpfen aus Ton auf einem außerordentlich großen Küchentisch. Alles Übrige zerbrochen.

Die aufgrund der Februarrevolution neu gewählte Nationalversammlung trat am 4. Mai 1848 zusammen und erklärte Frankreich zur Republik. In der vom Parlament bestimmten provisorischen Regierung arbeiteten Liberale und Sozialisten zusammen. Aber schon bald kam es zwischen beiden Gruppen zu Auseinandersetzungen. Die von der bürgerlichen Regierung zunächst eingerichteten Nationalwerkstätten, die die Arbeitslosigkeit bekämpfen helfen sollten, wurden wieder aufgelöst. Vom 23. bis zum 27. Juni kam es erneut zum Aufstand. Die Armee unter Führung des Generals Cavaignac und die Nationalgarde kämpften gegen Handwerker und Arbeiter. Flaubert hat auch diesen politischen Wandel in seinem Roman *L'Education sentimentale* behandelt. Ehemals für sozialistische Ideen kämpfende Aufständische wie der fanatische Theoretiker Sénécal werden nach dem Sieg der Ordnungspartei unter grässlichen Umständen in den Tuilerien gefangen gehalten. Das Fazit der Junirevolution wird gezogen, es ist die absolute Desillusion: Auch die ehemals als fortschrittlich angesehenen Ideen haben ihren Sinn verloren, die gegensätzlichen gesellschaftlichen Kräfte lösen keine Probleme, überall herrschen Unvernunft und Dummheit:

> *Sénécal, der in den Tuilerien eingeschlossen war, unter der Terrasse nach der Seine zu, fühlte diese Angst nicht.*
>
> *Dort waren neunhundert Menschen zusammengepfercht, in Kot und Schmutz, schwarz von Pulver und geronnenem Blut, in Fieberschauern, brüllend vor Raserei; und die Sterbenden wurden nicht aus der Masse der anderen heraufgeholt. Manchmal, wenn plötzlich das Echo einer Detonation rollte, dachten sie, man werde sie alle erschießen; dann stürzten sie sich gegen die Mauern und sanken wieder hin auf ihren Platz, so abgestumpft durch den Schmerz, daß es ihnen war, als lebten sie in einem Alptraum, einer Todeshalluzination. [...].*
>
> *Die meisten von ihnen [den Nationalgardisten] waren unbarmherzig. Diejenigen, die den Kampf nicht mitgemacht hatten, wollten sich nun bewähren. Es war die Entfesselung der Furcht. Sie rächten sich damit auch an den Zeitungen, den Klubs, dem Volk, das sich zusammengerottet hatte, den Doktrinen, an allem, was sie seit drei Monaten erbitterte. Und trotz dem Sieg offenbarte sich, als wollte sie ihre Anhänger strafen und ihre Feinde höhnen, triumphierend die Gleichheit, eine Gleichheit roher Tiere, eine Gleichheit in blutigen Greueln; denn der Fanatismus der Selbstsucht wog den Wahnwitz der Not auf. Die Aristokratie war so machtlos wie der Pöbel, und die bürgerliche Baumwollmütze zeigte sich nicht weniger abscheulich als die rote Mütze. Die öffentliche Vernunft war wirr, so wie nach großen Naturumwälzungen. Menschen, die Geist besessen hatten, verfielen für ihr ganzes Leben der Idiotie.*

Beim Staatsstreich Napoleons III. am 2. Dezember 1851 hatte sich die Position der ehemaligen fortschrittlichen Kämpfer für die bürgerlichen Freiheiten und gegen den König in Flauberts Roman noch weiter auseinanderentwickelt. An der Februarrevolution nahmen sie noch gemeinsam als Aufständische teil; Ende Juni waren einige von ihnen wie der aufrichtige und sympathische Dussardier und der fanatische Sénécal zur Partei der Ordnung gewechselt. Am 2. Dezember 1851 verteidigt Sénécal nun Napoleon III., der die durch die Republik gewährten Freiheiten zu großen Teilen bald wieder abschaffen wird. Zum Polizeibeamten geworden, erschießt Sénécal den aufrechten, die Demokratie verteidigenden aufständischen Dussardier. Die politische Entwicklung Frankreichs zu dieser Zeit kann kaum pessimistischer dargestellt werden.

Kaiser Napoleon III. realisierte nun die seit vier Jahrhunderten geplanten Verbindungsbauten zwischen dem Louvre und dem Tuilerienpalast und schloss die Lücken zur (heutigen) Rue de Rivoli hin und auf der Flussseite. Im Jahre 1868 waren die Bauarbeiten nach über 700 Jahren endlich beendet. Doch eine paradoxe Tragik führte dazu, dass das Tuilerienschloss drei Jahre später lichterloh brannte.

Nach dem Sturz Napoleons III. und der Proklamation der III. Republik ließ der Wahlsieg der Konservativen im Februar 1871 die Wiedereinführung der Monarchie befürchten, zumal die Nationalversammlung mit ihrer Mehrheit aus Legitimisten und Orléanisten von Bordeaux nicht zurück nach Paris, sondern nach Versailles umzog. Gegen die konservative Regierung – und auch gegen die Verantwortlichen der militärischen Niederlage im Deutsch-Französischen Krieg 1870/71 – formierte sich die Commune de Paris (die Pariser Kommune), die Stadtregierung, die aus dem von Sozialisten und Radikalen dominierten Generalrat des Seine-Departements und dem Stadtkomitee gebildet worden war. Ihr revolutionärer Aufstand wurde von der konservativen Regierung und der Nationalversammlung in der „Semaine sanglante“ (der „Blutigen Woche“) vom 21. bis 28. Mai 1871 brutal unterdrückt. Um den aus Versailles anrückenden Regierungstruppen Widerstand entgegenzusetzen und ihre eigene Niederlage hinauszuzögern, zündeten die Kommunarden in der Nacht vom 23. auf den 24. Mai 1871 öffentliche Gebäude wie das Hôtel de Ville (Rathaus), den Palais-Royal und das Tuilerienschloss an. Die Folgen dieser größten revolutionären Aktion der französischen Geschichte waren verhängnisvoll; sie forderte 25 000 bis 30 000 Tote (davon etwa 1000 bei den Regierungstruppen); 35 000 Personen wurden festgenommen; davon schickte man 7500 zur Deportation nach Neukaledonien und 3400 in die Gefängnisse.

In Louis Aragons bereits zitiertem Roman *Les Beaux Quartiers (Die Viertel der Reichen)* (1936) schildert ein Augenzeuge den Brand des Tuilerienschlosses. Edmond Barbentane, der ältere Bruder Armands, studiert in Paris Medizin. Im Hof der Place du Carrousel trifft er, während er auf einer Bank sitzend seinen anatomischen Lehrstoff paukt, einen alten, merkwürdigen und verkommen aussehenden Mann, der ihm flüsternd aus seinem Leben erzählt:

> *Paris, Herr, Paris. Ist nicht mehr das gleiche, Paris. Das Jahr der Ausstellung. Ich war damals ungefähr in Ihrem Alter. Damals gab es noch das Kaiserreich, Luxus. [...].*
>
> *Er machte eine kreisförmige Handbewegung, die den ganzen Louvre zum Zeugen nahm; dann zog er eine Grimasse nach dem Garten hin: „... schön verändert. Sehen Sie sich das an: ein Loch. Irgendwas fehlt. Ich entsinne mich nicht mehr. Ach ja, ein Loch ... Der Palast der Tuilerien. Sie sind zu jung, Sie haben das nicht gekannt ... Natürlich ... Ich habe ihn brennen sehen, mein guter Herr, und den Mob! Etwas Furchtbares, der Mob ... Denn der Brand an sich war ein hübscher Brand. Eine traurige Sache, aber ein schöner Brand, da kann man nichts dagegen sagen. Der Mob ...“*
>
> *Er rückte das kleine Stück Zeitung zurecht, das ihm als Taschentuch diente: „... Feuer überall. Feuer! Mein lieber Herr, da unten, da unten ... Rue Royale, Rue de Castiglione ... Auf dem linken Ufer, Rue du Bac ... Es mußte gegen vier, fünf Uhr morgens sein und dann päng, päng, päng, von allen Seiten, und was seh ich auf einmal? Sie brennen den Louvre nieder, den Florapavillon! Rauch steigt auf, als ob man seit Jahrhunderten nicht mehr die Schornsteine gekehrt hätte ... große rote Feuerzungen ... das Palais Royal ... die Tuilerien ... tja, die Tuilerien, die haben sie erledigt, die haben sie bis auf die Grundmauern erledigt, mein lieber Herr ... Nur ein paar schwarze Steine blieben übrig ...“*

Der Brand hatte zwar Räume und Dächer des Tuilerienschlosses zerstört, aber die Mauern waren erhalten geblieben. Doch die Abgeordnetenkammer und der Senat beschlossen im Jahre 1882, die Fassadenseite des Palastes zwischen dem Pavillon de Marsan und dem Pavillon de Flore abzureißen und damit einen symbolischen Ort der Monarchie zu beseitigen. Der Louvre dagegen hatte sich aus dem ehemaligen Königspalast zu einem symbolischen Ort der Nation verwandelt. Dagegen wurde der Pavillon Marsan vollkommen neu aufgebaut und der Pavillon de Flore restauriert.

Der Brand und die Zerstörung der Schlossfassade eröffnen wahrhaft neue Perspektiven: Le Jardin des Tuileries. Die Tuileriengärten gaben jetzt den Blick nach Westen in Richtung der Champs-Élysées und des Arc de Triomphe frei. Dadurch wurde auch der Funktionswandel zum großen öffentlichen Freizeitpark noch verstärkt.

Dabei hatte alles ganz anders angefangen. Katharina von Medici hatte sich 1564 zu ihrem Palast in den Tuilerien einen Garten im italienischen Stil anlegen lassen, den eine hohe Mauer umgab. Im Jahre 1664 erteilte der Finanzminister Ludwigs XIV., Jean Baptiste Colbert, dem Gartenarchitekten André Le Nôtre den Auftrag zur Vergrößerung und Umgestaltung der Anlagen. Er schuf die Grundstrukturen des heutigen Erscheinungsbildes der Tuileriengärten: als Richtungsachse eine lang gestreckte breite Allee in der Mitte und auf dieser Linie in der Nähe des westlichen und östlichen Endes ein großes achteckiges sowie ein großes rundes Wasserbecken. Le Nôtre, der später auch die Parkanlagen des Versailler Schlosses gestaltete, setzte Prinzipien der Bauarchitektur auch im Pariser Schlossgarten um und gestaltete einen der ersten französischen Gärten. Colbert fand die Anlage so gelungen, dass er sie für die königliche Familie reservieren wollte. Aber sein enger Mitarbeiter, der Märchendichter Charles Perrault (1628–1703), wollte die Tuileriengärten dem Publikum öffnen. Von seinem Gespräch mit Colbert über diese Frage berichtet er in seinen *Mémoires (Memoiren)* (1687):

> *Als der Tuileriengarten vollständig neu bepflanzt und in dem Zustand war, in dem man ihn jetzt sieht, sagte mir Colbert: „Gehen wir zu den Tuilerien, um die Tore zu schließen; man muss diesen Garten dem König vorbehalten und ihn nicht durch das Volk zugrunde richten lassen, das ihn in ganz kurzer Zeit vollständig entstellt und beschädigt haben wird." Die Entscheidung schien mir sehr hart und sehr unangenehm für ganz Paris.*
>
> *Als er in der großen Allee angekommen war, sagte ich zu ihm: „Sie glauben nicht, Monsieur, an die Achtung, die alle, bis zum kleinsten Bürger, vor diesem Garten haben; nicht nur die Frauen und die kleinen Kinder werden stets darauf bedacht sein, keine Blumen zu pflücken, sie sogar auch nicht zu berühren; sie gehen alle wie verständige Leute dort spazieren; die Gärtner können das Ihnen, Monsieur, bezeugen; das wäre ein Unglück für die Allgemeinheit, wenn man hier nicht mehr herkommen könnte, um spazieren zu gehen." […]. – „Das sind doch nur Nichtsnutze, die hierher kommen", sagte er mir. „Hierher kommen Leute", antwortete ich ihm, „die sich gerade von Krankheiten erholen, um hier frische Luft zu schnappen; man kommt hierher, um über Geschäfte, Heiraten und über all die Angelegenheiten zu sprechen, die sich angenehmer in einem Garten behandeln lassen als in einer Kirche, wo man sich sonst in der Zukunft wird verabreden müssen. Ich bin überzeugt", fuhr ich fort, „dass die Gärten der Könige nur deshalb so groß und ausgedehnt sind, damit alle ihre Kinder dort umherlaufen können."*
>
> *Monsieur Colbert machte seinen Rundgang im Garten, gab Anweisungen und sprach nicht mehr davon, den Eingang für irgendjemand zu schließen.*

Die Tuileriengärten wurden eine der ersten Parkanlagen in Europa, die für die Öffentlichkeit zugänglich waren. Bis dahin waren diese Grünflächen innerhalb von Schlössern, Palästen und Stadtpalais nur für die Besitzer und ihre Gäste bestimmt gewesen. Nun entwickelt sich im Jardin des Tuileries elegantes und galantes gesellschaftliches Leben, wie es auch in Corneilles

Menteur anklingt. Spazierengehen in dieser mondänen Umgebung wird Mode. Nur Leuten in Lumpen, Dienern in Livree und Soldaten war der Park verschlossen.

Die Tuileriengärten werden aber auch zum Ort für geheime Treffen, beispielsweise während der Französischen Revolution. Nach der Festnahme des geflüchteten Königs Ludwig XVI. in Varennes im Juni 1791 überlegten sich Adlige, ob ein Verlassen des Landes für sie nicht vorteilhafter sei. Der Prosaschriftsteller Nicolas-Edme Rétif de La Bretonne (1734–1806), der durch autobiographische und tabulose erotische Romane sowie durch Novellen und Sozialutopien hervorgetreten ist, hat ein solches nächtliches Treffen geschildert. In der Serie *Les nuits de Paris (Pariser Nächte)*, die 1788 und 1789 in 14 Bänden – und 1790 um einen 15. Band erweitert – erschienen, gibt der Erzähler namens Hibou eine Chronik nächtlicher Ereignisse, die er auf seinen Spaziergängen durch Paris aufgezeichnet hat. Im Jahre 1793 erweiterte Rétif de la Bretonne die Serie um einen 16. Band mit dem Titel *Vingt Nuits de Paris (20 Pariser Nächte)*, in dem Geschehnisse aus der Zeit der Französischen Revolution dargestellt werden. Der Erzähler berichtet von einem Besuch in den Tuileriengärten am 26. oder 27. September 1791 Folgendes:

> *Ich ging über den Pont Royal zu den Tuilerien. [...]. Ich wählte den Ort der Terrasse am Fluss, wo es keine Wachtposten gab, und ich kam ohne Schwierigkeiten hinein. Ich sah hier viele Menschen. Um herabzusteigen, schlüpfte ich unter die Bäume, ohne dass man mich bemerkte. Dort waren die meisten Leute, die sich in verschiedene Gruppen aufteilten; sie hatten sich auf Stühlen in den am schwierigsten einsehbaren Orten versammelt. Ich wagte nicht stehen zu bleiben noch mich ihnen zu sehr zu nähern. Schließlich hatte ich mich hinter einen dicken Baum, ziemlich nahe an die größte Gruppe gestellt, in der man weniger leise sprach, und ich hörte, dass es sich um wichtige Staatsangelegenheiten handelte. „Es ist gefährlich", sagte ein Mann, „die Ausländer nach Frankreich zu Hilfe zu rufen: Sehen Sie doch nur, mit welcher Freude sie den Beginn der Ereignisse aufgenommen haben!" – „Aber, Monsieur le Duc" [Herzog], sagte eine Frau bitter, „und wir, was wird aus uns?" – „Man muss alles aufs Spiel setzen, alles opfern", sagte eine andere jüngere Frau, „um unsere Rechte wieder herzustellen. – Vorsicht! Vorsicht! Seine Majestät hat schon wieder viel zurückgewonnen; wir werden auch wieder an die Reihe kommen."*
>
> *Ich betrachtete den näheren Umkreis dieser Gruppe als am interessantesten, aber auch als zu gefährlich. Ich entfernte mich deshalb zu abgelegeneren Orten hin. Dort fand ich eine große, junge und schöne Frau, die zärtlich geneigt in den Armen eines jungen Mannes umherging, der sie an der Taille hochhob. „Ich müsste dort sein", sagte sie; „man spricht da über wichtige Angelegenheiten; aber Sie lassen mich die ganze Welt vergessen.*

Die beiden Funktionen der Tuileriengärten werden bei Rétif de La Bretonne nochmals deutlich: der politische Ort, der durch die Nähe zu den hohen staatlichen Amtsträgern bedingt ist, und die Freizeit- und Erholungsstätte, die der Pariser Bevölkerung einen der schönsten und entspannendsten Parks direkt im Zentrum der Hauptstadt bietet. Wenn man die etwa einhundert Skulpturen des Gartens mit berücksichtigt, befindet man sich gleichzeitig auch in einem großen Freiluftmuseum.

Die politische Funktion der Tuileriengärten hat zur Gegenwart hin kontinuierlich abgenommen. König Louis-Philippe (1830–1848) reservierte noch einen Teil des Jardin des Tuileries für sich und seine Familie; auch fanden in den Anlagen noch bis zum Ende des 19. Jahrhunderts offizielle Feiern statt. Als die Kaiser und Könige das Tuilerienschloss dann aber 1870 endgültig verlassen hatten und sich die republikanischen Institutionen andere Versammlungsorte, Treffpunkte und Regierungsgebäude gesucht hatten, spielte die Freizeit- und Erholungsfunktion der Tuileriengärten die entscheidende Rolle. Honoré de Balzac beschreibt sie sehr eindringlich in seinem Roman *Les Illusions perdues (Verlorene Illusionen)*, der zunächst in drei Teilen in den Jahren 1837, 1839 und 1843 sowie dann in einem Band auch 1843 erschienen ist. Der Dichter und spätere Journalist Lucien de Rubembré, der aus der kleinen Provinzstadt Angoulême gerade nach Paris gekommen ist, um Karriere zu machen, will, bevor er in einem vornehmen Restaurant (Véry) speisen wird, sich noch eine Zeitlang in den Tuileriengärten aufhalten:

> *Er [Lucien] war seelenvergnügt und wollte die Zeit bis zu diesem glücklichen Abend fröhlich verbringen. Er wandte sich nach den Tuilerien und dachte dort bis zu der Stunde, wo er bei Véry zu Mittag essen wollte, spazieren zu gehen. Lucien ging also tänzelnd, hüpfend, leichtfüßig über die Terrasse des Feuillants und schaute sich die Spaziergänger, die hübschen Frauen mit ihren Anbetern, die Stutzer, die Arm in Arm gingen und einander im Vorübergehen zunickten, an. Wie anders war diese Terrasse als Beaulieu! Die Vögel dieser prächtigen Voliere waren viel entzückender als die von Angoulême! Da war all die Farbenpracht, die die Vogelarten Indiens oder Amerikas vor den grauen Farben der europäischen Vögel auszeichnet.*

Eine der poetisch schönsten Beschreibungen des Jardin des Tuileries stammt von Marcel Proust. Als erstes Buch hatte er 1896 den Band *Les Plaisirs et les jours (Freuden und Tage)* veröffentlicht, der aber von der Öffentlichkeit nur wenig beachtet wurde. Das lag auch an den verschiedenartigen, fast disparaten Themen. Der Band enthält unter anderem zwei Novellen, Porträts von Malern und Komponisten und eine Reihe von Prosatexten unter dem Titel *Les Regrets, rêveries couleur du temps (Die Klagen, Träumereien in zeitfarbe-*

ner Tönung). Der erste Abschnitt dieses Teils ist den Tuileriengärten in ihrer ganzen Blumenpracht gewidmet:

Tuilerien

Heute morgen hat sich die Sonne im Jardin des Tuileries nach und nach auf all den steinernen Stufen niedergelegt, einem blonden Jüngling gleich, dessen leichten Schlummer schon das Vorübergleiten eines Schattens unterbricht. Am alten Palastgemäuer grünen junge Sprossen. Der Hauch des verzauberten Windes mischt in den Duft des Vergangenen die frischen Düfte des Flieders. Die Statuen, die uns auf den Plätzen der Stadt wie Wilde erschrecken, träumen hier in den Hagebuchen wie Weise vor sich hin, unter dem lichterfüllten Laub, das ihre Blässe schützt. Die Wasserbecken, auf deren Grund der blaue Himmel ruht, leuchten wie Blicke. [...]. Die Winden quellen wild über die Ränder geraniengekrönter Blumentöpfe. Glühend vor Sonne verbrennt der Heliotrop seine Düfte. Vor dem Louvre streben Stockrosen in die Höhe, schlank wie Masten, vornehm und anmutig wie Säulen, errötend wie junge Mädchen. Irisierend in der Sonne und seufzend vor Liebe steigen die Springbrunnen dem Himmel entgegen.

Im August 1944 fanden kurz vor der deutschen Kapitulation noch schwere Kämpfe in den Tuileriengärten statt, bei denen viele Statuen beschädigt oder vernichtet wurden. Wenn man die Mittelachse des Parks in Richtung Place de la Concorde entlang läuft, erblickt man in der Rue de Rivoli (Hausnummer 228) auf der Höhe der Rue Castiglione das Hôtel Meurice. Dort war zwischen 1940 und 1944 das Generalquartier des deutschen Kommandanten von Groß-Paris. Seit dem 9. August 1944 nahm dieses Amt der Wehrmachtbefehlshaber Dieter von Choltitz wahr. Er erhielt am 23. August den folgenden Befehl Hitlers: „Paris darf nicht oder nur als Trümmerfeld in die Hand des Feindes fallen." Seiner Reaktion („Diesen Irrsinnsbefehl kann ich nicht ausführen") und seiner Kapitulation am 25. August 1944 verdankt Paris seine Unversehrtheit am Ende des Krieges.

Geht man die Mittelachse des Jardin des Tuileries – am achteckigen Wasserbecken vorbei – noch weiter entlang, stößt man nach wenigen Metern auf den Obelisken der Place de la Concorde.

4. Von der Place de la Concorde zum Arc de Triomphe

Place de la Concorde – Champs-Élysées – Place de l'Étoile – Arc de Triomphe

Métro-Linien 1, 8, 12: Haltestelle Concorde

Die Place de la Concorde gilt durch ihre harmonische Architektur, ihre einheitliche Gestaltung und ihre großzügigen Dimensionen als der schönste Platz von Paris; sie ist auch der berühmteste und der geschichtsträchtigste. Der Platz liegt am Schnittpunkt zweier zentraler Hauptachsen der Stadt, zwischen dem Louvre und dem Arc de Triomphe einerseits und zwischen der Madeleine und dem Palais Bourbon, dem Sitz der französischen Nationalversammlung, andererseits. Die Place de la Concorde bildet zugleich das untere Ende der prächtigen Avenue des Champs-Élysées, dem Zielpunkt großer Paraden und Aufmärsche, und grenzt unmittelbar an das Ufer der Seine. Die Platzanlage ist nach der Place Dauphine, der Place des Vosges, der Place des Victoires und der Place Vendôme der chronologisch letzte der Pariser Königsplätze.

Eingeweiht im Jahre 1763, lag die Place de la Concorde damals noch außerhalb der Stadt. Bis zur Französischen Revolution schmückte die Anlage das Reiterstandbild Ludwigs XV., das dem Ort seinen ersten Namen gab: Place Louis XV. Die Revolutionäre stürzten 1792 die Statue des Königs und benannten den Ort in Place de la Révolution um. Am 21. Januar 1793 wurde hier die Guillotine errichtet und an demselben Tag König Ludwig XVI. hingerichtet. Ihm folgten dort später als Opfer der Exekutionen seine Ehefrau Marie-Antoinette, aber auch die Revolutionäre Danton, Desmoulins, Saint-Just, Olympe de Gouges und Robespierre, insgesamt über 1300 Opfer.

Von einem Spaziergang am Revolutionsplatz während der Zeit der Schreckensherrschaft (September 1793 bis Juli 1794) berichtet der französische Opernkomponist wallonischer Herkunft André-Esnart-Modeste Grétry (1741–1813) in seinen *Mémoires ou Essai sur la Musique (Erinnerungen oder Abhandlung über die Musik)* (1789; erweiterte Ausgabe 1797). Grétry, der als einer der repräsentativsten Vertreter der komischen Oper Frank-

Place de la Concorde

reichs im letzten Drittel des 18. Jahrhunderts gilt, schrieb weit über 60 Bühnenwerke, von denen in den vergangenen Jahrzehnten nur noch wenige aufgeführt werden oder in Plattenaufnahmen präsent sind. Sein Hauptwerk ist die Oper *Richard Cœur de Lion (Richard Löwenherz)* (1784). Obwohl Grétry deutliche Sympathien für die Revolution bekundet hatte und auch Hymnen sowie Gesänge für deren Feste und Feiern verfasste, ist er über die gewaltsamen Ereignisse entsetzt:

> *In jener Schreckenszeit, worüber noch folgende Jahrhunderte schaudern werden, kam ich einmal gegen Abend allein aus einem Garten der Elysäischen Felder. Es war Frühling, und ich würde mich an dem Dufte der Blumen und dem majestätischen Untergange gelabt haben, wenn nicht das allgemeine Elend meine Seele bis zur tiefsten Traurigkeit gestimmt gehabt hätte. Kaum bin ich in der Nähe des Revolutionsplatzes, so höre ich den Ton von Instrumenten. Ich gehe näher hinzu und vernehme Violinen, eine Flöte und ein Tambourin und unterscheide ganz deutlich das Freudengeschrei von tanzenden Menschen. Wie ich soeben über das Kontrastierende in den Szenen dieser Welt nachdenke, geht jemand bei mir vorüber und macht mich – auf die Guillotine aufmerksam. Ich schlage meine Augen auf und sehe sie in vollem*

Gange. Das tödliche Messer sank und hob sich hintereinander zwölf bis fünfzehn Mal. Von einer Seite das Erschallen ländlicher Tänze, von der anderen das Rieseln ganzer Ströme von Blut, der Duft der Blumen, der milde Einfluß des Frühlings, die letzten Strahlen der untergehenden Sonne, die für diese unglücklichen Schlachtopfer nie, nie wieder aufging. – O diese Bilder sind mir unauslöschlich! Um nicht über den abscheulichen Platz gehen zu müssen, eile ich mit schnellen Schritten in die Straße der Elysäischen Felder; aber es war zu spät, ich kann dem gräßlichen Karren, worauf die Glieder schöner Weiber und tugendhafter Männer zuckend durcheinander lagen, nicht mehr ausweichen. Ich mußte es mit anhören, wie der Führer des Mordwagens grausam-persiflierend umher rief: Still, Leutchens, still! Sie schlafen!

Während der Herrschaft des Direktoriums erhielt der Platz bis zum Jahre 1814 den heutigen Namen Place de la Concorde. Doch die Restauration wollte auch hier die alten Verhältnisse wiederherstellen und nannte den Ort erneut Place Louis XV. So heißt er auch in Balzacs Roman *Illusions perdues (Verlorene Illusionen)* in einem Kapitel mit der Beschreibung der Champs-Élysées.

Die Namenswechsel des Platzes, die wesentliche Phasen der französischen Geschichte des 18. und 19. Jahrhunderts widerspiegeln, gehen auch in der Restaurationsepoche weiter. Seit 1823 wurde der Ort zur Erinnerung an den von den Revolutionären hingerichteten König Place Louis XVI. genannt. Eine erneute Veränderung erfolgte durch die Julirevolution. Nach der neuen Verfassung, der Charta von 1830, nannte man ihn eine kurze Zeit Place de la Charte, bis er in der erneuerten Monarchie des Bürgerkönigs Louis-Philippe schließlich – wie unter Napoleon I. – den heutigen Namen Place de la Concorde bekam.

In dieser Zeit wurde der Platz von dem in Köln geborenen Architekten Jacob Ignaz Hittorff völlig umgestaltet. Jede Erinnerung an die Französische Revolution sollte vermieden werden. In der Mitte des Platzes wurde im Jahre 1836 der fast 23 Meter hohe, an allen vier Seiten mit Hieroglyphen bedeckte Obelisk aufgestellt, der aus dem Tempel Ramses' II. in Luxor, dem altägyptischen Theben, stammt und im 13. Jahrhundert vor Christus geschaffen wurde. Er war politisch völlig unverdächtig – ein Geschenk des ägyptischen Vizekönigs an Louis-Philippe aus dem Jahre 1831. Den Platz schmückten weiterhin zwei Brunnen und acht große weibliche Statuen als Symbole der großen Städte Frankreichs: Lyon, Marseille, Bordeaux, Nantes, Rouen, Brest, Lille und Straßburg. Die beiden letzten Skulpturen waren vom Bildhauer Jean-Jacques Pradier geschaffen worden. Für die Statue der Stadt Straßburg stand ihm seine Freundin Juliette Drouet Modell; sie wurde ab 1833 für fünfzig Jahre bis zu ihrem Tod die Geliebte und Muse Victor Hugos, der ihr mehrere Gedichte und die fünfte Auflage der Gedichtsammlung *Odes et Ballades (Oden und Balladen)* widmete.

Voller Ironie mokierte sich der deutsche Dichter Heinrich Heine (1797–1856) über die verfremdende Wirkung des Obelisken auf der Place de la Concorde. Der auch durch seine journalistischen Arbeiten bekannt gewordene Autor lebte seit 1831 im Pariser Exil und war bald als Henri Heine kulturell eingebürgert. Er schrieb unter anderem von 1840 bis 1843 für die *Augsburger Allgemeine Zeitung* Feuilletonartikel über Ereignisse in der französischen Hauptstadt, die er im Jahre 1854 unter dem Titel *Lutetia. Berichte über Politik, Kunst und Volksleben* in einer überarbeiteten Fassung als eigenständiges Buch herausgab. Unter dem Datum des 19. Dezember 1841 verglich er den damals führenden Politiker der Julimonarchie François Guizot mit dem Obelisken:

Wird sich Guizot halten? Heiliger Gott, hierzuland hält sich niemand auf die Länge, alles wackelt, sogar der Obelisk von Luxor! Das ist keine Hyperbel, sondern buchstäbliche Wahrheit; schon seit mehren Monaten geht hier die Rede, der Obelisk stehe nicht fest auf seinem Postment, er schwanke zuweilen hin und her, und eines frühen Morgens werde er den Leuten, die eben vorüberwandeln, auf die Köpfe purzeln. Die Ängstlichen suchen schon jetzt, wenn ihr Weg sie über die Place Louis Quinze führt, sich etwas entfernt zu halten von der fallenden Größe. Die Mutigen lassen sich freilich nicht in ihrem gewöhnlichen Gange stören, weichen keinen Finger breit, können aber doch nicht umhin, im Vorübergehen ein bißchen hinaufzuschielen, ob der große Stein wirklich nicht wackelmütig geworden. […]. Ja, sie [Guizot und der Obelisk] stehen beide nicht auf ihrem rechten Platz, sie sind herausgerissen aus ihrem Zusammenhang, ungestüm verpflanzt in eine unpassende Nachbarschaft. Jener, der Obelisk stand einst vor den lotosknäufigen Riesensäulen am Eingang des Tempels von Luxor, welcher wie ein kolossaler Sarg aussieht, und die ausgestorbene Weisheit der Vorwelt, getrocknete Königsleichen, einbalsamierten Tod enthält. […]. In der Tat, solche Umgebung war für den Obelisken weit geeigneter als die, welche ihm auf der Place Louis Quinze zuteil ward, dem modernsten Platz der Welt, dem Platz, wo eigentlich die moderne Zeit angefangen und von der Vergangenheit gewaltsam abgeschnitten wurde mit frevelhaftem Beil. – Zittert und wackelt vielleicht wirklich der große Obelisk, weil es ihm graut, sich auf solchem gottlosen Boden zu befinden, er, der gleichsam ein steinerner Schweizer in Hieroglyphenlivree jahrtausendelang Wache hielt vor den heiligen Pforten der Pharaonengräber und des absoluten Mumientums?

Jedenfalls steht er dort sehr isoliert, fast komisch isoliert, unter lauter theatralischen Architekturen der Neuzeit, Bildwerken im Rokokogeschmack, Springbrunnen mit vergoldeten Najaden, allegorischen Statuen der französischen Flüsse, […] in der Mitte zwischen dem Arc de Triomphe, den Tuilerien und der Chambre des Deputés […].

Heines Text zeigt zugleich den Stolz und das Selbstbewusstsein der Schriftsteller und Künstler in der Mitte des 19. Jahrhunderts, in der Weltstadt Paris den Aufbruch in die Moderne zu erleben und die neuesten Entwicklungen der Gegenwart erkennen zu können.

Etwa zur gleichen Zeit veröffentlicht der Romancier, Lyriker und Literaturkritiker Théophile Gautier (1811–1872) die erste Ausgabe seiner Gedichtsammlung *Émaux et Camées (Emaillen und Kameen)* (1852). Dort wird der Obelisk ironisch zu einer menschlichen Person umgebildet, die sich ihrer ägyptischen Heimat und ihrer religiösen Funktion beraubt sieht. In der Einsamkeit des Platzes beobachtet er das triviale bürgerliche Leben der Epoche. Heftiges Heimweh nach Ägypten lässt ihn Tränen aus Granit weinen:

Der Pariser Obelisk

Auf diesem Platz werde ich trübsinnig,
Ich, Bruchstück eines Obelisken;
Schneefall, Rauhreif, Niesel- und Starkregen
Lassen meine schon rostig gewordenen Seiten erstarren;

Und meine alte Nadel –
In der Glut eines Feuerhimmels rot erhitzt –
Nimmt die Blässe des Heimwehs an
In dieser Luft, die niemals blau ist. […].

Eines Tages wälzte Ramses meinen herrlichen Steinblock weg,
in den die Ewigkeit schon Lücken schlug
Und den man wie einen Grashalm abgehauen hatte,
Paris machte daraus ein Kinderspielzeug.

Der Wachposten aus Granit,
Hüter der vergangnen Größe,
Erhebt sich zwischen einem falschen antiken Tempel [der Madeleine]
Und der Abgeordnetenkammer.

Auf Ludwigs XVI. Guillotinenplatz
als Monolith mit ausgelöschtem Wesen
Hat man mich als Geheimnis aufgestellt
mit dem Gewicht von 5000 Jahren Vergessenheit. […].

Aber heute bin ich nur ein gewöhnlicher Pfeiler
zwischen zwei hingestellten Brunnen,
Ich sehe die Kurtisane vorüberfahren
Die sich zurücklegt in der Kutsche.

Von Januar bis Dezember sehe ich
Die Bürger feierlich an mir vorüberziehen,

Solon, der Gesetzgeber, geht ins Parlament,
Arthur, den Verführer, zieht es in den Bois de Boulogne. […].

Heiliger Boden der Hieroglyphen
Und der Geheimnisse der Priester […].
Ich beweine Dich, oh mein altehrwürdiges Ägypten
Mit den Tränen aus Granit.

Die politische Geschichte prägte den Platz auch später. In Louis Aragons bereits erwähntem Roman *Les Beaux Quartier (Die Viertel der Reichen)* (1936) erleben eine der Hauptpersonen, Edmond Barbentane, und sein Kamerad, der Unteroffizier Adrien Arnaud, im Jahre 1913 die Place de la Concorde inmitten einer großen Menschenmenge. Diese ist gekommen, um dem neu gewählten Präsidenten der Dritten Republik Raymond Poincaré Beifall zu spenden:

Da man Adrien Urlaub gegeben hatte, um dem neuen Präsidenten der Republik zuzujubeln, gingen die beiden jungen Leute nach der Place de la Concorde, wo eine riesenhafte Menge die Vorbeifahrt Poincarés erwartete.

Die Menge stand bis in die Rue de Rivoli, die Rue Royale und die Champs-Elysées hinein. Es war gar nicht daran zu denken, sich dem Elysée zu nähern, wo die Pferde der gepanzerten Garde schnaubten, über einer Menge, die an die Tage Boulangers erinnerte. Ein grauer Tag mit dem falschen Dunst, der in den entblätterten Bäumen hing, verwischte den gläsernen Umriß des Grand Palais. Aus dem Menschenmeer erhoben sich wie Masten dunkle bronzene Laternenpfosten und die auf ihren steinernen Inseln stupide aneinandergereihten Symbole der Städte Frankreichs. […].

In diesem Augenblick ließ ein Kanonenschuß die Menge erzittern. Von der Avenue Gabriel her hörte man Militärmusik. „Er fährt ins Elysée ein“, erklärte hinter Edmond ein alter Mann in Hellgrau mit einem roten Fleck auf der Wange. Sie sahen ihn *ein wenig später von den Tuilerien aus in der Nähe der Metro Concorde, wohin sie zurückgedrängt worden waren, als man dem von Kürassieren begleiteten Landauer des Präsidenten die Bahn frei machte.*

Das Symbol einer der Städte Frankreichs auf der Place de la Concorde spielt im politischen Kontext auch im letzten Teil des Proust'schen Romanzyklus *A la recherche du temps perdu (Auf der Suche nach der verlorenen Zeit)* eine Rolle. In dem Band, der den Titel *Le Temps retrouvé (Die wiedergefundene Zeit)* trägt und 1927 erschien, berichtet der Erzähler von einem Gespräch mit dem stark gealterten Baron von Charlus. Er kritisiert den nationalistischen und antideutschen Schriftsteller Maurice Barrès (1862–1923), „der uns leider zu viele Wallfahrten zu der Statue Straßburgs […] hat machen lassen.“

Die Skulptur der Stadt in der Ecke der Place de la Concorde nahe den Tuilerien war nach der Besetzung Elsass-Lothringens durch die deutschen Truppen im Jahre 1870 als Zeichen des Protestes bis zum Jahre 1918 schwarz verhüllt worden. Das Denkmal wurde zum Ort politischer Gedenkfeiern, auf denen die Rückgewinnung der verlorenen Gebiete lautstark gefordert wurde.

Einen grundlegend anderen Charakter nimmt die Place de la Concorde in Louis Aragons Roman *Aurélien* an. Das Werk, das 1944 als vierter Band des Zyklus *Le monde réel (Die wirkliche Welt)* erschien, spielt in den Jahren nach dem Ersten Weltkrieg. Aurélien besucht seinen ehemaligen Kriegskameraden Edmond Barbentane, eine der Hauptpersonen im oben zitierten Roman Aragons *Les Beaux Quartiers (Das Viertel der Reichen).* Aurélien und Edmond gehen in Paris spazieren und gelangen über den Cours la Reine zum Platz an den Tuilerien:

> *Auf der Place de la Concorde trennten sie sich. Es gibt auf der Welt keinen Ort, der derartig luxuriös, derartig übertrieben luxuriös ist. Aurélien dachte, hier würde man selbst ein Staubkorn bemerken.*

So prunkvoll und ruhig wird dieser zentrale Ort in den literarischen Beschreibungen sonst nicht dargestellt.

Bis heute dient die Place de la Concorde als Versammlungsort für bedeutende historische Gedenktage und sportliche Feierlichkeiten. Politische Aufmärsche und militärische Paraden, die meist am Arc de Triomphe ihren Ausgangspunkt nehmen und über die Avenue des Champs-Élysées führen, enden auf diesem historischen Platz.

Den entscheidende Schritt zum Ausbau des Geländes westlich der Tuilerien übernahm um 1670 der Gartenarchitekt Ludwigs XIV., André le Nôtre. Entlang der Mittelachse der Tuileriengärten legte er eine Allee bis zum heutigen Rond-Point des Champs-Élysées an, die im 18. Jahrhundert bis zur heutigen Place de l'Étoile verlängert wurde. Seit 1709 trägt die Allee ihren jetzigen Namen Avenue des Champs-Élysées. Die Bezeichnung lässt den Rang erkennen, den man der Avenue zuerkannte: Sie erinnert an die elysischen Felder, die Gefilde der Seligen aus der griechischen Mythologie, an paradiesische Wiesen und an Schillers *Ode an die Freude*, die „Tochter aus Elysium".

Das Gelände bestand ursprünglich aus Feldern und sumpfigem Gebiet und entwickelte sich nur langsam. Am Ende des 18. Jahrhunderts grasten dort noch Kühe und man zählte sechs Häuser an diesem Verkehrsweg. In den dreißiger Jahren des 19. Jahrhunderts erfolgte dann der Ausbau zur großen Prachtstraße von fast 1,9 Kilometern Länge und der erstaunlichen Breite von 71 Metern; sie wurde zur „plus belle avenue du monde“ („zur schönsten Avenue der Welt“), eine Charakterisierung, die Franzosen auch heute noch verwenden.

Das lebendige Treiben auf den Champs-Élysées schildert Honoré de Balzac in seinem schon erwähnten Roman *Illusions perdues (Verlorene Illusionen).* Der arme, aus der Provinz in die Hauptstadt gekommene Dichter Lucien de Rubempré läuft – von den Tuilerien kommend – auf die Place de la Concorde zu:

> *Er ging in Gedanken verloren weiter, immer geradeaus, und betrachtete die Denkmäler der Place Louis XV. Es war schönes Wetter. Prächtige Equipagen fuhren fortwährend an ihm vorbei in der Richtung nach der großen Allee der Champs Elysées. Er folgte der Menge der Spaziergänger und sah nun die drei- oder viertausend Wagen, die an einem schönen Sonntag an diesem Ort zusammenströmen und ein Longchamp improvisieren. Von der Pracht der Pferde, der Toiletten und Livreen geblendet, ging er immer weiter und kam zum Arc de Triomphe, der damals begonnen worden war. Er kehrte um.*

Aus Balzacs Text wird deutlich, wie stark die Place de la Concorde, die Champs-Élysées und der Arc de Triomphe eine strukturelle Einheit bilden.

Der Verkehr auf dieser Prachtstraße nahm im Laufe des 19. Jahrhunderts weiter zu, besonders in der Zeit des Zweiten Kaiserreichs. Der Schriftsteller Guy de Maupassant (1850–1893), der vor allem durch seine Novellen, aber auch durch Romane wie *Bel Ami* bekannt wurde, beschreibt das gesellschaftliche Ereignis des überbordenden Kutschenverkehrs auf den Champs-Élysées, um den Arc de Triomphe und auf der anschließenden Avenue du Bois de Boulogne (heute Avenue Foch). In seinem Roman *Fort comme la Mort (Stark wie der Tod)* (1889) fahren der angesehene Salonmaler Olivier Bertin, seine Geliebte, die Gräfin de Guilleroy, deren Tochter Annette, die erst vor Kurzem nach Paris gekommen ist, und eine Herzogin in einer eleganten Kutsche in der nicht abreißenden Wagenkolonne:

> *Nachdem sie die Herzogin in der Rue de Varenne abgeholt hatten, fuhren sie in Richtung Invalidendom, überquerten die Seine und gelangten zu den Champs-Élysées, die sie, umgeben von einer Flut von Wagen, zum Arc de Triomphe de l'Étoile hochfuhren.*
>
> *Das junge Mädchen hatte sich auf den Rücksitz neben Olivier gesetzt, und blickte mit begierigen, naiven Augen auf diesen Wagenstrom. Ab und zu, wenn die Herzogin und die Gräfin einen Gruß durch ein kurzes Kopfnicken erwiderten, fragte sie: „Wer war das?“, und er gab die Auskunft: „die Pontaiglins“ oder die „Puicelcis“ oder „die Gräfin de Lochrist“ oder „die schöne Madame de Mandelière“.*

Sie folgten jetzt der Avenue du Bois de Boulogne, mitten im Krach und Getöse der Räder. Die Wagen, die nicht mehr ganz so eng aufeinander fuhren wie vor dem Arc de Triomphe, schienen sich in einem Wettrennen ohne Ziel zu befinden; Droschken, schwere Landauer und elegante achtfedrige Wagen überholten sich ein ums andre Mal.

Auch in Marcel Proust Werk *A la recherche du temps perdu (Auf der Suche nach der verlorenen Zeit)* spielen die Champs-Élysées eine wichtige Rolle, besonders am Ende des ersten Teils *Du côté de chez Swann (In Swanns Welt)* (1913) und am Anfang des zweiten Teils *A l'ombre des jeunes filles en fleurs (Im Schatten junger Mädchenblüte)* (1919). Der Erzähler ist zu diesem Zeitpunkt etwa 15 Jahre alt und wird mit der Haushälterin Françoise zum Spielen in die Parkanlagen der Champs-Élysées geschickt, was ihm anfangs gar nicht gefällt:

Statt dessen [statt ins Theater zu gehen] wurde ich nur jeden Tag in die Champs-Elysées geschickt unter Aufsicht einer Person, die dafür sorgen sollte, daß ich mich nicht überanstrengte, und zwar war das Françoise, die nach dem Tode meiner Tante Léonie in unsere Dienste getreten war. In die Champs-Elysées zu gehen war mir unerträglich. Hätte sie nur Bergotte in einem seiner Bücher beschrieben, dann hätte ich zweifellos gewünscht, sie näher kennenzulernen wie alle Dinge, die, dichterisch nachgeformt, in meine Phantasie Eingang gefunden hatten. Die nämlich erwärmte sie, erfüllte sie mit Leben, gab ihnen ein Gesicht, und dann wünschte ich mir, auch in Wirklichkeit ihnen zu begegnen; aber nichts in diesem Park paßte zu meinen Träumen.

Das Problem dieser Einschätzung des Erzählers liegt aber auf einer anderen Ebene: Hätte der Schriftsteller Bergotte, der den traditionellen Romancier repräsentiert und eine der Hauptpersonen des Werkes ist, die Champs-Élysées wirklich beschreiben wollen, so wäre diese Darstellung in Prousts Romanzyklus gar nicht ausführlich wiedergegeben worden. Denn es ging dem Verfasser nicht mehr – wie den realistischen und naturalistischen Schriftstellern des 19. Jahrhunderts – um die genaue Beschreibung der äußeren Wirklichkeit, sondern um deren Widerspiegelung in den Gedanken, Empfindungen und Träumen – wie Prousts obiger Text zeigt.

Der Ausdruck „auf die Champs-Élysées gehen" bekommt aber für den Erzähler bald eine andere Bedeutung, sie wird zur Chiffre für „Gilberte treffen", die Tochter von Charles Swann und von Odette de Crécy, denn der jugendliche Erzähler hat sich in das Mädchen verliebt. Als die Zuneigung geschwunden ist, sagt er nur noch: „Ich gehe nicht mehr zu den Champs-Élysées".

Zwischen den beiden Weltkriegen blüht die Avenue des Champs-Élysées wieder auf, es entsteht eine lebendige Café-Kultur. Es werden hier nicht nur Kaffee und andere Getränke konsumiert, sondern man schließt auch Geschäfte ab und beginnt oftmals sogar Filmprojekte vorzubereiten. Der Lyriker und Essayist Léon-Paul Fargue (1876–1947), der als Flaneur Paris intensiv erkundete, schildert in seinem Werk *Le Piéton de Paris (Der Wanderer durch Paris)* (1939) das umtriebige Geschehen in den Cafés der großen Avenue:

Nichts an den Champs-Elysées deutete besonders auf die Rolle eines Rummelplatzes der Cafés hin, zu dem sie in wenigen Jahren geworden sind. Rummelplatz der Cafés, der manchmal zum Tummelplatz der Schieber wird. Hier werden tatsächlich alle Handelsgeschäfte von Paris abgewickelt. Doch die vom Rond-Point bis zum Etoile am meisten gefragte Ware ist in erster Linie das Kino. Sind es die Cafés der Champs-Elysées, die das Filmgeschäft ins Leben gerufen haben? Ist es der Film, der so viele Terrassen aus dem Pflaster gestampft hat?

Die Cafés ziehen unzählige Menschen aus vielen Ländern an und erfüllen die breite Allee mit buntem Leben:

Woher kommt diese Kundschaft, die sich an Sommerabenden wie eine Wählerschaft bis dicht an die vorüberfahrenden Taxis ausbreitet? Zwischen dieser Zurschaustellung von Apéritifs und diesen Kaskaden von Café-crème erstrahlt das Feuerwerk der Kinos, die Autofahrer entfesseln die Wunder einer Feuersbrunst. Die Avenue wird eine der belebtesten von Europa. Die Kundschaft ist aus allen Hauptstädten zugleich herbeigeeilt, um unsere Austern zu schlürfen, sich unter unsere Mannequins und unsere großen Modeschöpfer zu mischen, eine Kundschaft, die leider in ihrem Innersten faulig ist, wie eine wurmstichige Pflaume, durch die Rotte umherirrender Kineasten, die seit zwanzig Jahren vom Select ins Fouquet, vom Fouquet ins Triomphe und vom Triomphe ins Select überwechseln […].

Von den etwa zwanzig Cafés, die am Ende der dreißiger Jahre noch auf der Avenue des Champs-Élysées existierten, sind viele geschlossen worden, auch Le Select und Le Triomphe aus dem obigen Text. Léon-Paul Fargue hatte dies vorausgesehen:

Mit anderen Cafés, anderen Restaurants steht es schlecht, sie verlieren ihre Kundschaft, schließen ihre Türen und gehen pleite. Das Fouquet bleibt bestehen, wie ein unentbehrliches, gut funktionierendes Organ der Pariser Gesundheit. Es ist ein Ort für männliche Klatschbasen, denn die Männer sind ebenso Concierges, wie die Frauen. Dahin gehen die Männer, wenn sie aus dem Urlaub zurückgekehrt sind und erzählen einander ihre glückhaften Ferienerlebnisse. Da betteln sie um Tips für die Börse oder die Rennen, die fast alle gar nicht brauchen, denn das Fouquet kann sich rühmen, die Begüterten zu beherbergen, aber, wie andere sagen, man muß eben leben, wie man in Paris lebt.

Auch mit dieser Prognose hat Fargue Recht behalten. Das öfters als das beliebteste Café am rechten Seine-Ufer qualifizierte Fouquet's war zwar im Sommer 1988 von der Schließung bedroht, weil die Miete um das Neunfache erhöht werden sollte, aber schließlich konnte es mithilfe des Kulturministers jener Jahre, Jack Long, gerettet werden. Er ließ es einfach zum „Monument historique“ (historisches Bauwerk) erklären. Das Café sowie das Restaurant gleichen Namens im ersten Stock werden auch heute von Schauspielern, Filmregisseuren und Journalisten frequentiert. Die erste Garde der Prominenz gehört ebenfalls zu den Gästen: Der ehemalige französische Staatspräsident Nicolas Sarkozy feierte am Abend des 6. Mai 2007 im Fouquet's mit Verwandten, Freunden und Weggefährten – insgesamt 55 Personen – die Nachricht, dass er im zweiten Wahlgang zum neuen Präsidenten gewählt worden war.

Im 20. Jahrhundert ist die Avenue häufig als symbolischer Ort für militärische Aufmärsche genutzt worden. Die alliierten Truppen defilierten nach ihrem Sieg im Ersten Weltkrieg am 14. Juli 1919, dem französischen Nationalfeiertag, auf den Champs-Élysées. Deshalb empfand es Frankreich als große Erniedrigung, dass Hitler nach dem Waffenstillstand im Juni 1940 seine Truppen regelmäßig auf der Allee marschieren ließ.

Die geheimnisvolle Welt der Geheimdienste in Paris während der deutschen Besatzung schildert der bekannte Gegenwartsautor Patrick Modiano (geboren 1945) in seinem Roman *La Ronde de nuit (Nächtliche Runde)* (1969). Der Erzähler arbeitet als Doppelagent für die französische Gestapo und für ein Netzwerk der Résistance. Er irrt durch das nächtliche Paris und erreicht schließlich die breite Avenue, die jetzt einen ganz anderen Charakter angenommen hat:

Place de l'Étoile. Neun Uhr abends. Die Straßenlaternen der Champs-Élysées leuchten wie früher. Sie haben ihr Versprechen nicht gehalten. Diese Allee, die von weitem so würdevoll erscheint, ist einer der schändlichsten Orte von Paris.

Der militärischen Wende im Jahre 1944 folgte am 25. Juli die Befreiung von Paris durch alliierte und französische Truppen. Einen Tag später ließ es sich General Charles de Gaulle nicht nehmen, mit Offizieren und Soldaten nach einer Zeremonie am Arc de Triomphe die Avenue des Champs-Élysées inmitten einer begeisterten, ausgelassen jubelnden Menge hinunterzuschreiten und sich feiern zu lassen. Er berichtet darüber im zweiten Band seiner *Mémoires de Guerre (Memoiren)*, der den Titel *L'Unité (Die Einheit)* (1956) trägt:

> *Vor mir liegen die* Champs-Élysées!
>
> *Ah, ein Meer! Ungeheure Menschenmengen stehen auf beiden Seiten der Prachtstraße. Wohl zwei Millionen! Auch die Dächer sind schwarz von Menschen. In allen Fenstern dichtgedrängte Gruppen, umgeben von Fahnen. Trauben von Menschen hängen an Feuerleitern, Masten und Laternen. Soweit mein Auge reicht: eine einzige brandende Menge, in der Sonne, unter der Tricolore.*
>
> *Ich gehe zu Fuß. […]. Da alle, die dort stehen, in ihrem Herzen Charles de Gaulle zur Zuflucht in ihrer Not und zum Symbol ihrer Hoffnung erwählt haben, sollen sie ihn als einen der ihren sehen, vertraut und brüderlich, und dieser Anblick soll die nationale Einheit widerspiegeln. […].*
>
> *So schreite ich ergriffen und ruhig dahin, inmitten des unbeschreiblichen Jubels der Menge, durch das Getöse der Stimmen, die meinen Namen rufen; soweit wie möglich bemühe ich mich, meine Blicke auf jede Welle dieses Meeres zu richten, damit mein Auge den Blicken aller begegnen kann, und ich hebe und senke die Arme, um auf ihre Zurufe zu erwidern. In diesem Augenblick vollzieht sich eines jener Wunder des Nationalbewußtseins, eine jener Gesten Frankreichs, die im Laufe der Jahrhunderte bisweilen unsere Geschichte erleuchtet haben.*

Die Kritiker haben die literarischen Qualitäten der Memoiren de Gaulles eindrucksvoll herausgehoben. Seit dem Jahre 2000 erinnert eine Statue in der Avenue Winston Churchill, einer Seitenstraße der Champs-Élysées an der Place Clemenceau, an de Gaulles Marsch im Jahre 1944.

Die Avenue erlebte nach dem Zweiten Weltkrieg zunächst wieder einen Aufschwung. Eine lebendige Schilderung des quirligen Treibens auf dieser Allee findet sich auch im Genre des Kriminalromans. Léo Malet (1909–1996), der auch als Lyriker und Journalist bekannt wurde, schrieb seit den vierziger Jahren Krimis. Eine Serie von fünfzehn Bänden nannte er nach Eugène Sues schon zitiertem Werk *Les Nouveaux Mystères de Paris (Die neuen Geheimnisse von Paris).* Jeder Titel der Reihe ist einem anderen Pariser Arrondissement gewidmet. In dem Band *Corrida aux Champs-Élysées (Corrida auf den Champs-Élysées)* (1956), der dem achten Arrondissement gewidmet ist, ermittelt der Pariser Privatdetektiv Nestor Burma im Schauspielmilieu der Avenue. Er steht zu Beginn des Romans im 4. Stock des heute geschlossenen Cosmopolitan Hotels und betrachtet von oben die heiteren Menschen auf der Straße, deren Frohsinn die Umgebung beeinflusst:

> *Die Julisonne überflutete die Champs-Elysées. Ununterbrochen zog unten der Strom glänzender Limousinen vorbei. Die breiten Bürgersteige waren schwarz von Menschen. Auf der Terrasse des Fouquet's gegenüber saßen dichtgedrängt die Gäste. Der Arc de Triomphe oben an der Avenue sträubte sich von Touristen. Bäume, Menschen, Dinge, alles strahlte Lebensfreude aus. Vier Etagen unter mir, genau vor dem Cosmopolitan-Hôtel, befand sich seit kurzem eine Baustelle und*

bewies mal wieder, daß Paris ständig von irgendwelchen Straßenbauarbeiten aufgewühlt wird. Aber sogar der Arbeiter, der Sandsäcke hin und her karrte, schien an der allgemeinen Heiterkeit teilzuhaben. Offensichtlich ist es angenehmer, auf den Champs-Elysées zu schuften als in Ménilmuche, auch wenn dabei nur ein leicht neugieriger Blick einer schönen Spaziergängerin abfällt. Wenn man schon an der Spitzhacke oder unter schweren Lasten schwitzen muß, dann am besten doch da, wo man zwischendurch hübsche Wäsche zu Gesicht bekommt!

Ein positiveres Bild der Avenue kann man kaum zeichnen, wenn wie hier sogar die Straßenarbeiter ihrer beschwerlichen Arbeit noch eine vergnügliche Seite abgewinnen können.

Die Avenue des Champs-Élysées ist zu einem Mythos geworden, der trotz der starken Veränderungen der ehemaligen Prachtstraße weiterlebt. Besonders deutlich wird das in dem Chanson *Les Champs-Elysées (Oh Champs-Elysées)* (1969). Die Verse stammen von dem Chansontexter Pierre Delanoë (1918–2006), der auch für Edith Piaf, Gilbert Bécaud und Michel Sardou gearbeitet hat. Das Lied machte den französisch-US-amerikanischen Sänger Joe Dassin weltweit bekannt.

Da das Lied mit französischem Text bekannt wurde, werden hier die erste und dritte Strophe mit dem Refrain in der Originalfassung wiedergegeben:

Les Champs-Elysées
Je m'baladais sur l'avenue le cœur ouvert à l'inconnu
J'avais envie de dire bonjour à n'importe qui
N'importe qui et ce fut toi, je t'ai dit n'importe quoi
Il suffisait de te parler, pour t'apprivoiser

Aux Champs-Elysées, aux Champs-Elysées
Au soleil, sous la pluie, à midi ou à minuit
Il y a tout ce que vous voulez aux Champs-Elysées […]

Hier soir deux inconnus et ce matin sur l'avenue
Deux amoureux tout étourdis par la longue nuit
Et de l'Étoile à la Concorde, un orchestre à mille cordes
Tous les oiseaux du point du jour chantent l'amour

Aux Champs-Elysées, aux Champs-Elysées
Au soleil, sous la pluie, à midi ou à minuit
Il y a tout ce que vous voulez aux Champs-Elysées

OH CHAMPS-ELYSÉES

Ich ging allein durch diese Stadt,
Die allerhand zu bieten hat,

Da sah ich dich vorübergehn
Und sagte: „Bonjour“.
Ich ging mit dir in ein Café,
Wo ich erfuhr, du heißt Renée,
Wenn ich an diese Stunde denke,
Singe ich nur:

Oh, Champs-Elysées,
Oh, Champs-Elysées,
Sonne scheint, Regen rinnt,
Ganz egal, wir beide sind
So froh, wenn wir uns wiedersehn,
Oh Champs-Elysées. […].

Wir kennen uns seit gestern erst,
Doch wenn Du nun nach Hause fährst,
Dann sagen zwei Verliebte leise: „Au revoir“,
Von „La Concorde“ bis zum „Étoile“
Erklingt Musik von überall.
Ja das ist eine Liebe, die hält hundert Jahr.

Oh, Champs-Elysées,
Oh, Champs-Elysées,
Sonne scheint, Regen rinnt,
Ganz egal, wir beide sind
So froh, wenn wir uns wiedersehn,
Oh Champs-Elysées.

Das Chanson übt eine starke Wirkung durch seine musikalisch unkomplizierte Struktur und seine einfache Botschaft aus, die Verbindung des Mythos des schicksalhaften Liebesereignisses mit dem der Avenue des Champs-Élysées, auf der die Begegnung stattfindet.

Die alte Prachtstraße hat in den letzten Jahrzehnten an Prestige verloren. Luxusgeschäfte wanderten in die Nebenstraßen ab, Fastfood-Restaurants, Drugstores und wenig attraktive internationale Ketten machten sich breit. Die Avenue ist nur noch ein großer Boulevard. Auch eine Neugestaltung zu Beginn der neunziger Jahre änderte daran nichts Wesentliches.

Doch der Mythos vergangenen Glanzes wirkt weiter. An jedem Nationalfeiertag Frankreichs, dem 14. Juli, findet – seit dem Jahre 1919 – die große Militärparade auf der Avenue statt. Zur Zweihundertjahrfeier des Sturms auf die Bastille 1989 nahmen dort etwa eine Million Menschen an der Festveranstaltung teil. Auch sportliche Großereignisse werden auf der Avenue gefeiert. Jede Tour de France beendet ihre letzte Etappe auf den Champs-

Élysées. Und natürlich feierten die Franzosen den Gewinn der Fußballweltmeisterschaft im Juli 1998 auch auf dieser geschichtsträchtigen Allee.

Geht man die Avenue von der Place de la Concorde auf ihr anderes Ende zu, gelangt man zu einem weiteren berühmten Pariser Platz, der Place de l'Étoile, seit 1970 zu Ehren des ehemaligen Kriegshelden und Staatspräsidenten auch Place Charles-de-Gaulle genannt. Der erste Name, den die Hauptstadtbewohner meist auch heute noch verwenden, geht auf die Anhöhe zurück, die schon im 18. Jahrhundert Butte de l'Étoile (Sternhügel) hieß, weil hier fünf Straßen sternförmig zusammenstießen. König Ludwig XV. ordnete im Jahre 1768 die Verlängerung der Avenue des Champs-Élysées bis zum Nachbarort Neuilly (heute Neuilly-sur-Seine) an. Damit verbunden war die Abtragung des kleinen Hügels um etwa fünf Meter, der damals ein Hindernis für die Kutschen war. Aber noch am Vorabend der Französischen Revolution stellte die Place de l'Étoile die Pariser Stadtgrenze dar, an zwei Zollhäusern wurden deshalb Steuern und Abgaben kassiert.

Die völlige Neugestaltung des Platzes geht auf Napoleon Bonaparte zurück. Nach der erfolgreichen Dreikaiserschlacht bei Austerlitz im Dezember 1805 ordnete er nicht nur den Bau des Arc de Triomphe du Carrousel in den Tuileriengärten an, sondern beauftragte auch fast gleichzeitig den Architekten Chalgrin, ein noch eindrucksvolleres - monumentales - Denkmal zu Ehren seiner erfolgreichen großen Armee an der Place de l'Étoile zu errichten. Schon im August 1806 konnte der Grundstein zum Arc de Triomphe de l'Étoile gelegt werden.

Während der kleine Triumphbogen schon 1808 vollendet wurde, kamen die Arbeiten am großen Bauvorhaben nicht recht voran. Da Napoleon Bonaparte bei den Feierlichkeiten zu seiner Hochzeit mit der Großherzogin Marie-Louise von Österreich im Jahre 1810 den Triumphbogen seiner Auserwählten gerne protzig präsentiert hätte, der Bau aber bis zu diesem Zeitpunkt kaum aus dem Boden herausragte, ließ er eine Kulisse aus Holzgestellen im Maßstab 1:1 bauen und mit bemalten Tapeten verkleiden, die den Endzustand simulieren sollten.

Durch den Tod des Architekten im folgenden Jahr und durch die politischen Wirren am Ende des Ersten Kaiserreichs wurden die Arbeiten zunächst eingestellt. Honoré de Balzac hat diesen Zustand des Baus in seinem Roman *Illusions perdues (Verlorene Illusionen)* kurz erwähnt. Das Werk wurde als Ganzes zwar erst 1843 veröffentlicht, die Handlung spielt aber in den Jahren 1821/1822. In dem Text, der oben als Beispiel für das lebendige Treiben auf den Champs-Élysées zitiert wurde, heißt es am Ende: „Er [...] kam zum Arc de Triomphe, der damals begonnen worden war".

Erst nach den militärischen Siegen gegen Spanien im Jahre 1823 befahl König Ludwig XVIII. die Fortsetzung der Bauarbeiten. Zusätzlich regte er den 21-jährigen Victor Hugo, der gerade begann, als Dichter Profil zu gewinnen, dazu an, dem zu vollendenden Triumphbogen ein Gedicht zu widmen. Vom König hatte Hugo schon im Jahre 1822 eine Zuwendung für seine Sammlung *Odes et Poésies diverses (Oden und verschiedene Dichtungen)* erhalten, die das bourbonische Herrschergeschlecht gebührend gewürdigt hatte. Nun erschien das Gedicht über den Triumphbogen in einer erweiterten Ausgabe der Sammlung unter dem Titel *Nouvelles Odes (Neue Oden)* im März 1824 als achte Ode des zweiten Buches (À l'Arc de triomphe de l'Étoile). Der royalistisch gesinnte Dichter erwähnt nicht nur die Lilie als Symbol im königlichen Wappen und als Huldigung an den Herrscher, sondern würdigt auch den damals offiziell verfemten Napoleon, der das Bauwerk zu seinem Ruhm errichten ließ:

Auf den Triumphbogen der Etoile

I

Frankreich hat Gräber, Hallen, Prachtpaläste,
Eisgraue Schlösser, alte Fahnenreste,
– Heroenschmuck, errungen durch Gefahr;
Sein hoher Mut voll herrlicher Exempel,
Holt, um zu zieren seine stolzen Tempel,
Prachtstücke mitten aus der Feindesschar.

In seinen denkmalreichen Städten stehen
Roms Götter, Memphis schwarze Mausoleen,
Venedigs Leu hat schon in ihm geruht;
Und fehlt ihm Erz, die neuen Säulenriesen
Für sein unendlich Babylon zu gießen,
So nimmt's Metall vom Feinde als Tribut!

Wenn es zum Kampf in blanker Rüstung gehet
Und ihm voran die Oriflamme wehet,
Die lilienvolle, mit dem Feuerschein:
So scheucht es Heere ähnlich einer Herde;
Doch den Besiegten schenkt's, wie Steckenpferde,
Die abgenomm'nen Fahnen hintendrein.

II

Siegbogen du! dein Scheitel schien verwettert,
Noch eh' er ward, als deinen Herrn zerschmettert
Der Donnerkeil. Jetzt stehst du groß und hehr,
Von unserm neuen Tatenschwung gehoben!

Denn auch nicht ein *Ruhmdenkmal will verschoben*
Und unvollendet leiden unser Heer!

Des Heldenführers Namen sag den Zeiten!
Und deiner Stirne Inschrift soll bedeuten:
Kein Lorbeer sei dem Frankenschwert zu hoch.
Zum Himmel hebe dich, Triumphesbogen!
Daß unser Ruhm, wenn er nun kommt gezogen,
Nicht bücken muß den Riesennacken noch!

Die deutsche Übersetzung von Heinrich Elsner aus dem Jahre 1841 gibt das starke Pathos und die antiken Bezüge des Originaltextes in der Sprache der damaligen Zeit gut wieder.

Nach über dreißig Jahren wurden schließlich die Arbeiten an dem monumentalen Bauwerk 1836 durch den Architekten Blouet beendet. Auf dem Platz ragt am erhöhten Ende der Champs-Élysées nun der Arc de Triomphe de l'Étoile mit einer Höhe von fast 50 Metern und einer Breite von fast 45 Metern als größter Triumphbogen der Welt wuchtig in den Himmel empor. Die Harmonie der Proportionen und das Gleichgewicht der verschiedenen Bauelemente werden bis heute als hervorragende Qualitäten des Bauwerks gerühmt. Auf den breiten Fassadenseiten stellen vier Hochreliefs mit riesenhaften Skulpturen wesentliche Ereignisse der siegreichen Armeen aus der Zeit der Französischen Revolution und des Ersten Kaiserreichs dar. Das bedeutendste Werk ist François Rudes *Aufbruch der Freiwilligen von 1792*, das meist *La Marseillaise* genannt wird. Die Namen von 128 Schlachten und von 660 Generälen aus dieser Zeit sind auf den Innenseiten des Triumphbogens verzeichnet.

Schon ein Jahr nach der Einweihung erschien 1837 in Victor Hugos lyrischem Sammelband *Les Voix intérieures (Innere Stimmen)* ein weiterer Lobpreis des Bauwerks. In dem achtteiligen, sehr umfangreichen Gedicht wird der Triumphbogen schon gleich zu Anfang in ein menschliches Wesen verwandelt und direkt angesprochen:

Von weitem schon erfüllt beim goldnen Sonnenuntergang
Das Blau des Himmels Deine Wölbung, Du großer Bogen ohne Maß;
Du hebst so hoch die Stirne breit und heiter,
Die das Gelände unter Dir in einen Abgrund wandelt
Und einen Halt verschafft dem stolz erhabnen Adler,
Der dann – aus Erz gebildet – auf Dir sich niederlassen wird.

Oh mächtig aufgetürmte Schicht gemeißelter Geschichte.
Ein Berg von Stein, der auf dem Berg des Ruhmes sitzt,

Du großes Bauwerk voller Pracht!
Du, den der Mensch, der dieses Säkulum in Gang setzt,
von weitem sah im Strahl der Zukunft ohne Ende
Im vollen Glanze stehen.

Nein, noch nicht vollendet bist Du, obwohl doch herrlich anzuschaun!
Nein, weil auch niemand, der im Schatten hier im Gras sitzt,
Das Auge träumend – starr auf Deine Mauern im Triumph blickt.
Vielmehr irrt hier die ganze Stadt verstört zwischen den Pfeilern
Ameisenhaufen gleich zu Füßen eines Elefanten.

Doch etwas fehlt noch Deiner königlichen Schönheit,
Jahrhunderte bedarf es zu Deiner Herrlichkeit
Die sie Dir schaffen werden.
Es fehlt auf Deinem Haupt das Dunkel angehäufter Jahre [...].

Die gewandelte politische Situation seit Hugos erstem Gedicht, das 1923 entstanden war, wird hier erkennbar. Im Jahre 1830 änderte die Julirevolution die Machtverhältnisse, der Bürgerkönig Louis-Philippe übernahm die Herrschaft. Das Gedicht zeigt, dass sich das Bild Napoleons in der Sicht der Öffentlichkeit und in der Auffassung der Schriftsteller verändert hat. Der Kaiser und General, der im Jahre 1821 auf der Insel St. Helena gestorben war, wird nun pathetisch als „der Mensch, der dieses Säkulum in Gang setzt", bezeichnet. Am Ende dieses ersten Teilgedichts wird Napoleon Bonaparte sogar mit Kyros dem Großen, dem Schöpfer des Perserreiches, auf eine Stufe gestellt:

Der Greis, mit Tagen ohne Zahl belastet, der seinen jungen Sohn
Unter dem Bogen, der voll im Schatten liegt, hindurchführt,
Wenn er auf ihn mit seinen dürren Händen zeigt,
Muss dann Napoleon wie Kyros bei ihren Namen nennen
Und sagen: „Sieh dieses riesenhafte Tor, dreitausend Jahre alt,
Dort sind entschwundne Menschen einstmals hindurchgeschritten!"

Damit werden Napoleon und der Triumphbogen in die Kontinuität der Geschichte eingeordnet und als vorbildlich herausragende historische Beispiele gefeiert.

Victor Hugo verfolgt mit der Gedichtsammlung *Innere Stimmen* auch eine ihm persönlich wichtige Angelegenheit: Bei der eingemeißelten Auflistung der für die Revolution und das Kaiserreich bedeutenden Generäle auf dem Triumphbogen sind verschiedene Fehler unterlaufen, deren eventuell nötige Korrekturen auch heute noch diskutiert werden. Für Hugo besteht das größte Versehen darin, dass man es unterlassen hat, seinen Vater, den bonapartistischen General, auf dieser Liste zu erwähnen. Deshalb sieht er es als seine Aufgabe an, diesen Fehler zu korrigieren. „Frankreich hat das Recht zu vergessen, die Familie das Recht, sich zu erinnern", heißt es im Vorwort zu den *Inneren Stimmen*. Die Widmung, die Victor Hugo dieser Gedichtsammlung vorausgestellt hat, lautet:

FÜR
JOSEPH-LÉOPOLD-SIGISBERT
GRAF HUGO
GENERALLEUTNANT DER ARMEEN DES KÖNIGS

GEBOREN 1774.
FREIWILLIGER 1791.
OBERST 1803.
BRIGADEGENERAL 1809.
PROVINZGOUVERNEUR 1810.
GENERALLEUTNANT 1825.
GESTORBEN 1828.

NICHT AUF DEM TRIUMPHBOGEN VERZEICHNET.

VOLLER EHRFURCHT SEIN SOHN
V. H.

Der Arc de Triomphe spielte auch bei der Rückführung der sterblichen Überreste Napoleons von der Insel St. Helena nach Paris eine bedeutsame Rolle. Der Wagen mit dem Sarg wurde im Triumph zur Place de l'Étoile geführt und blieb eine Zeitlang unter dem Bogen stehen, bevor er in den Invalidendom überführt wurde.

Eine ähnliche Ehre wurde über vierzig Jahre später auch dem Dichter der Lobeshymnen auf den Arc de Triomphe, Victor Hugo, zuteil. Nach seinem Tod im Jahre 1885 verharrte der Sarg in der Nacht unter dem Triumphbogen und wurde am nächsten Morgen ins Panthéon überführt.

Der Place de l'Étoile war schon vorher – 1854 – im Rahmen der städtebaulichen Umgestaltung von Paris durch den Präfekten Baron Haussmann neu angelegt worden. Er hatte zuvor einen eher ländlichen Charakter, den Victor Hugos zitierter Text aus dem Jahre 1837 („niemand der im Schatten hier im Gras sitzt …") und zeitgenössische Darstellungen belegen. Der Platz wurde im 19. Jahrhundert auf einen Durchmesser von 230 Metern ausgebaut; zusätzlich schaffte man sieben neue Avenuen, die ebenfalls sternförmig ausstrahlen, sodass heute die symbolisch bedeutsame Zahl von zwölf

Alleen zusammentrifft. Die Randbebauung erfolgte durch den Architekten Hittorff, der schon die Place de la Concorde umgestaltet hatte. Der heutige gigantische Verkehrsknotenpunkt war durch die Umgestaltung schon vorprogrammiert.

Eine Fahrt vom Bois de Boulogne zurück nach Paris beschreibt der Schriftsteller Guy de Maupassant (1850–1893) in seinem Roman *Bel Ami* (1885). In diesem Werk geht es um Korruption und Geschäftemacherei, besonders im Pressewesen und in der Politik der Dritten Republik. Der ehrgeizige und skrupellose Journalist George Duroy hat vor Kurzem die Witwe seines verstorbenen Freundes und Förderers Forestier geheiratet und unternimmt mit ihr an einem Sommerabend eine Fahrt in einer offenen Pferdedroschke in den Bois de Boulogne. Die Ausflüge in diesen Wald haben symbolischen Charakter: Die Kutschenfahrt nutzen verliebte Pärchen, um sich erotisch näher zu kommen. Auf dem Rückweg in die Hauptstadt erscheint ihnen von Weitem das nächtliche Paris und – in personifizierter Form – der Arc de Triomphe.

> *Der Wagen fuhr schneller. Er fuhr wieder an den Festungswerken vorbei.*
>
> *Duroy betrachtete vor sich die rötliche Helligkeit am Himmel, die dem Feuerschein einer riesigen Schmiede glich. Und er hörte ein unentwirrbares, gewaltiges, anhaltendes Brausen, aus zahllosen verschiedenen Geräuschen zusammengesetzt, ein dumpfes, bald nahes, bald fernes Brausen, ein unbestimmtes, ungeheures Pulsieren des Lebens, der Atem von Paris, das in dieser Sommernacht wie ein von Ermüdung erschöpfter Koloß schnaubte. […].*
>
> *Der Arc de Triomphe de l'Etoile erschien am Eingang der Stadt, auf seinen beiden ungeheuerlichen Beinen stehend, eine Art unförmiger Riese, der drauf und dran war, sich aufzumachen und die breite, vor ihm offen daliegende Avenue hinunterzumarschieren.*

Die militärische Tradition des Bauwerks verband man nach dem Ersten Weltkrieg im Januar 1921 mit der Errichtung des Grabes des Unbekannten Soldaten am Fuße des Bogens. Die Flamme wird jeden Abend um 18.30 Uhr von Veteranen wieder entzündet. Das Grab ist auch der Ort für militärische Gedenkfeiern und offizielle Zeremonien, besonders bei Besuchen ausländischer Staatsgäste.

Welch starke Wirkung die französische Hauptstadt auch im 20. Jahrhundert auf eine Person aus der Provinz ausübt, schildert Louis Aragon in dem schon zitierten Roman *Aurélien* aus dem Jahre 1944, dessen Handlung aber nach dem Ersten Weltkrieg spielt. Die Apothekersgattin Bérénice ist erst kürzlich nach Paris gekommen und genießt das Leben und die neuen Freiheiten in der Stadt. Im Zentrum ihrer Entdeckungen steht zu Beginn die Place de l'Étoile:

> *Alles ist leicht in Paris. Nichts ähnelt sich hier jemals. Es gibt Straßen, Boulevards, durch die man zum hundertstenmal genausogern flaniert wie zum erstenmal. [...]. Nehmen wir die Place de l'Étoile ... Um die Étoile herumgehen, aufs Geratewohl in eine Avenue einbiegen und sich, ohne wirklich gewählt zu haben, in einer Welt befinden, die von der, in die die nächste Avenue hineintaucht, vollkommen verschieden ist. [...]. Die Étoile herrscht über verschiedenartige Welten wie über Lebewesen. Welten, in die ihre Lichtarme hineintauchen. [...].*
>
> *Plötzlich gab die Stadt einen weiten Ausblick frei, und Bérénice trat aus diesem Universum, das sie erschreckte und gleichzeitig anzog, hinaus und sah in der Ferne den Arc de Triomphe und auf ihn zulaufend die Linie der Bäume mit ihrem sauber in einem Gitter gefangenen Stamm. Wie schön ist doch Paris!*

Aber die Literatur kann mit der mythischen Größe und der historischen Würde des Bauwerks auch ironisch und respektlos umgehen. Wie bei der Kathedrale Notre-Dame ist es wieder Raymond Queneau, der den Triumphbogen sarkastisch mit Hohn überzieht:

> *Problem der Weltbeschreibung*
>
> *Wenn die Sonne langsam*
> *Hinter dem Arc de Triomphe untergeht*
> *Den dieser üble großtuerische Offizier*
> *Namens Napoleon errichten ließ*
> *Dann scheint es, dass dieses himmlische Ding*
> *Sich aufbläht, sich aufbläht*
> *Und aufglüht wie Kohlenglut bevor*
> *Bevor es schlafen geht auf der Seite*
> *Nach Vernon hin.*

Zur Zweihundertjahrfeier der Französischen Revolution im Jahre 1989 wurde der Triumphbogen von Grund auf renoviert.

Die Plattform des Arc de Triomphe bietet einen der schönsten Ausblicke auf Paris. Hier kann man auch den „Triumphweg" von sieben Kilometern Länge verfolgen, der bedeutende Sehenswürdigkeiten der Stadt verbindet. Die Strecke führt in einer geraden Linie vom Louvre – vom Mittelpunkt des Innenhofes aus – über die Glaspyramide, den Arc de Triomphe du Carrousel, den Obelisken der Place de la Concorde und die Champs-Élysées zum Triumphbogen. Auf der anderen Seite geht es weiter über die Avenue de la Grande Armée bis hin zur Grande Arche im neu erbauten

Arc de Triomphe

Viertel La Défense, dem „Manhattan" von Paris. Dieser große Kubus, der vom dänischen Architekten Johann Otto von Spreckelsen entworfen und ebenfalls zur Zweihundertjahrfeier der Französischen Revolution eingeweiht wurde, übertrifft mit seiner Höhe von 100 Metern den Arc de Triomphe de l'Étoile um das Doppelte. Dieses monumentale Bauwerk, eine der Zukunft zugewandte offene Tür, führt den Pariser Triumphweg vom Innenhof des Louvre weiter in Richtung auf die westlichen Vororte der Hauptstadt hin.

Victor Hugo hat in seinem oben zitierten Gedicht über den Arc de Triomphe 1836 das Bauwerk als eine „arche demesurée" („einen Bogen ohne Maß") bezeichnet. Es scheint fast so, als habe der Dichter, der gerne in Zukunftsphantasien schwelgte, die Grande Arche schon schemenhaft vor seinem geistigen Auge gesehen.

5. Von der Opéra Garnier über den Palais-Royal zur Madeleine

Opéra Garnier - Boulevard des Italiens - Passage des Panoramas - Palais-Royal - Place Vendôme - Madeleine

Métro-Linien 3, 7, 8: Haltestelle Opéra

Die Opéra Garnier ist ein repräsentativer Prunkbau aus der Zeit des Zweiten Kaiserreichs. Sie wurde im Jahre 1875 als - chronologisch - dreizehntes Opernhaus der französischen Hauptstadt eingeweiht und diente bis 1989 als Spielstätte der Pariser Oper. Natürlich wurden auch vorher schon Opern in der Stadt aufgeführt. Dabei zeigt die Geschichte der Pariser Opernbühnen eine ähnliche Dramatik wie die Handlungsstränge in den Opern selbst: Sechs Spielstätten wurden durch Brände zerstört und zwei Attentate auf hochstehende politische Persönlichkeiten vor den Opernhäusern verübt.

Von 1673 bis 1763 und von 1770 bis 1781 fanden hundert Jahre lang Aufführungen in einem großen Theatersaal des Palais-Royal statt; zweimal - in den Jahren 1673 und 1781 - wurde diese Spielstätte durch Feuer vernichtet.

Zwei Schriftsteller des 18. Jahrhunderts, die durch die Schilderung ihrer Pariser Spaziergänge die fiktiven Flaneure des 19. Jahrhunderts vorwegnehmen, berichten vom dramatischen Opernbrand des 7. Juni 1781. Der schon erwähnte Louis-Sébastien Mercier beschreibt in seinem *Tableau de Paris (Mein Bild von Paris)* persönliche Eindrücke beim Anblick des Feuers; ihn ergreift Schrecken, aber er ist zugleich fasziniert von der Flammensäule:

> *Es war zugleich schrecklich und sonderbar, die große pyramidenförmig aufsteigende Flamme zu sehen, die vom Schnürboden des Theaters ungestüm emporloderte und sich nacheinander in allen Farbabstufungen präsentierte.*

Der andere Spaziergänger, Rétif de la Bretonne, berichtet in seinem Werk *Les Nuits de Paris (Pariser Nächte)* aus dem Jahre 1788 von ganz anders gearteten Reaktionen auf diesen Brand. Die Oper wurde damals nicht nur als Stätte der Kultur und Unterhaltung betrachtet, sondern galt besonders im gehobenen Bürgertum auch als Ort des Lasters und der Wollust:

Nachdem ich den schrecklichen Brand gesehen hatte, entfernte ich mich ein wenig von diesem Ort. In der Umgebung des Palais-Royal sah ich alle Diener eines bedeutenden Hauses überstürzt zurückkehren. Ich kannte einen von ihnen, der mich bat, einzutreten. „Wollen Sie die Rüge hören", sagte er mir, „die wir von der Hausherrin erhalten werden? Als wir das Feuer gerade bemerkten, sind wir herbeigeeilt. Die Hausherrin erkundigte sich, und als sie erfahren hatte, dass es die Oper betraf, hat sie uns ausrichten lassen, nur den Nachbarhäusern zu Hilfe zu eilen. Nachdem sie dann erfuhr, dass man das Feuer eingegrenzt hatte, ließ sie uns holen. Da wir nicht kamen, wurde sie furchtbar wütend. ‚Ich schmeiße sie alle raus! Was! Sie helfen dem Haus des Teufels! Dem Tempel der Wollust! […]'"

Nach diesem Bericht des Dieners hört Rétif de la Bretonne dann selbst, wie die Hausherrin ihren Zorn laut herausschreit:

„Wie! Trotz meines Verbots dem Teufel helfen! Sie sollen verbrennen, verbrennen und nochmals verbrennen, alle diese Ausgeburten der Hölle! Sie sollen verbrennen wie er! Ich will nicht, dass ein einziger Schauspieler und Zuschauer davonkommt."

Nach dem großen Brand 1781 wurde der Spielbetrieb der Pariser Oper nach zwei Zwischenstationen für über fünfzehn Jahre schließlich in die Salle Mantansier in der Rue de Rivoli verlegt (am heutigen Square Louvois). Doch das Attentat auf den Herzog von Berry am 13. Februar 1820 nach dem Ende einer Opernaufführung veranlasste König Ludwig XVIII., das Haus abreißen zu lassen. Für 52 Jahre zog die Pariser Oper nun von August 1821 an in die Rue le Peletier nahe dem Boulevard des Italiens. Hier fanden bedeutende Opernaufführungen statt. Adel und Großbürgertum feierten sie als gesellschaftliche Ereignisse.

Honoré de Balzac hat das Verhalten der verschiedenen sozialen Schichten in der Oper anschaulich geschildert. In seinem Roman *Illusions perdues (Verlorene Illusionen)*, dessen Handlung im Eröffnungsjahr des Opernhauses Le Peletier (1821) beginnt, sammelt der gerade aus der Provinz nach Paris gekommene Dichter Lucien de Rubempré während einer Aufführung seine ersten gesellschaftlichen Erfahrungen.

Lucien hatte schon nach seiner Ankunft bemerkt, dass seine Provinzkleidung in Paris für ein gesellschaftliches Vorankommen völlig ungeeignet war und sich nach seinen Vorstellungen neu einkleiden lassen. Madame de Bargeton, mit der er liiert ist, hat ihn in die Opernloge ihrer Freundin, der Marquise d'Espard, eingeladen. Nun versucht er, da er keine Eintrittskarte hat, am Eingang der Oper in den Zuschauerraum zu gelangen:

Um sieben Uhr abends stieg er in eine Droschke und fuhr, frisiert wie eine Wachsfigur, mit eleganter Weste und feiner Krawatte, in die Oper. Er fühlte sich in dem

> *Gehäuse, in dem er zum erstenmal steckte, ein wenig geniert. Entsprechend der Empfehlung Madame de Bargetons fragte er nach der Loge des ersten Kammerherrn. Beim Anblick eines Mannes, dessen geborgte Eleganz ihn nicht einem ersten Kammerherrn, sondern einem ersten Hochzeitskellner ähnlich machte, ersuchte ihn der Logenschließer, sein Billet vorzuzeigen.*
>
> *„Ich habe keins."*
>
> *„Dann können Sie nicht eintreten", antwortete man ihm trocken. „Aber ich gehöre zur Gesellschaft von Madame d'Espard", sagte er. „Wir sind nicht verpflichtet, das zu wissen", meinte der Angestellte und konnte sich nicht enthalten, mit seinen Kollegen ein unmerkliches Lächeln auszutauschen.*
>
> *In diesem Augenblick hielt ein Wagen unter dem Säulengang, Ein Leibjäger, den Lucien nicht wiedererkannte, ließ den Wagentritt herunter, und zwei geputzte Frauen stiegen heraus. Lucien, der von dem Logenschließer keine unverschämte Bemerkung, er solle Platz machen, hören wollte, trat vor den beiden Damen zurück.*
>
> *„Aber diese Dame ist die Marquise d'Espard, die Sie zu kennen behaupten", sagte der Logenschließer in ironischem Ton zu Lucien. Lucien war sehr verdutzt, und um so mehr, als Madame de Bargeton tat, als ob sie ihn in seinem neuen Gefieder nicht kennte; aber als er auf sie zutrat, lächelte sie ihm zu und sagte: „Das trifft sich vortrefflich; kommen Sie."*
>
> *Die Logenschließer waren wieder ernsthaft geworden. Lucien folgte Madame de Bargeton, die, während man die breite Treppe hinaufging, ihren Rubempré ihrer Cousine vorstellte. Die Kammerherrnloge befindet sich in einem der Balkonvorsprünge in der Mitte des Theaters; man sieht dort nach allen Seiten und wird von allen Seiten gesehen. Lucien setzte sich hinter Madame de Bargeton auf einen Stuhl und war zufrieden, daß er im Dunkel saß.*
>
> *„Monsieur de Rubempré", sagte die Marquise in sehr freundlichem Tone, „Sie besuchen die Oper zum erstenmal, Sie müssen alles sehen. Nehmen Sie diesen Platz, setzen Sie sich nach vorn, wir erlauben es Ihnen." Lucien gehorchte. Der erste Akt der Oper näherte sich dem Ende.*

Es wird Antonio Salieris fünfaktiges, für die Pariser Oper komponiertes Werk *Les Danaïdes (Die Danaïden)* mit großem Prunk aufgeführt; die letzte Szene spielt in der Unterwelt. Die Hölle, eine von Balzac oft gebrauchte Metapher zur Charakterisierung der Pariser Gesellschaft, sieht Lucien de Rubembré im doppelten Sinn. Er beginnt die ihn neu umgebende Welt der französischen Hauptstadt zu begreifen:

> *Er [Lucien] mußte sich, als er die Männer sah, die im Foyer dahin wandelten, eingestehen, daß seine Kleidung recht lächerlich war, und setzte sich wieder in die Ecke seiner Loge. Dort war er bis zum Ende der Vorstellung fortwährend durch das prächtige Schauspiel des Balletts im fünften Akt, das durch seine Hölle so berühmt ist, dann durch den glänzenden Zuschauerraum, in dem sein Blick von Loge zu Loge schweifte, und schließlich durch seine eigenen Gedanken in*

Anspruch genommen, die angesichts der Pariser Gesellschaft recht eindringlich waren.

„Das ist also mein Reich“, dachte er sich, „das ist die Welt, die ich erobern soll!“.

Lucien de Rubempré versucht sein Glück in Paris, kommt als Journalist voran, scheitert aber schließlich und lebt wieder in der Provinz. Zwei Jahre später kehrt er allerdings in die französische Hauptstadt zurück und beginnt mit neuem Elan und verändertem Verhalten, die Gesellschaft noch einmal zu erobern. Was wäre ein besserer Wiedereintritt in die Welt des Adels und des Großbürgertums als der Besuch des Pariser Opernballs? Balzac schildert dieses Ereignis im Fortsetzungsband der *Verlorenen Illusionen*, dem Roman *Splendeurs et Misères des Courtisanes (Glanz und Elend der Kurtisanen)*, dessen vier Teile in den Jahren 1838 bis 1847 erschienen:

Beim letzten Opernball des Jahres 1824 wurden mehrere Masken von der Schönheit eines jungen Mannes beeindruckt, der in den Gängen und im Foyer auf und ab ging, als suche er eine durch unvorhergesehene Umstände in ihrem Hause zurückgehaltene Frau. [...]. Bei jenem ungeheuren Stelldichein beobachtet die Masse nur wenig; die Interessen sind leidenschaftlich, selbst der Müßiggang ist beschäftigt. Der junge Dandy war von seiner unruhigen Suche so sehr in Anspruch genommen, daß er seinen Erfolg gar nicht bemerkte: die spöttisch bewundernden Rufe gewisser Masken, das ernsthafte Erstaunen, die beißenden ‚lazzi‘, die süßesten Worte hörte und sah er nicht. Obgleich er seiner Schönheit wegen zu jenen Ausnahmen gehörte, die den Opernball besuchen, um dort ein Abenteuer zu erleben, und die es erwarteten, wie man zu Zeiten Frascatis einen glücklichen Coup beim Roulette erwartete, so schien er doch eines erfolgreichen Abends sicher wie ein Bürger; gewiß war er der Held einer jener unter dem Deckmantel der Verschwiegenheit ablaufenden Dreiecksgeschichten, aus denen der ganze Opernball besteht und die nur denen bekannt sind, die eine Rolle darin spielen; denn für die jungen Frauen, die hingehen, um sagen zu können: ‚ich bin dabeigewesen‘, für Provinzler, für unerfahrene junge Leute und Fremde muß die Oper an diesen Abenden der Palast der Ermüdung und der Langeweile sein. Für sie ist dieses schwarze, behäbige Menschengewimmel, das kommt und geht, sich schlängelt, dreht und wendet, hinauf- und hinabsteigt – allein einem Ameisenhaufen vergleichbar – ebenso unbegreiflich, wie die Börse einem bretonischen Bauern, der nichts vom Dasein der Staatspapiere weiß.

Der Vergleich zwischen der Oper und der Börse zeigt die hohe gesellschaftliche Bedeutung des Musiktheaters, das auch als Anziehungskraft für das in der Wirtschaft tätige Großbürgertum dient: Es wird immer mehr Teil des Publikums der großen Bühnen. Lucien dokumentiert durch den Besuch des Opernballs seine Zugehörigkeit zu den führenden Gesellschaftsschichten.

Parallel zur Entwicklung von Paris zur ‚Hauptstadt des XIX. Jahrhunderts' wird hier auch die Oper zu einem der führenden Musiktheater Europas. Nach der romantischen Oper ist es besonders die Grand Opéra der Komponisten Auber, Halévy und Meyerbeer, die durch ihre prunkvollen Aufführungen mit umfangreichen Ballett- und Chorszenen das Pariser Publikum in die Oper der Rue Le Peletier strömen lässt.

Aber auch dieses Haus steht unter keinem günstigen Stern. Am 14. Januar 1858 wird auf Napoleon III. und die Kaiserin Eugénie ein Attentat verübt, das mehrere Opfer fordert und große Schäden anrichtet. Das kaiserliche Ehepaar bleibt unverletzt. Nun steht der Entschluss Napoleons III. fest: Es muss ein Pariser Opernhaus an einem sicheren Ort errichtet werden! Im Jahre 1860 vergibt der Kaiser den Auftrag zum Bau der ‚Académie nationale de musique et de danse' – wie die Oper offiziell genannt wird. Napoleon III. wollte durch das zukünftige Opernviertel Paris ‚zur schönsten Stadt des Universums' machen. Dafür wird der Bereich der großen Boulevards ins Auge gefasst, den der Präfekt Baron Haussmann städtebaulich vorbereitet. Nach einem Wettbewerb wählt man den Entwurf des bis dahin unbekannten Architekten Charles Garnier aus, und im Jahre 1862 erfolgt die Grundsteinlegung am heutigen Standort. Die Arbeiten erweisen sich allerdings als äußerst schwierig. Der Baugrund ist ein sumpfiges Gelände, auf dem zuerst das Grundwasser abgeleitet werden muss. Man sammelt es in einem unterirdischen Becken, das noch heute existiert und als Löschreserve für Brände dienen soll. Die verborgene Wasserfläche unter dem Opernhaus hat die Phantasie der Schriftsteller angeregt, der der Autor Gaston Leroux in seinem Werk *Das Phantom der Oper* freien Lauf lässt.

Die Arbeiten am neuen Opernhaus werden nicht nur durch den schwierigen Untergrund, sondern auch durch die einschneidenden politischen Ereignisse, den Deutsch-Französischen Krieg von 1870/71 und den Aufstand der Commune von März bis Mai 1871 verzögert. Die feierliche Einweihung der Opéra Garnier findet schließlich am 5. Januar 1875 durch den Präsidenten der Dritten Republik, den Grafen Mac Mahon, statt; Napoleon III. war schon zwei Jahre zuvor im Exil gestorben.

Das Gebäude ist nach der Fläche – nicht aber nach der Zahl der Zuschauerplätze – das größte Opernhaus der Welt. Das Repräsentieren war für das Zweite Kaiserreich auch deshalb so bedeutsam, weil am Ende die politische Legitimation des Herrschaftssystems fehlte und Ersatz dafür in einem kostspieligen Gebäude für die Scheinwelt der Oper gesucht wurde. Der Palais Garnier prunkt in seinem monumentalen Äußeren mit einer reich verzierten Hauptfassade, den sieben Rundbogenarkaden im Erdgeschoss, der offenen

Opéra Garnier

Loggia mit sechzehn großen korinthischen Säulen im Obergeschoss und reichen ikonographischen Schmuckelementen. Im Innern dient die aufwendige Ausstattung dem Repräsentationsverlangen des reichen Großbürgertums: das große Foyer, die eindrucksvolle Ehrentreppe, der prunkvolle Zuschauerraum sowie die dekorativen Wandelgänge und Spiegelsäle.

In Guy de Maupassants schon zitiertem Roman *Fort comme la mort (Stark wie der Tod)* (1889) stellt der Opernbesuch für die erst kürzlich nach Paris gekommene Annette ein besonderes Erlebnis dar. Das achtzehnjährige Mädchen nähert sich am Abend in Begleitung des Geliebten ihrer Mutter, des Kunstmalers Bertin, und weiterer Personen dem Palais Garnier, um eine Aufführung von Gounods Oper *Faust* zu erleben – das in diesem Haus mit Abstand am häufigsten gespielte Werk. Man erhält einen lebendigen Eindruck von einem charakteristischen Opernabend in den neunziger Jahren des 19. Jahrhunderts. Maupassant beschreibt detailliert die Atmosphäre außerhalb und innerhalb des riesigen Gebäudes vor der Aufführung, den intensiven Verkehrsstrom vor der Oper, die Ankunft besonders der fein herausgeputzten Damen der Gesellschaft und die gespannte Erwartung des Publikums im Zuschauerraum:

> *Das massige Gebäude, das man ‚Die nationale Musikakademie' nennt, duckte sich unter dem schwarzen Himmel und zeigte dem Publikum, das sich davor versammelte, seine prunkvolle, weißliche Fassade mit dem marmornen Säulengang, den unsichtbare elektrische Lichter wie zur Dekoration beleuchteten.*
>
> *Auf dem Vorplatz regelte berittene Polizei den Verkehr, und aus allen Ecken von Paris kamen zahllose Wagen und gewährten hinter ihren herabgelassenen Scheiben flüchtige Blicke auf erlesene durchsichtige Stoffe und blasse Gesichter.*
>
> *Die Coupés und die Landauer fuhren der Reihe nach unter die für sie reservierten Arkaden, hielten kurz an und ließen die Damen der Gesellschaft in ihren mit Pelzen, Federn und kostbaren Spitzen geschmückten Abendmantillen zusammen mit ihrer Begleitung aussteigen, eine kostbare, himmlisch herausgeputzte Fracht.*
>
> *Ein feenhafter Zug bewegte sich die berühmte Treppe hinauf, ein ununterbrochener Zug von Damen in königlichen Roben, mit blitzenden Diamanten an Hals und Ohren und langen, über die Stufen schleifenden Schleppen.*
>
> *Der Saal füllte sich schon früh, denn niemand wollte sich auch nur einen Ton der beiden berühmten Sänger entgehen lassen; und in dem großen Amphitheater, unter dem hellen elektrischen Licht, das aus dem Kronleuchter fiel, wogte eine Menschenmenge auf der Suche nach den Plätzen, und es herrschte lautes Stimmengewirr.*
>
> *Aus der Bühnenloge, in der die Herzogin, Annette, der Graf, der Marquis, Bertin und Musadieu bereits Platz genommen hatten, sah man nur in die Kulissen, wo sich Leute unterhielten, herumrannten und sich etwas zuriefen: Bühnenarbeiter in Arbeitskitteln, Herren im Frack und Schauspieler in Kostümen. Aber hinter dem großen herabgelassenen Bühnenvorhang hörte man das dumpfe Geräusch des Publikums, man fühlte die Gegenwart einer in Bewegung und Erregung befindlichen Menschenmasse, und die Unruhe schien den Stoff zu durchdringen und sich bis in die Kulissen auszubreiten.*
>
> *‚Faust' sollte aufgeführt werden.*

Über die Pariser Oper ist aber auch mit beißendem Spott hergezogen worden, so von dem Schriftsteller und Kabarettisten Alphonse Allais (1854–1905) in einer Sammlung von 82 Erzählungen und Gedichten, die im Jahre 1887 unter dem Titel *Allais … grement* erschien (ein Wortspiel, das phonetisch auf den Gleichklang mit ‚allègrement', das heißt in vergnügter Weise, anspielt, aber die beiden ersten Silben durch den Namen des Autors ersetzt). In der kurzen skurrilen Skizze *Le vol du Grand Escalier de l'Opéra (Der Raub der großen Operntreppe)* zielt Allais direkt auf das herausragende Symbol der Prachtentfaltung des Palais Garnier: die breite, repräsentative Ehrentreppe. Bei seinem morgendlichen Inspektionsrundgang macht der Direktor der Pariser Oper, Monsieur Gailhard, eine schreckliche Entdeckung:

Die große Treppe der Oper war nicht mehr da.

Wo zum Teufel konnte sie hingekommen sein?

Am Abend hatte man die Walküre gespielt. Nach der Vorstellung war das freudig erregte Publikum die berühmten Stufen von Charles Garnier hinabgestiegen. An diesen Umstand konnte sich Monsieur Gailhard noch genau erinnern.

Das Fehlen der großen Treppe, übrigens gerade zu diesem Zeitpunkt, hätte sicherlich tausend vorwurfsvolle Bermerkungen ausgelöst, von denen viele – weit davon entfernt, unbemerkt zu bleiben – ganz im Gegenteil den Anstoß dazu gegeben hätten, sofort eine Untersuchungskommission zu benennen.

Also gab es in dieser Hinsicht keinen Zweifel, die große Operntreppe war im Laufe der gerade zu Ende gehenden Nacht verschwunden.

Doch der Direktor spürt die Räuber bald auf und nimmt sie mithilfe der Polizei fest. Es handelt sich um etwa zwölf Übeltäter, die sich die Bande der Treppenräuber nennen. Diese Bande hatte bisher nur unbequeme, enge und dunkle Treppen entwendet, sich dann aber entschlossen, prunkvollere, der Gesundheit zuträglichere Objekte zu stehlen. Dabei sei ihnen sofort die große Operntreppe eingefallen. Doch die Geschichte endet zur Zufriedenheit aller. Der Direktor verspricht, nichts gegen die Diebe zu unternehmen, wenn sie die Treppe wieder an Ort und Stelle aufbauen, was der Bandenchef reumütig verspricht. „Auf diese Weise konnte ein so seltsames Geschehen zuerst durch den Scharfsinn und dann durch das Feingefühl des Direktors unserer ersten Opernbühne ohne das geringste Aufsehen erfolgreich entwirrt werden“, heißt es am Ende dieser seltsam bizarren Geschichte.

Die Pariser Oper zeigt sich in der französischen Literatur auch von einer geheimnisvollen dunklen Seite. Sie basiert angeblich auf dem merkwürdig anmutenden Grundwasserbassin unter dem Palais Garnier und auf einem Unfall des Jahres 1896, bei dem das Gegengewicht des großen Kronleuchters während einer Aufführung herabstürzte und eine Person tötete. Der Schriftsteller und Journalist Gaston Leroux (1868–1927) hat mit viel Phantasie diese beiden Gegebenheiten für seinen Schauerroman *Le Fantôme de l'Opéra (Das Phantom der Oper)* (1910) verwandt, der besonders durch die Hollywood-Verfilmung Rupert Julians 1925 und durch das gleichnamige Musical des Komponisten Andrew Lloyd Webber zusammen mit dem Textdichter Richard Stilgoe bekannt wurde.

Das *Phantom der Oper* nimmt den Leser mit in den Untergrund des Palais Garnier. Raoul, der Geliebte der gefeierten Sängerin Christine Daaé, und eine geheimnisvolle Person, der Perser genannt, begeben sich auf der Suche nach einem mysteriösen Wesen in den unterirdischen Bereich des Hauses, dorthin, wo die Bühnenböden der Inszenierungen regelmäßig versenkt werden:

> *Sie [Raoul und der Perser] befanden sich in der zweiten Versenkung. Raoul konnte beim Schein einiger in Glashüllen eingesperrter Funzeln nur einen Bruchteil jenes ungeheuren Abgrunds, der aus den Versenkungen der Oper gebildet wird, erkennen, der einerseits wie ein lustiges Kasperltheater wirkt, andererseits aber bedrohlich aufklafft.*
>
> *Es gibt fünf Versenkungen von riesigen Ausmaßen. Aus ihnen kommen sämtliche Bühnenböden mit ihren Falltüren und Luken. An den Seiten sind Laufschienen angebracht. Querbalken stützen Falltüren und Luken. Pfähle auf gußeisernen oder steinernen Sockeln formen reihenweise Gerüste, mittels derer sich Wolkenhimmel und andere Kulissen heraufziehen lassen. Eisenhaken verbinden und verstärken diese Apparatur. Überall in den Versenkungen gibt es zahlreiche Winden, Walzen und Gegengewichte. Sie dienen zur Verschiebung der Dekors, dem Szenenwechsel auf offener Bühne, dem jähen Verschwinden von Märchengestalten. ‚In diesen Versenkungen', heißt es in einer interessanten Abhandlung über Garniers Werk, ‚werden Häßliche in schöne Ritter, fürchterliche Hexen in blühende Feen verwandelt. Aus ihnen taucht der Teufel auf oder versinkt darin. Ihnen entsteigen die Höllenfeuer, und sie bieten den Dämonenchören Unterschlupf … Dort fühlen sich Phantome heimisch …'*
>
> *Raoul folgte dem Perser, wobei er sich genau an dessen Anweisungen hielt, ohne daß er sie zu begreifen versuchte, denn er sagte sich, daß der Perser seine einzige Hoffnung sei. Was sollte er ohne seinen Begleiter in diesem entsetzlichen Labyrinth anfangen? […].*
>
> *Wäre er nicht rettungslos in diesem gigantischen Spinnennetz hängengeblieben? Wäre er nicht, auch wenn er sich durch das stets erneuernde Gewirr der Schnüre und Gegengewichte gekämpft hätte, Gefahr gelaufen, in eines jener Löcher zu stürzen, die sich dauernd vor seinen Füßen öffneten und deren finsteren Schlund sein Auge nicht zu erkennen vermochte? …*
>
> *Sie stiegen immer tiefer hinab. Jetzt waren sie in der dritten Versenkung. Einige ferne Lichter leuchteten ihnen unterwegs.*

In diesem Gewirr technischer Bühnenapparaturen, dunkler Flure, Gänge und besonders auch Falltüren treibt das Phantom der Oper sein Unwesen. Die beiden Personen gelangen aber noch tiefer in den rätselhaften Untergrund:

> *So kehrten sie allmählich zur riesigen Unterbühne zurück.*
>
> *Sie mußten jetzt auf dem Grund des Fundaments sein, in sehr großer Tiefe, wenn man bedenkt, daß man die Erde bis zu fünfzehn Meter unter der Wasserader ausgehoben hat, die früher unter diesem ganzen Stadtteil verlief. Um sich ein Bild von den heraufgepumpten Wassermassen machen zu können, muß man sich die Hoffläche des Louvre und die anderthalbfache Turmhöhe von Notre-Dame vorstellen. Trotzdem mußte ein See gelassen werden.*

In seiner Wohnung am unterirdischen See findet das Phantom der Oper namens Erik dann auch sein Ende.

Marcel Proust führt wieder in das gesellschaftliche Leben der Oberwelt zurück. Als genauer Beobachter der psychischen Verhaltensweisen fallen ihm auch die sozialen Unterschiede deutlich auf. Seit dem 19. Jahrhundert ist zwar der großbürgerliche Anteil am Opernpublikum sehr stark angewachsen, aber damit ist die Ungleichheit zwischen diesem und dem Lebensstil des Adels noch nicht aufgehoben worden. Im dritten Teil seines Romanzyklus *Auf der Suche nach der verlorenen Zeit*, der den Titel *Le côté de Guermantes (Die Welt der Guermantes)* trägt und in den Jahren 1920/1921 erschienen ist, begibt sich der Erzähler zu einer Opernaufführung ins Palais Garnier und beobachtet auf der Ehrentreppe das Verhalten eines anderen Besuchers in allen Einzelheiten:

> *In dem Augenblick, da ich dank dem Billett, das ich von meinem Vater erhalten hatte, die große Treppe in der Oper hinaufstieg, bemerkte ich dicht vor mir einen Mann, den ich im ersten Moment für Monsieur de Charlus hielt, dem er in seiner Haltung glich; als er den Kopf wendete, um von einem Angestellten eine Auskunft zu erhalten, sah ich, daß ich mich getäuscht hatte, doch zögerte ich nicht, den Unbekannten der gleichen Gesellschaftsschicht zuzuweisen nach der Art nicht nur seiner Kleidung, sondern auch der, wie er mit dem Kontrolleur und den beiden Logenschließerinnen sprach, die ihn warten ließen. Denn neben allen individuellen Eigentümlichkeiten bestand in jener Epoche zwischen einem eleganten und reichen Mann jenes bestimmten Teils der Aristokratie und einem ebenfalls eleganten und reichen Mann aus der Finanzwelt oder Großindustrie noch ein sehr deutlich spürbarer Unterschied. Da wo einer dieser letzteren geglaubt hätte, seine Weitläufigkeit durch einen barschen und hochmütigen Ton einem Untergebenen gegenüber zu beweisen, schien der Grandseigneur mit seiner milde lächelnden Art als Privileg seiner guten Erziehung gerade eine gewisse vorgebliche Demut und Geduld hervorzukehren und zu üben, so als sei er eben nur irgendein Beliebiger aus der Menge der sonstigen Besucher. Wahrscheinlich hätte irgendein Sohn eines reichen Bankiers, der im Augenblick das Theater betrat und ihn in dieser Weise unter einem freundlich-gutmütigen Lächeln die Tatsache verbergen sah, daß die Schwelle des kleinen Sonderuniversums, das er in sich trug, schlechterdings unüberschreitbar war, diesen großen Herrn für einen Mann von geringer Herkunft gehalten, hätte er nicht seine erstaunliche Ähnlichkeit mit dem kurz zuvor überall in den illustrierten Journalen veröffentlichten Porträt eines Neffen des Kaisers von Österreich, des Prinzen von Sachsen, der sich zur Zeit in Paris aufhielt, entdeckt. Ich wußte, daß dieser ein naher Freund der Familie Guermantes war. Als ich selbst neben dem Kontrolleur stand, hörte ich den wirklichen oder doch vermutlichen Prinzen von Sachsen sagen: ‚Ich weiß die Nummer der Loge nicht, doch meine Kusine hat mir gesagt, ich brauche nur nach ihrer Loge zu fragen'.*

Die Spielstätte der Pariser Oper zog zur Zweihundertjahrfeier der Französischen Revolution im Jahre 1989 in das neue Haus der Opéra Bastille um. Der Palais Garnier dient heute vor allem als Ort für aufwendigere Ballettaufführungen.

Geht man von der Place de l'Opéra, einer der großen Verkehrsknotenpunkte der Stadt, wenige Meter nach Süden in Richtung Seine, gelangt man auf den ersten inneren Ring der Großen Boulevards. Er wurde am Ort der alten Befestigungsmauern aus der Mitte des 14. Jahrhunderts errichtet, die das historische Zentrum von den Vororten trennten. Die Boulevards waren teilweise schon zu Zeiten der Herrschaft Ludwigs XIV. angelegt worden. Während des Zweiten Kaiserreichs ließ der Präfekt Baron Haussmann im Rahmen seiner städtebaulichen Gesamtplanung die alten Verkehrsachsen wesentlich verbreitern und ausbauen; gleichzeitig plante er neue Boulevards, um die beiden Ringe von Straßen zu schließen. Ein Teil dieser Pläne konnte allerdings erst nach 1871 durch die Dritte Republik verwirklicht werden. Diese breiten Boulevards sollten auch die hygienische Situation der Bewohner verbessern. Sie wurden aber rigoros durch das enge Häusermeer geschlagen, ohne dass man auf die Bedürfnisse der dort wohnenden Bevölkerung Rücksicht nahm – was zu starken sozialen Spannungen führte. So entstanden geräumige Verkehrsadern und eine neue großstädtische Architektur. Die Boulevards ermöglichten dem Militär eine schnellere Bereitstellung von Kampfverbänden bei Aufständen und Revolten – was in den Planungen ebenfalls eine bedeutende Rolle spielte.

Biegt man – vom Palais Garnier kommend – nach links ab, gelangt man zum Boulevard des Italiens. Er trägt seinen Namen nach dem Théâtre des Italiens, das 1783 dicht an der Straße erbaut wurde und an dessen Stelle heute die Opéra comique steht (Zugang über die Seitenstraße Rue Favert).

Man darf allerdings nicht dem Irrtum erliegen, dass der Boulevard erst nach den Baumaßnahmen des Präfekten Baron Haussmann von großstädtischem Leben erfüllt wurde. Zwar waren diese Straßen zuvor noch nicht ausgebaut und teilweise stark verschmutzt. Aber das Leben blühte dort in den Cafés schon prächtig, beispielsweise im Café Tortoni, einem Treffpunkt der Literaten des 18. Jahrhunderts. Es musste allerdings im Jahre 1893 schließen.

Der Dramatiker, Lyriker und Prosaautor Alfred de Musset (1810–1857) berichtet vom Treiben auf dem Boulevard um etwa 1825 in seiner Erzählung *Les deux Maîtresses (Die beiden Geliebten)*, die im Jahre 1837 in der angesehenen *Revue des Deux Mondes* erschien. Ein junger Mann namens Valentin geht unter dem Vorwand, Jura zu studieren, nach Paris, vertreibt sich seine Zeit aber vor allem mit Spaziergängen in den Tuilerien und besonders auf dem Boulevard de Gand, wie der Boulevard des Italiens damals eine Zeitlang hieß. Um dem Leser das Leben des jungen Mannes anschaulich zu machen, schildert Musset zu Beginn der Erzählung den Tagesablauf der Menschen auf dem Boulevard ‚par excellence'. Diesen Teil verwendete der Autor dann aber doch nicht für die Publikation; er erschien erst im Jahre 1896 in der Zeitung *Le Gaulois*.

Die Wegstrecke zwischen der Rue Grange-Batelière und der Chaussée d'Antin hat […] keine größere Reichweite wie ein langes Gewehr. Das ist ein Ort, der voller Schmutz im Winter und voller Staub im Sommer ist. […].

Doch ist diese kleine Wegstrecke voller Staub und Schmutz einer der angenehmsten Orte, die es auf der Welt gibt. Es ist einer der seltenen Plätze auf der Erde, wo sich das Vergnügen zusammenfindet. Der Pariser lebt hier, der Provinzbewohner eilt herbei und der Fremde, der hier vorbeigeht, erinnert sich an diesen Ort wie an die Via Toledo in Neapel und wie früher an die Piazzetta in Venedig. Restaurants, Cafés, Theater, Bäder, Spielhäuser, alles drängt sich hier zusammen; man hat nur hundert Schritte zu laufen, die ganze Welt findet sich hier. […].

Sie kennen sicherlich nicht […] die Sitten dieses seltsamen Landes, das man den Boulevard de Gand nennt. Erst um die Mittagszeit regt sich hier etwas. Die Kellner in den Cafés bedienen sehr herablassend, wenn jemand vor dieser Zeit essen möchte. Erst jetzt kommen die Dandys; sie treten durch die Hintertür ins Café Tortoni ein, weil die Außenterrasse ja von Barbaren eingenommen worden ist, das heißt von Börsenleuten. […].

Der Boulevard de Gand ist am Tage also der Menge ausgeliefert, die sich seit drei Uhr bis ungefähr fünf Uhr dort einfindet. Während die staubigen Equipagen stolz auf der Fahrbahn ihre Vorherrschaft zur Schau stellen, geht die unwissende Menge nur auf der schönen Seite der Straße, weil dort die Sonne scheint. […]. Um fünf Uhr völliger Wechsel: alles wird menschenleer und bleibt öde bis um sechs Uhr; dann tauchen allmählich die Stammgäste jedes Lokals auf und steuern ihr Universum an. […]. Um sieben Uhr, neue Öde; einige Journalisten trinken Kaffee, während alle zu Abend essen. Um halb neun, allgemeines Rauchen, hundert Mägen verdauen und hundert Zigarren brennen […]. Um zehn Uhr sind die Raucher nur noch in kleiner Zahl anwesend und die Frauen, die jetzt beginnen, Luft zu holen, machen sich auf den Heimweg.

Die Gesellschaft, die mehr als gemischt war, wird immer übler […]. Um halb zwölf Uhr leeren sich die Theater; man bringt sich vor dem Café Tortoni fast um, damit man ein Eis bekommt, bevor man schlafen geht; an Sommerabenden werden oft mehr als tausend verspeist. Um Mitternacht erscheint für einen Augenblick noch ein verirrter Dandy […]. Der Gaslaternenanzünder kommt vorbei, alles Licht verlöscht. Einige Gruppen bleiben noch, man trennt sich rauchend beim Schein des Mondes […].

Die Gaslaternen, die Musset erwähnt, waren auf den Pariser Boulevards erst im Jahre 1837 installiert worden und faszinierten die Bewohner außerordentlich. Sie waren viel heller als die vorher verwendeten Öllampen und hoben die Grenze zwischen Tag und Nacht weiter auf. Erst mit den Gaslaternen wurde ein intensives großstädtisches Nachtleben möglich.

Auch im ersten Teil von Marcel Prousts *A la recherche du temps perdue (Auf der Suche nach der verlorenen Zeit)*, der den Titel *Du côté de chez Swann (In Swanns Welt)* (1913) trägt, erinnert sich die männliche Titelfigur an eine Nacht auf dem Boulevard des Italiens in den achtziger Jahren des 19. Jahrhunderts, die für seine Beziehung zu Odette besondere Bedeutung hatte. Von den äußeren Umständen der Begegnung ist ihm das Auslöschen der Gaslaternen im Gedächtnis geblieben:

> *Er [Swann] erinnerte sich an die Gaslaternen, die man auf dem Boulevard des Italiens auslöschte, als er sie [Odette] gegen alle Hoffnung unter den verirrten Schatten in dieser Nacht getroffen hatte, die ihm fast übernatürlich erschienen war [...].*

Geht man den Boulevard des Italiens in der eingeschlagenen Richtung weiter, gelangt man zum Boulevard Montmartre. In der Hausnummer 11 findet sich der Eingang zur Passage des Panoramas, die 133 Meter lang ist und bis zur Rue St. Marc führt. Diese Galerie wurde im Jahre 1800 errichtet und ist die älteste der noch existierenden Passagen in Paris. Die Passagen sind ein Produkt der Industrialisierung und der gigantischen Ausweitung des Konsumgüterangebots. Die Kundschaft der Städte, besonders die großbürgerliche Gesellschaft, wird von diesen Passagen angezogen, die Tempel des großen Kaufinteresses werden und im Anfang vor allem der Zurschaustellung von Luxusgütern dienen. Man vermutet, dass gegen 1820 die Passage des Panoramas und der Palais-Royal die am meisten besuchten Orte der französischen Hauptstadt waren. Sie galten als so bedeutsam, dass in dieser Passage schon 1817 eine Gasbeleuchtung zur besseren Präsentation der Waren bei Dunkelheit eingerichtet wurde, zwanzig Jahre, bevor dies auf den Grands Boulevards geschah.

Die Passagen sind, wie der Schriftsteller und Philosoph Walter Benjamin (1892–1940) schreibt, die „Vorläufer der Warenhäuser“. Er hat in seinem unvollendet gebliebenen *Passagen-Werk* dargestellt, dass diese Konsumtempel einen neuen Typ des Stadtbürgers entstehen lassen, den Flaneur, der an den Schaufenstern der Passagen entlangschlendert und in Muße das Warenangebot bewundert. Das fällt ihm hier um so leichter, weil zur damaligen Zeit die Straßen besonders durch den steigenden Verkehr der vorbeifahrenden Kutschen und bei schlechtem Wetter völlig verschmiert und verdreckt waren – was der langen, eleganten Kleidung der Damen Schaden zufügte.

Diese Galerien erlebten einen weiteren Aufschwung im Zweiten Kaiserreich, bekamen aber erhebliche Konkurrenz durch die eleganten Geschäfte der Großen Boulevards und, besonders nach 1870, durch die entstehenden Kaufhäuser, die insgesamt einen beträchtlichen Teil der Kundschaft an sich zogen. Seitdem sind viele Passagen geschlossen worden, andere müssen ums Überleben kämpfen.

Die Passage des Panoramas verdankt ihren Namen zwei Rotunden am Eingang, die – auf Leinwänden – einen Rundblick auf perspektivisch gemalte Panoramen europäischer Städte präsentierten, Kulissen, die das Kino vorausahnen lassen. Die Rotunden verschwanden im Jahre 1834.

Der Lyriker, Prosadichter und Kritiker Charles Baudelaire (1821–1867) berichtet in einem Brief an seine Mutter vom 30. Dezember 1857 – dem Jahr, in dem seine berühmte Gedichtsammlung *Les Fleurs du Mal (Die Blumen des Bösen)* erschien –, von einem unerfreulichen Erlebnis in der Passage des Panoramas:

> *Ich muss Ihnen eine kleine unangenehme Sache mitteilen, und ich hätte sie Ihnen gerne verheimlicht, wenn sie nicht ein Hinweis darauf gewesen wäre, dass andere ähnliche Irrtümer begangen worden sein könnten. [...]. Vor einigen Monaten habe ich bei einem Händler in der Passage des Panoramas ein Bild meines [verstorbenen] Vaters entdeckt (es zeigt eine nackte Person, eine liegende Frau, die im Traum zwei gleichfalls nackte Personen anschaut). Ich hatte überhaupt kein Geld bei mir, noch nicht einmal, um eine Anzahlung zu machen, und die unerträgliche Flut der täglichen Nichtigkeiten hat mich das seither vergessen lassen. – Glauben Sie, dass mehrere Versehen dieser Art stattgefunden haben? – Mein Vater war ein grässlicher Künstler; aber dieser ganze alte Kram hat für mich einen moralischen Wert.*

Baudelaires Werke, gerade *Die Blumen des Bösen*, zeichnen sich nicht gerade durch Prüderie aus – wegen seiner Gedichtsammlung erhielt er in demselben Jahr eine Anklage wegen Verletzung der öffentlichen Moral; in seinem Brief wollte er aber vermeiden, dass ein schlechtes Licht auf seinen von ihm geschätzten leiblichen Vater fiel.

Ausführlich wird die Passage des Panoramas in Emile Zolas Roman *Nana* (1880) dargestellt. Die Handlung spielt am Ende des Zweiten Kaiserreichs; als Nana stirbt, beginnt gerade der Deutsch-Französische Krieg von 1870/71. Der Romanautor schildert die Passage im siebten Kapitel des Werkes zuerst in allgemeiner Perspektive an einem Winterabend, als dort Nanas Liebhaber, der Graf Muffat, ungeduldig auf sie wartet:

Drei Monate später, an einem Dezemberabend, ging der Graf Muffat in der Passage des Panoramas *spazieren. Der Abend war sehr mild; eben hatte ein Platzregen eine Flut von Leuten in die Passage getrieben. In dichtem Gewühl schob sich die Menge langsam zwischen den Läden hindurch. Die Spiegelscheiben blendeten mit hellen Reflexen, und ein greller Lichtstrom ergoß sich von den weißen Kugellampen, roten Laternen, blauen Transparenten, ganzen Ketten von Gasflammen, den Uhren und riesigen Fächern mit Leuchtschrift, die strahlend in der Luft hingen; und das bunte Farbengeflirr der Auslagen, das Gold der Juwelierläden, die Kristallschalen der Konditoreien und die hellen Seidenstoffe der Modegeschäfte flammten hinter den blanken Scheiben im Lichtstrahl der Reflektoren, während im Durcheinander der knallbunten Firmenschilder weiter hinten ein gigantischer purpurroter Handschuh hing und aussah wie eine blutige abgehackte Hand an einer gelben Manschette.*

Neben dieser allgemeinen Beschreibung mit den grellen, aufreizenden und anlockenden Farben gibt es eine zweite, die das Warenangebot diesmal aus der Perspektive Nanas zeigt. Dabei wird deutlich, wie viele nutzlose Konsumartikel das Angebot in dieser Passage umfasst, weswegen die eleganten Läden der Boulevards und die damals entstehenden Warenhäuser den Galerien den Rang abliefen:

Sie [Nana] liebte die Passage des Panoramas *über alles. Seit ihrer Jugend hatte sie diese Leidenschaft für Pariser Talmiartikel behalten, für falsche Edelsteine, für vergoldetes Blech und für Pappe, die Leder vortäuschen sollte. Wenn sie vorbeiging, konnte sie sich nicht losreißen von den Schaufenstern wie damals, als sie noch in ihren abgetretenen Jungmädchenschuhen herumlief, und staunte über die Zuckerwaren eines Schokoladengeschäfts, hörte dem Orchestrion einer nahen Kneipe zu und war ganz hingerissen von den geschmacklosen, billigen Nippsachen, den kleinen Necessaires in Nußschalen, den Körbchen mit Zahnstochern, Vendômesäulen und Obelisken, die Thermometer trugen. Aber an diesem Abend war sie zu aufgeregt, sie blickte hin, ohne etwas zu sehen.*

Seit dem Jahre 1974 steht die Passage des Panoramas auf der Liste der ‚Monuments historiques', der historischen Bauwerke. Aber der alte Glanz aus dem 19. Jahrhundert ist längst verblasst.

Der Weg geht nun wieder zurück auf den Boulevard des Italiens. Biegt man links in die Rue de Richelieu ein, gelangt man zur ehemaligen Nationalbibliothek, die im Dezember 1996 ihren Hauptsitz ins Tolbiac-Viertel am linken Seine-Ufer des 13. Arrondissements in den Neubau der Bibliothèque nationale de France verlegte. Dessen vier große Ecktürme symbolisieren vier aufgeschlagene Bücher. Geht man die Rue de Richelieu geradeaus weiter, erreicht man am Ende der Straße die Place André Malraux und die Rue Saint-Honoré; zur Linken gelangt man nach wenigen Metern zum Palais-Royal.

Palais-Royal

Der monumental ausgedehnte Gebäudekomplex beeindruckt heute von der Place du Palais-Royal her mit einer eleganten dreiteiligen Fassade aus dem 18. Jahrhundert. Die beiden zweigeschossigen – mit Säulen gegliederten und mit einem Giebel versehenen – Flügelseiten links und rechts verbindet ein in drei Teile aufgegliederter, eingeschossiger Verbindungstrakt mit neun Arkaden; sein dreitoriges Mittelportal tritt durch Doppelsäulen besonders hervor.

Eine dreihundertjährige Baugeschichte hat dieses umfangreiche und vielgestaltige Ensemble geschaffen, an deren Anfang der Staatsminister König Ludwigs XIII., Kardinal Richelieu, steht. Er ließ sich in der Nähe des Königssitzes im Louvre auf dem heutigen Gelände des Palais-Royal einen Palast errichten, der nach seinem Auftraggeber Palais-Cardinal genannt wurde. Wie prächtig das Gebäude damals aussah, belegt Corneilles Komödie *Le Menteur (Der Lügner)* (1644). Geronte, der Vater des ‚Lügners' Dorante, ist vom Palais-Cardinal sehr beeindruckt, das für ihn das Symbol für die prunkvolle Hauptstadt ist. Im Gespräch mit seinem Sohn äußert der Vater in der fünften Szene des zweiten Aktes seine Lobeshymne:

Géronte
Paris erblickt jeden Tag diese Veränderungen. [...].
Die ganze Welt kann nichts erkennen,

Was dem prächtigen Äußeren des Palais-Cardinal gleichkommt.
Eine ganze Stadt, die mit Prunk gebaut wurde,
Scheint wie durch ein Wunder aus einer alten Grube hervorgekommen
Und beim Anblick der prächtigen Dächer lässt sie uns vermuten,
Dass alle ihre Bewohner Götter sind – oder Könige.

Kardinal Richelieu vermachte vor seinem Tode (1642) den Palast dem König, der schon im folgenden Jahr starb. Dessen Witwe, Anna von Österreich, zog mit ihren beiden Kindern, dem jungen Ludwig XIV. und mit dessen Bruder, dem kleinen Herzog Philipp von Orléans, in das Gebäude ein, das nun den Namen Palais-Royal (Königlicher Palast) erhielt. Die Adelsrevolte der Fronde (1648–1653) ließ aber das Bauwerk als nicht sicher genug erscheinen, sodass die Königin mit ihren beiden Kindern zurück in den geschützen Louvre übersiedelte und dem Palais-Royal die Berechtigung seines Namens wieder entzogen wurde. Im Jahre 1692 ließ König Ludwig XIV. den Palast endgültig seinem Bruder zukommen; das Haus Orléans residierte darin bis zur Revolution von 1848. Herzog Philippe von Orléans war in zweiter Ehe mit Lieselotte von der Pfalz verheiratet. Ihre Briefe, die sie im Palais-Royal schrieb, sind in ihrer Offenheit und Direktheit ein wertvolles Dokument für das Leben am Hofe des Sonnenkönigs. Philipp von Orléans und sein Sohn, der Regent gleichen Namens, begannen mit bedeutenden Bauarbeiten am Palast, die später fortgesetzt wurden. Vom ursprünglichen Palais-Cardinal sind heute nur noch wenige Reste erhalten geblieben.

Mit der Regentschaft Philipps von Orléans, der nicht nach Versailles umziehen wollte, fing eine Blütezeit in der Geschichte des Palais-Royal an. Hier entstanden Zirkel von Literaten, Philosophen und Künstlern, die allmählich aus den traditionellen Salons ins Freie drängten. Der Garten des Palastes war für die Öffentlichkeit zugänglich und es eröffneten in der Nähe Cafés wie das Café de la Régence am Place du Palais-Royal, das dort bis 1910 existierte. Die Philosophen und Literaten der Aufklärung wie Diderot, d'Alembert oder Voltaire machten von dieser neuen Möglichkeit regen Gebrauch.

Einen Spaziergang im Garten des Palastes und den Besuch des Café de la Régence im Jahre 1762 schildert Denis Diderot (1713–1784) zu Beginn seines satirischen Werkes *Le Neveu de Rameau (Rameaus Neffe)*, das zum Genre des philosophischen Dialogs gehört und in den Jahren 1762 bis etwa 1775 entstanden ist. (Die Übersetzung stammt von Johann Wolfgang von Goethe aus dem Jahre 1805.)

Es mag schön oder häßlich Wetter sein, meine Gewohnheit bleibt auf jeden Fall um fünf Uhr abends im Palais Royal spazierenzugehen. Mich sieht man immer allein, nachdenklich auf der Bank d'Argenson. Ich unterhalte mich mit mir selbst von

Politik, von Liebe, von Geschmack oder Philosophie und überlasse meinen Geist seiner ganzen Leichtfertigkeit. Mag er doch die erste Idee verfolgen, die sich zeigt, sei sie weise oder töricht. So sieht man in der Allee de Foi unsere jungen Liederlichen einer Kurtisane auf den Fersen folgen, die mit unverschämtem Wesen, lachendem Gesicht, lebhaften Augen, stumpfer Nase dahingeht; aber gleich verlassen sie diese um eine andre, necken sie sämtlich und binden sich an keine. Meine Gedanken sind meine Dirnen.

Wenn es gar zu kalt oder regnicht ist, flüchte ich mich in den Café de la Régence und sehe zu meiner Unterhaltung den Schachspielern zu. Paris ist der Ort der Welt, und der Café de la Régence der Ort in Paris, wo man das Spiel am besten spielt.

Im Jahre 1780 gelangte Herzog Ludwig Philippe von Orléans in den Besitz des Palais-Royal. Er ließ um den Garten herum neue Gebäude mit Holz- und Glasgalerien errichten und vermietete sie als Wohnungen, Cafés, Restaurants oder Geschäfte, um mit den Einnahmen seine drückenden Schulden zu begleichen. Es entstanden 180 Arkaden und die erste Passage in Paris. Damit wurde das ausgedehnte Gelände zum Zentrum des Handels, des Gewerbes und der Vergnügungsetablissements, das viele Menschen anzog. Die Läden waren im Sommer bis nachts gegen zwei Uhr geöffnet und der Kontrolle der Polizei entzogen, die nicht auf das Gelände des Herzogs vordringen durfte.

Die Gruppe der kritisch diskutierenden Aufklärer und Freidenker wuchs bis zum Ende des Jahrhunderts weiter an. Am 12. Juli 1789 rief hier Camille Desmoulins – auf dem Tisch vor einem Café des Palais-Royal stehend – seine zahlreichen Zuhörer auf, die Waffen gegen die Monarchie zu ergreifen; zwei Tage später fand der Sturm auf die Bastille statt, der Beginn der Französischen Revolution. Während des Konsulats und des Ersten Kaiserreichs erfreute sich der Palais-Royal verstärkter Beliebtheit und bleibt gesellschaftlicher Treffpunkt. Das spiegelt sich auch in Balzacs Roman *Illusions perdues (Verlorene Illusionen)* wider. Der Dichter Lucien de Rubempré geht mit dem Manuskript seines historischen Romans *Der Bogenschütze Karls IX.* in der Hand zum Palais, weil in den Buchläden auch Verleger ihren Geschäften nachgehen. Er erlebt dort das muntere, bunte Treiben, das seit einem Jahrhundert herrscht, er bemerkt aber auch, wie sehr das gesamte Gelände schon heruntergekommen und verdreckt ist:

Diese widerwärtige Anhäufung von Dreck, diese Fenster, die vom Regen und vom Staub eingeschmutzt waren, diese niedrigen, außen mit Lumpen bedeckten Hütten, der Schmutz des begonnenen Mauerwerks, dieses Ganze, das wie ein Zigeunerlager aussah, Jahrmarktsbuden, provisorische Gerüste, mit denen man in Paris die Denkmäler umgibt, die man nicht baut, dieses Zerrbild paßte ausgezeichnet zu den verschiedensten Geschäften, die in Massen unter diesem schamlosen, frechen Schirmdach betrieben wurden. Mitten unter dem ausgelassenen Treiben und der tollen Lustigkeit sind dort von der Revolution von 1789 an bis zur Revolution von 1830 die wichtigsten Dinge vor sich gegangen. Zwanzig Jahre lang war die Börse gegenüber im Parterre des Palais. So wurden dort die öffentliche Meinung und der Ruhm gemacht und zunichte gemacht, ebenso wie die politischen und die Geldgeschäfte. Man gab sich vor und nach der Börse in diesen Galerien ein Rendezvous. Das Paris der Bankiers und der Großkaufleute füllte oft den ganzen Hof des Palais Royal und strömte, wenn es regnete, unter dieses Obdach. […]. Es gab da nur Buchhändler, Poesie, Politik und Prosa, Modistinnen und schließlich Freudenmädchen, die nur abends kamen. Da blühten die Neuigkeiten und die Bücher, junger und alter Ruhm, die Verschwörungen der Tribüne und die Lügen der Verleger. […]. In der Passage, die so stolz den Namen Glasgalerie führte, fanden sich die sonderbarsten Gewerbe. Dort hatten sich die Bauchredner, die Marktschreier aller Art niedergelassen, die Buden, in denen man nichts sieht und die, in denen einem die ganze Welt gezeigt wird.

Wie Musset für den Boulevard des Italiens gibt auch Balzac für den Palais-Royal einen kurzen Überblick über den Tagesablauf auf dem großen Gelände. Und ebenso wie Mercier in seinem *Tableau de Paris (Mein Bild von Paris)* beschreibt Balzac die hier am Abend stark florierende Prostitution:

Es gab dort Obst- und Blumenfrauen und einen berühmten Schneider, dessen Uniformstickereien am Abend wie Sonnen glänzten. Am Vormittag bis gegen zwei Uhr nachmittags war es in den Holzgalerien still, düster und verlassen. Die Handeltreibenden plauderten miteinander, als ob sie bei sich zu Hause wären. Das Rendezvous, das sich die Bevölkerung von Paris dort gab, begann erst gegen drei Uhr, zur Börsenzeit. Sowie die Menge kam, machten sich die jungen Leute, die nach Literatur dürsteten und kein Geld hatten, bei den Ständen der Buchhändler an das unentgeltliche Lesen. […]. Die Poesie dieses schrecklichen Basars setzte mit dem Beginn des Abends ein. Von allen umliegenden Straßen kamen eine große Zahl Freudenmädchen, die dort unentgeltlich auf und ab gehen durften. Von allen Ecken von Paris eilten sie herbei, um ‚im Palais zu arbeiten'.

Die Steingalerien gehörten privilegierten Häusern, die für das Recht, wie Prinzessinnen gekleidete Geschöpfe zwischen dem oder jenem Säulenbogen und auf dem entsprechenden Platz im Garten auszustellen, bezahlen mußten, während die Holzgalerien für die Prostitution ein öffentliches Gebiet waren, das ‚Palais' par excellence, *denn unter dem Wort verstand man damals den Tempel der Prostitution. […]. Diese Frauen lockten also am Abend eine so beträchtliche Menschenmenge in die Holzgalerien, daß man wie in der Prozession oder auf einem Maskenball Schritt für Schritt gehen mußte. Diese Langsamkeit, die keinen Menschen störte, diente zur Besichtigung.*

Im Jahre 1830 wurde Herzog Ludwig Philippe I., der sogenannte Bürgerkönig, zum Herrscher ernannt und wohnte für zwei Jahre im Palais-Royal. Die Spielhöllen und Bordelle wurden geschlossen. Damit begann der Niedergang des Palais als öffentlicher Treffpunkt.

Während der Februarrevolution 1848 wurde der Palais von den Aufständischen angezündet. Gustave Flaubert hat in seinem Roman *L'Education sentimentale (Lehrjahre des Gefühls)* (1869) diesen Brand und die Verwüstungen geschildert. Aber von revolutionärem Pathos kann keine Rede sein. Die Hauptperson Frédéric Moreau kommt mit seinem Bekannten, dem Journalisten Hussonnet, vom verwüsteten Tuilerienschloss und sieht das Feuer im Palais-Royal:

> *Sie [Frédéric und Hussonnet] wurden sehr erregt und kehrten zum Palais-Royal zurück [...]. Im Palais war ein Gewimmel. Sieben Scheiterhaufen flammten im Innenhof. Man warf Pianos, Kommoden und Stutzuhren zu den Fenstern hinaus. Feuerspritzen spien Wasser bis hoch zu den Dächern. Strolche suchten mit ihren Säbeln Schläuche zu durchschneiden. Frédéric bat einen Zögling der Polytechnischen Kriegsschule, es zu hindern. Der Polytechniker verstand ihn nicht, schien auch geistesschwach. Ringsumher in den beiden Galerien widmete der Pöbel, als Beherrscher der Weinkeller, sich einer abscheulichen Sauferei. Der Wein rann in Bächen und netzte die Füße, die Straßenbengel tranken ihn aus Flaschenstümpfen und schrien taumelnd.*
>
> *‚Gehen wir' sagte Hussonnet, ‚mich ekelt vor diesem Volk.'.*
>
> *Entlang der Galerie d'Orléans lagen Verwundete am Boden, auf Matratzen, mit Purpurvorhängen zugedeckt; und Kleinbürgerinnen aus dem Viertel brachten ihnen Bouillon und Wäsche. ‚Und dennoch' sagte Frédéric, ‚ich finde das Volk erhaben'.*

Auch während der Commune im Jahre 1871 wurde der Palais-Royal angezündet, später aber unverändert wieder aufgebaut.

Im 20. Jahrhundert kehrt beschauliche Ruhe in den Gebäudekomplex ein. Die vielseitige Erzählerin und Verfasserin der *Claudine*-Romane Sidonie Gabrielle Claudine Colette (1873–1954), die ebenfalls als Journalistin arbeitete und als Schauspielerin auf Varietébühnen auftrat, beobachtet von ihrer Wohnung in der Rue de Beaujolais 9 aus – direkt im Palais-Royal – was sich in ihrem „Hof"', dem Garten des prächtigen Gebäudes, abspielt. Sie beschreibt es in ihrem letzten Buch *Le Fanal bleu (Blaue Flamme)* aus dem Jahre 1949:

> *Der geeignete Garten für Erwachsene ist der Park des Palais-Royal. Die Kinder haben ihn durch ihre Spiele und ihre Anwesenheit verwüstet, so daß er für sie nur noch wenig Anziehungskraft hat. Es gibt weder Sand noch Kies, nur häßliche, fest-*

getretene Erde, die nicht bewässert werden darf. Lediglich die Rabatten und die Rasenflächen werden gesprengt, und der Gärtner pflegt sie liebevoll. Unser ‚Hof' wird langsam und seit ewigen Zeiten nur von Regengüssen, Hunde-Urin und menschlichen Ausscheidungen durchtränkt – sagen wir zur Beschönigung lieber: kindlichen Ausscheidungen. [...].

In unserem königlichen Wohnbezirk haben wir kaum bequemere und hygienischere Verhältnisse, als sie zur Zeit des Sonnenkönigs in Versailles herrschten.

Ganz in der Nähe von Colettes Domizil – auch im Palais-Royal, nur um die Ecke in der Rue de Montpensier Nr. 36 – wohnt von 1939 bis 1963 der ebenfalls vielfältig begabte Lyriker, Dramatiker und Romancier Jean Cocteau (1889–1963), der auch als Maler, Graphiker und Filmregisseur Erfolge feiert. Er verfasst im Jahre 1962 im Auftrag der Comédie Française, die seit 1789 in der Salle Richelieu des Palais-Royal residiert, ein theaterkritisches Stegreifspiel, das er nach dem Vorbild von Molières *Impromptu de Versailles* aus dem Jahre 1663 gestaltet. Es dient als Vorspiel zu den *Fourberies de Scapin (Scapins Schelmenstreiche)* des großen Komödiendichters, wird für eine Gastspielreise der Comédie Française nach Japan verfasst und nach dem traditionellen Spielort dieser Schauspieltruppe *Impromptu de Port-Royal (Stegreifspiel von Port-Royal)* betitelt.

Der Gebäudekomplex ist auch Sitz bedeutender staatlicher Institutionen. Seit 1875 residiert hier der Conseil d'Etat, der Staatsrat, der einerseits als oberstes Verwaltungsgericht fungiert und andererseits die Regierung in Rechtsfragen berät und deren Gesetzesentwürfe prüft.

Durch die Verfassung der Fünften Republik ist der Palais-Royal auch der Sitz des Conseil constitutionnel, des französischen Verfassungsgerichts, in dem neben den ernannten neun Richtern die ehemaligen Staatspräsidenten Mitglieder auf Lebenszeit sind. Schließlich befindet sich in dem Gebäudekomplex auch das Kultur- und Kommunikationsministerium (Ministère de la culture et de la communication), das unter Staatspräsident de Gaulle 1959 von dem bekannten Schriftsteller André Malraux gegründet und über zehn Jahre geleitet wurde.

Den Ehrenhof des Palais-Royal schmücken seit dem Jahre 1986 insgesamt 260 vom französischen Bildhauer und Maler Daniel Buren entworfene Marmorsäulen. Die Aufstellung dieser schwarz-weiß gestreiften, unterschiedlich hohen pfeilerartiger Gebilde entfachte einen vehementen öffentlichen Streit, der die Einstellung der Arbeiten durch den ehemaligen Bürgermeister von Paris, Jacques Chirac, und über sechsjährige juristische Auseinandersetzungen zur Folge hatte. Inzwischen sind die Marmorsäulen des französischen Künstlers längst akzeptiert. Wie im obigen Text Colettes ergötzen sich hier

Kinder und Jugendliche beim Spielen, heute vor allem dadurch, dass sie mit ihren Skateboards die Geschicklichkeit beim Umkurven der schwarz-weißen Säulen und Säulenstümpfe erproben.

Nordwestlich folgt auf die Place du Palais-Royal die Place Colette. Daran anschließend befindet sich an der Ecke zur Place Malraux – in den Gesamtkomplex des Palais-Royal eingeschlossen – die Comédie française. Das Theater, das heute noch das Repertoire der französischen Klassik intensiv pflegt, aber zunehmend moderne und ausländische Stücke aufführt, geht letztlich auch auf den Komödiendichter Molière zurück – daraus erklärt sich sein Name ‚Maison de Molière' (Molières Haus). Die Truppe des 1673 verstorbenen Autors (la troupe du Palais-Royal) wurde ein Jahr nach seinem Tod von Finanzminister Colbert mit dem zweiten Schauspielensemble der Hauptstadt (la troupe du Marais) zusammengelegt. Auf Befehl König Ludwigs XIV. kam schließlich noch die dritte Pariser Truppe hinzu, die Schauspieler des Hôtel de Bourgogne. Ein einheitliches Ensemble war auf königlichen Befehl entstanden, und es ist bis heute Staatstheater geblieben. Im Gegensatz zu den Comédiens Italiens nannte es sich nun Comédie française und erhielt das Monopol zur Aufführung französischer Stücke in Paris. Die Truppe gab sich eine Satzung, die zu wesentlichen Teilen noch heute gilt. Auch der staatliche Einfluss auf das Ensemble, den Napoleon 1812 nochmals bekräftigte, hat sich bis heute erhalten – ebenso wie die offiziellen beträchtlichen Subventionen. Der Name ‚Théâtre Français' für Molières Haus hat also seine Berechtigung.

Eine dauerhafte Spielstätte wurde nach mehreren Umzügen – besonders in der zweiten Hälfte des 18. Jahrhunderts – erst 1799 gefunden. Damals zog die Comédie française in das vom Architekten Victor Louis in der Zeit von 1786 bis 1790 erbaute Gebäude ein, das unmittelbar an den Palais-Royal grenzt und dessen Größenverhältnisse und Stilelemente nachahmt: die Arkaden im Erdgeschoss, die zwei Stockwerke, die darüber liegen, und schließlich den Dachbereich, dessen Fenstergestaltung aber deutlich variiert. Die Salle Richelieu der Comédie française ist bis heute Spielstätte geblieben. Das Theater wurde im Jahre 1900 durch einen Brand stark beschädigt und seitdem mehrfach renoviert, zuletzt 2012/13.

Die Place André Malraux vor dem Gebäude hieß bis 1977 Place du Théâtre-Français. Der schon zitierte Pariser Flaneur Léon-Paul Fargue besuchte in den späten dreißiger Jahren diesen Ort und beschreibt ihn in seinem Buch *Le Piéton de Paris (Der Wanderer durch Paris)* aus dem Jahre 1939. Er stellt im Gegensatz zu früher ein immens gesteigertes Verkehrsaufkommen und eine größere Hektik fest – der überwältigende Charme und der großstädtische Flair seien aber erhalten geblieben:

Es sind die Autobusse, die den Platz des Théâtre Français verwandelt haben. Eine Revolution, selbst eine Feuersbrunst – und es gab hier eine denkwürdige – hätten es nicht besser gemacht. Die Place du Théâtre Français, zu der man mich einst als zu einem stillen, ein wenig feierlichen Platz an der Hand hinführte, ist heute ein Rangierbahnhof. […].

Einstmals konnte man auf offener Straße plaudern; die Schachspieler und die Schauspieler, die Mitglieder des Conseil d'Etat und die Schatten des Palais-Royal fürchteten kein Hupen, kein Schleudern, keine polizeiliche Verwarnung. Man war frei.

Doch hat dieses Quartier nichts Malerisches eingebüßt, nichts von seinem pariserischen Aussehen, von diesem auf der Welt einmaligen Gepräge und von seinen sehr französischen Gepflogenheiten. Es gibt keine Stadt in Europa, in der sich diese Mischung von Prachtbauten und Läden, von Ministerien und Restaurants, von Bourgeoisie und Prostitution, von Ernst und Ausschweifung vorstellen ließe, die den Charme des Théâtre Français ausmacht.

Von der Place André Malraux gelangt man nach einem etwa 600 Meter langen Fußweg – vorbei an den luxuriösen Läden der Rue Saint-Honoré – und einer kurzen Abbiegung nach rechts auf die Place Vendôme, einen weiteren der fünf Pariser Königsplätze. Die nach den Plänen des Architekten Jules Hardouin-Mansart im Jahre 1720 abgeschlossene Anlage war ursprünglich für Ludwig XIV. entworfen worden, den man schon seit 1699 mit einer riesigen bronzenen Reiterstatue in der Platzmitte ehrte. Wegen der überbeanspruchten königlichen Finanzen gingen die fertiggestellten Gebäude jedoch in den Besitz der Stadt Paris über.

Mit der einheitlichen Fassadengestaltung, den Arkaden im Parterre und zwei verschieden hohen Fenstergeschossen darüber, die die Mansardendächer nach oben abschließen, wird der elegante palastartige Komplex zum mondänen Wohnort für den Adel und das Pariser Großbürgertum. Er hat die harmonische Geschlossenheit und die vornehme Monumentalität bis heute bewahrt und gilt als einer der schönsten Plätze der französischen Hauptstadt.

Honoré de Balzac hat zu Beginn seiner geheimnisvollen Erzählung *Ferragus*, die erstmals 1833 erschien und in der *Comédie humaine* (*Menschliche Komödie*) den ersten Teil von drei Prosadichtungen unter dem Namen *Histoire des Treize* (*Geschichte der Dreizehn*) bildet, den majestätischen Charakter des Platzes hervorgehoben. Er vergleicht ihn mit der Rue de la Paix, die von der Place Vendôme nach Norden auf die Opéra Garnier zuläuft, und der Rue Royale:

Die Rue de la Paix ist eine breite Straße, eine große Straße, aber sie erweckt keinen der reizvollen, anmutig edlen Gedanken, die eine empfängliche Seele mitten in der

Rue Royale in Erstaunen setzen; denn ihr fehlt sicherlich die majestätische Erhabenheit, die auf der Place Vendôme herrscht.

Erhalten geblieben ist ebenfalls die vornehme Exklusivität der luxuriösen Geschäfte, Hotels, Handelsvertretungen und Privatresidenzen, die auch schon Balzac konstatiert hatte. Am Ende des Romans *Le Contrat de mariage* (*Der Ehevertrag*), der 1835 erschien, erhält die männliche Hauptperson, der Graf de Manerville, von seinem Freund, dem Marquis Henri de Marsay, aus Paris einen Brief, den er erst auf dem Schiff öffnet, das ihn nach seinem finanziellen Ruin nach Indien bringen soll. Der Freund rät ihm, dort nicht neues Vermögen zu erwerben, sondern – mit einem Hinweis auf die ertragreichen Silberminen Perus – nach Paris zurückzukehren, weil hier am besten Reichtum gewonnen werden könne. Er nennt auch die vier Orte der französischen Hauptstadt, an denen man besonders gut zu Wohlstand kommen kann; drei von ihnen bilden die Place Vendôme und ihre unmittelbare Umgebung:

Anstelle Dich unangenehmen Situationen in Indien auszusetzen, ist es viel einfacher, mit mir gemeinsam auf den Wassern der Seine zu fahren. Glaube mir! Paris ist noch immer das Gebiet, wo am ergiebigsten der Reichtum hervorquillt. Der Potosí befindet sich in der Rue Vivienne oder der Rue de Paix, auf der Place Vendôme oder der Rue de Rivoli.

Der Reichtum ist bis heute an diesem Platz geblieben. Symbolisches Gebäude dafür ist das weltweit renommierte Hôtel Ritz (Nr. 15). Die Schriftsteller Marcel Proust, Colette und Ernest Hemingway fühlten sich vom Luxus und der Eleganz angezogen und wurden zu Stammgästen. Traurige und fast mythische Bekanntheit erlangte dieser exklusive, prestigeträchtige Ort am 31. August 1997: Der Sohn des Hotelbesitzers, der Ägypter Dodi Al-Fayed, und seine Lebenspartnerin, die vom englischen Thronfolger geschiedene Prinzessin von Wales, Lady Diana, verunglückten nach einer Autofahrt mit weit überhöhter Geschwindigkeit im Tunnel unter dem Pont de l'Alma. Vorher hatten sie im Hôtel Ritz in der prächtigen Suite Impriale, der kaiserlichen Suite, zu Abend gegessen.

Das ursprünglich in der Mitte des Platzes aufgestellte Reiterstandbild des Sonnenkönigs fiel im Jahre 1792 den politischen Auseinandersetzungen der Französischen Revolution zum Opfer. Auf Anordnung Napoleons I. wurde 1810 zur Ehre seiner Großen Armee und deren Sieg in der Dreikaiserschlacht bei Austerlitz am gleichen Ort eine Triumphsäule errichtet. Sie wurde aus den erbeuteten, vorwiegend russischen und österreichischen Kanonen dieser militärischen Gefechte gegossen und nach dem Vorbild der

Trajanssäule in Rom gestaltet. Auf den spiralförmig ansteigenden Flachreliefs werden in Bronze die ruhmreichen Siege des Kaisers und seiner Armee abgebildet. Die Säule erhebt sich bis zur gigantischen Höhe von 44 Metern, die die einheitliche Harmonie und Geschlossenheit der Platzbebauung beeinträchtigt. Die Spitze des Monuments bildet eine Statue Napoleons I. im Gewand eines römischen Imperators, die im Laufe des 19. Jahrhunderts noch zweimal gemäß dem jeweils herrschenden offiziellen Bild des Kaisers ausgetauscht wurde.

Für die weiterhin begeisterten Anhänger der sich zum Mythos wandelnden Person des Kaisers stellte die Vendôme-Säule ein herausragendes Symbol der Verehrung dar, das die Erinnerung an sein Wirken wachhielt. Dazu trugen auch Lyrik und Chansons bei. Weite Verbreitung fand das Lied *La Colonne* des Chansonniers Emile Debraux (1796–1831), der ein leidenschaftlicher Anhänger Napoleons war. Im Vergleich zu seinem berühmten Komponistenkollegen auf dem Gebiet des Chansons wurde er ‚Béranger des Volkes' und ‚Béranger der Arbeiterklasse' genannt. Im Jahre 1818, als die nur vier Jahre zuvor von der Säule entfernte Statue des Generals eingeschmolzen wurde, dichtete er das Loblied auf das Bauwerk. Dessen zweite Strophe lautet:

Sei gegrüßt, Du riesenhaftes Denkmal
Bedeutender Werte und der schönen Künste,
Du allein rüstest unsere Festungen
Mit einem ritterlichen Charakter aus.
Mit welchem Ruhm umgibt Dich
Das Bild so vieler Heldentaten!
Ah! Wie stolz ist man, Franzose zu sein,
Wenn man die Säule betrachtet!

Der emphatische und mitreißende Schwung des Liedes hat nicht nur die Bedeutung des Bauwerks herausgestellt, sondern steht auch am Beginn der Legendenbildung Napoleons. Diese Chansons wurden von Chorgemeinschaften begeisterter Sänger, den sogenannten Goguettes, in populären Wirtshäusern gesungen und dadurch weit verbreitet.

Dieses nationale Pathos erfasst auch die Lyrik bedeutender Autoren. Als Victor Hugo in den zwanziger Jahren des 19. Jahrhunderts seine politische Haltung ändert und die royalistischen Positionen verlässt, wird er, ebenfalls in einem Gedicht über die Säule der Place Vendôme, zum Verkünder von Napoleons Siegen und Heldentaten. Die Verse finden sich als Siebte Ode in der Gedichtsammlung *Odes et Ballades* des Jahres 1828 und sind nach der dortigen Angabe im Februar 1827 verfasst worden. Die beiden ersten Strophen lauten:

Oh, da mit starker Hand die Säule er erbaute
Zu seinem Kaiserthron, auf den Europa schaute,
Demütig, als er es besiegt,
Erhab'nes Monument, das zwiefach unvergänglich,
– Vor welchem jeglich Ding ist klein und unzulänglich –
Aus Erz und Ruhm gefügt!

Als er sie auferbaut, daß sich daran zerschlügen
– Sei's im Erobrungskrieg, sei's in den Bürgerkriegen –
Der Heere mächt'ge Schar,
Auf unserm Marktplatz sich entsetzt darob entfärbten,
Die eures Namens Glanz als schwache Erben erbten,
Alexander und Cäsar!

Die beiden berühmten Feldherren der Antike im letzten Vers, die eine welthistorische Verbindung suggerieren, bezeichnen aber zeitgenössische Regenten, den russischen Zar Alexander I. und den österreichischen Kaiser Franz I, der als römisch-deutscher Kaiser Franz II. heißt. Als Sieger über die beiden bedeutenden Herrscher, den Zar und den Kaiser – zwei Begriffe, die aus dem Eigennamen Caesar abgeleitet sind – kann Napoleon danach als führender Staatsmann Europas gelten.

Doch das Bild des französischen Kaisers wandelte sich stark im Verlauf des 19. Jahrhunderts, besonders nach dem Staatsstreich seines Neffen im Jahre 1851, der als Napoleon III. den Thron bestieg. Die wachsende Opposition der Intellektuellen und Künstler gegen das Zweite Kaiserreich kulminierte nach dem Sturz Napoleons III. 1870 in der Revolution der Pariser Kommune. Nun geriet auch die Vendôme-Säule als Symbol bonapartistischer Herrschaft in den Blickpunkt der Aufständischen.

Gustave Courbet, führender Repräsentant der realistischen Maler in Frankreich, wurde von der Kommune zum Präsidenten der Kommission für die Museen und zum Beauftragten für die Schönen Künste ernannt. Er plädierte in dieser Debatte für den Abbau der Säule der Place Vendôme und ihren Aufbau im Bereich des Hôtel des Invalides. Doch die Kommune von Paris beschloss die Niederreißung der kaiserlichen Säule. Sie sei ein Denkmal der Barbarei, ein Symbol roher Gewalt und falschen Ruhms. Daraufhin wurde die Säule am 16. Mai 1871 mit großem Kraftaufwand zerstört. Der neue Präsident der Republik, Marschall MacMahon, ordnete jedoch zwei Jahre später den Wiederaufbau der Säule an ihrem alten Platz an. Die hohen Kosten für diese Aktion wurden ungerechterweise allein Gustave Courbet angelastet, der die Zerstörung gar nicht gefordert hatte. Er sollte die Summe in 33 Jahresraten zurückzahlen. Courbet starb im

Jahre 1877 im Schweizer Exil, bevor er die erste Rate des Strafgeldes überweisen konnte.

Nachdem die Säule einmal so spektakulär zerstört worden war, hatte sie in der Literatur trotz des Wiederaufbaus ihre symbolische Bedeutung für napoleonische Glanzzeiten und kaiserliche Heldentaten verloren. Sie wird des Öfteren zu einem unbedeutenden, nichtssagenden Bauwerk, dessen kunsthistorische Bedeutung und historische Aussagekraft kaum Beachtung finden. Es ist bezeichnend, dass die kleinbürgerliche Hochzeitsgesellschaft in Zolas Roman *L'Assommoir (Der Totschläger)* aus dem Jahre 1877, die auf ihrem Weg durch die Pariser Innenstadt die Gemälde des Louvre nur als Kuriositätensammlung wahrgenommen hatte, auch mit der Vendôme-Säule entsprechend umgeht. Die wechselhafte Geschichte des erst seit vier Jahren wiedererstandenen Bauwerks wird ebenso wenig beachtet wie die Aussagekraft der Flachreliefs. Der spiralförmige Aufgang zur Plattform dient durch seine Dunkelheit neckischen Spielchen zwischen Männern und Frauen und der Blick auf Paris nur der Aufzählung touristischer Sehenswürdigkeiten:

> *Als die Hochzeitsgesellschaft dann, auf dem Place Vendôme angekommen, die Säule betrachtete, war Herr Madinier darauf bedacht, den Damen eine Aufmerksamkeit zu erweisen; er bot ihnen an, in der Säule nach oben zu steigen, um sich Paris anzusehen. Sein Anerbieten schien sehr spaßig zu sein. Ja, ja, man müsse hinaufsteigen, darüber würde man lange lachen [...]. Und die Hochzeitsgesellschaft stieg hinauf. Auf der engen Spirale der Treppe kletterten die zwölf hintereinander hinauf. [...]. Als es dann völlig dunkel wurde, lachten sie sich bucklig. Die Damen stießen leise Schreie aus. Die Herren kitzelten sie, kniffen sie in die Beine [...]. Herr Madinier aber zeigte auf der Plattform bereits die Baudenkmäler [...]. Und er fuhr fort, mit dem Finger auf das Hôtel des Invalides, das Panthéon, die Notre-Dame-Kathedrale, den Turm Saint-Jacques und die Anhöhen des Montmartre zu zeigen. [...]. Rings um sie erstreckte Paris seine graue Unendlichkeit. [...].*

Vom nördlichen Ausgang der Place Vendôme biegt man links in die Rue des Capucines und dann nochmals links in den Boulevard de la Madeleine ein, um an dessen Ende zur Place de la Madeleine zu gelangen. Hier erhebt sich majestätisch die Église Sainte-Marie-Madeleine, meist kurz als Madeleine bezeichnet. Bei seiner Vollendung im Jahre 1842 blickte das Gebäude auf eine wechselvolle, fast achtzigjährige Baugeschichte zurück. Zunächst unter König Ludwig XV. als Barockkirche mit Kuppel geplant, wurde der Bau während der Französischen Revolution eingestellt. Es tauchten neue Pläne zur Nutzung des Bauwerks auf: Es sollte als Parlamentsgebäude für die Nationalversammlung, aber auch als Börse oder Bank dienen. Napoleon I.

änderte dann das Konzept. Der Bau sollte nun in eine Ruhmeshalle für seine Soldaten umgewandelt und im klassizistischen Stil ausgeführt werden. Nach der katastrophalen militärischen Niederlage im Russlandkrieg entschied sich Napoleon schließlich wieder für einen Kirchenbau, der nach dem verwirrenden Hin und Her der Konzepte nun ohne Glockenturm und ohne Glocken als pseudogriechischer Tempel zu Ende gebaut und unter dem Bürgerkönig Louis-Philippe im Jahre 1845 geweiht wurde. Das riesige Gebäude ist 108 Meter lang und 43 Meter breit; 52 korinthische Säulen von 15 Metern Höhe bilden ringsum die vier Außenseiten.

Die Madeleine-Kirche liegt an den im Zweiten Kaiserreich vom Präfekten Baron Haussmann geschaffenen Boulevards. Hier strömten viele kaufwillige Bürger aus Paris und der Provinz in die neu geschaffenen Geschäfte. Das Gebiet um die Kirche wurde allerdings auch zu einem der traditionellen Prostituiertenbezirke der Hauptstadt. Einer der bekanntesten Sänger Frankreichs nach dem Zweiten Weltkrieg, der Chansonnier Georges Brassens (1921–1981), dem die Académie française 1967 für sein Lebenswerk den Grand prix de poésie, den großen Lyrikpreis verlieh, hat diese Szene in der Umgebung der Kirche in einem Lied aus dem Jahre 1952 beschrieben:

Sie hatt' 'nen knackigen Popo und hübsche Beene
und ging auf Männerfang rund um die Madeleine.
Wie sie so sagte: „Na wie wär's denn mit uns zweien?"
Da war mir klar: das ist wohl eine von den Neuen.

Sie war begabt, das geb' ich zu, sie hatt' Genie;
doch ohne Technik ist Begabung nur Manie.
Gewiß doch, Nutte wird man nicht so leicht wie Nonne.
So etwa lernt man's auf Latein an der Sorbonne.

Die Madeleine-Kirche setzt städtebauliche Akzente. Sie bildet über die Place de la Concorde und die Seine ein Pendant zum Palais-Bourbon, dem Sitz der Assemblée nationale, der französischen Nationalversammlung, die die erste Kammer des Parlaments bildet. Als Parallelbau zur Madeleine-Kirche wurde der Palais-Bourbon im Jahre 1807 auf Geheiß Napoleons I. mit einer zwölfteiligen Folge pseudoantiker Säulen versehen. Der ägyptische Obelisk der zentralen Place de la Concorde liegt an der rechtwinkeligen Kreuzung zweier bedeutender städtebaulicher Achsen, die jeweils zwei antikisierende Bauwerke miteinander verbinden: die Säulenbauten der Madeleine-Kirche und des Palais-Bourbon einerseits, die beiden Triumphbögen des Arc de Triomphe de l'Étoile und des Arc de Triomphe du Carrousel andererseits.

6. Vom Hôtel de Ville über die Place de la Bastille zum Montmartre

Hôtel de Ville – Place des Vosges – Place de la Bastille – Montmartre – Sacré-Cœur – Place du Tertre – Le Lapin agile – Moulin Rouge – Place Pigalle

Métro-Linien 1, 11: Haltestelle Hôtel de Ville

Im Jahre 1357 erwirbt Étienne Marcel, der erste Vertreter der Kaufmannszunft in Paris, dem höchsten kommunalen Amt der Stadt, das Maison des Piliers, das Pfeilerhaus, an der Place de Grève, die damals im Zentrum des zur Hanse gehörenden Ortes lag. Damit sind die Vorformen des Bürgermeisters und seines Amtssitzes gegeben. Es wird aber noch bis ins Jahr 1977 dauern, bis Paris dauerhaft von einem Bürgermeister im Hôtel de Ville geleitet wird.

Die Place de Grève – übersetzt bedeutet dies Sandplatz – befand sich an einem abfallenden sandigen Ufer der Seine, wo die Schiffe ihre Ware anlandeten und eine städtische Kontrolle sich anbot. Dort versammelten sich auch die Arbeitslosen, um eine Beschäftigung bei der Verladung des Warenstromes zu erlangen. Aus „faire la grève“ entwickelte sich im Französischen aus der Bedeutung „arbeitslos sein“ später die Bezeichnung für „streiken“.

Der Platz war aber auch der Pariser Hauptort eines makabren Schauspiels: Hier fanden die Hinrichtungen statt. In Victor Hugos *Notre-Dame de Paris,* in dem das Kirchengebäude eine zentrale Rolle spielt, wird ein solches Ereignis aus dem Jahre 1482 geschildert. Die Szene beginnt damit, dass sich Esmeralda, die schöne Zigeunerin, zusammen mit dem Dichter Gringoire und dem Archidiakon Frollo in der Nacht der Place de Grève nähert:

So gelangten sie, immer den Kai entlanglaufend, an einen ziemlich großen Platz. Der Mond beleuchtete ihn ein wenig. Es war die Grève. Man sah in der Mitte eine Art schwarzes Kreuz ragen: das war der Galgen. Sie erkannte das alles wieder und sah nun, wo sie sich befand.

Hôtel de Ville

> *Der Mann blieb stehen, wandte sich nach ihr um und schlug seine Kapuze zurück. „Ach!“ stammelte sie versteinert, „ich wußte wohl, daß er es abermals war!“*
>
> *Es war der Priester. Er sah aus wie sein eigenes Gespenst. Das war die Wirkung des Mondlichts. Es scheint, daß man in solchem Licht nur Gespenster in den Dingen sieht.*
>
> *„Hör zu“, sagte er zu ihr, und sie schauderte bei dem Ton dieser furchtbaren Stimme, die sie seit langem nicht gehört hatte. Er fuhr fort. […]. „Höre. Wir sind jetzt hier. Ich will mit dir reden. Das ist die Grève. Wir stehen an einem Wendepunkt. Das Schicksal liefert uns beide einander aus.“*

Der Archidiakon versucht in dieser gespenstischen nächtlichen Szene, Esmeralda zur Flucht mit ihm zu überreden und sie dadurch vor dem Galgen zu bewahren. Aber die Zigeunerin lehnt das Angebot brüsk ab. Sie wird dem Henker ausgeliefert, der sie wenige Zeit später mit dem Strick hinrichtet.

Der bereits erwähnte Schriftsteller Louis-Sébastien Mercier hat in seinem *Tableau de Paris* aus dem Jahre 1788 nach einer kurzen Charakterisierung der Place de Grève eine zwar distanzierte, aber keine grundsätzlich ablehnende Haltung zu den Hinrichtungen erkennen lassen. Er tadelt allerdings die damalige Form der Exekutionen und verbindet damit eine scharfe Kritik an der Justiz:

> *Obschon vor kurzem erst erweitert, ist der Grève-Platz noch immer ziemlich eng. Doch auch um der Rentiers willen, die in jener Gegend wohnen und die ihr Geld dem König anvertrauten, sollte man die Hinrichtungen anderswohin verlegen, man würde so den Anwohnern des Platzes das widerliche Treiben ersparen, das einer jeden Exekution vorangeht. Nichts widerspricht der Würde des Gesetzes mehr als dieser wüste, schaudervolle Anblick. Indes steckt unsere ganze Strafjustiz in einem derart kläglichen Chaos, daß es noch ganz anderer Reformen bedürfte, damit sich die Exekutionen endlich von blutigem Mord und gnadenloser Rache unterschieden.*
>
> *Hat denn je ein Mörder, der im finsteren Walde auf sein Opfer lauert, dieses auf ein Sankt-Andreas-Kreuz gelegt, um ihm dann mit elf Schlägen die Knochen zu zertrümmern? […]. Wahrlich, grausamer noch als das Verbrechen ist die Justiz selber!*

Im Verlauf der Französischen Revolution wurde die Place de la Concorde, damals Place de la Révolution, zum Zentralort der Hinrichtungen in Paris. Während der Schreckensherrschaft von September 1793 bis Juli 1994 kam dort die Guillotine als effektives Exekutionsinstrument etwa 2500-mal zum Einsatz. Aber auch die Kritik an den Hinrichtungen nahm zu. Nach der Revolution wurde bis 1830 die Place de Grève wieder zentrale Exekutionsstätte. Die letzte Hinrichtung fand in Frankreich im Jahre 1977 in Fresnes statt. Die Todesstrafe wurde erst 1981 durch den neu gewählten Staatspräsidenten Mitterrand abgeschafft, viel später als in den anderen westeuropäischen Ländern.

Das mittelalterliche Haus an der Place de Grève wollte König Franz I. durch einen Neubau im Stil der Renaissance ersetzen, die Arbeiten zogen sich aber bis 1628 hin. Beim Aufstand der Kommune brannte das Gebäude 1871 ab. Die Dritte Republik ließ es dann in den Jahren 1874 bis 1882 in enger Anlehnung an den Vorgängerbau im Neo-Renaissancestil wieder errichten und wesentlich erweitern. Die Fassade schmücken eine Vielzahl von Statuen. Sie stellen berühmte Schriftsteller, Künstler und Philosophen dar, 108 Männer und Frauen, deren Geburtsort Paris ist; dazu 30 französische Städte, die mit allegorischen Figuren repräsentiert sind. Allerdings fehlen darunter immer noch Straßburg und Metz. Das Hôtel de Ville stand bei wichtigen historischen Ereignissen, insbesondere bei Revolutionen und Aufständen, im Mittelpunkt des Geschehens: bei der Französischen Revolution, den Revolutionen von 1830 und 1848, dem Kommuneaufstand, aber auch bei der Befreiung der Hauptstadt von der deutschen Besetzung 1944.

Paris hatte bis 1977 keinen Bürgermeister. Nur in einigen Krisenjahren – besonders in Revolutionszeiten – änderte sich dies. Geleitet und verwaltet wurde die Hauptstadt vom Präfekten von Paris und dem Polizeipräfekten der Stadt. Die staatlichen Führungskräfte befürchteten, dass ein gewählter Bürgermeister zu viel Macht und Einfluss bekäme und dadurch dem Staatspräsidenten und der Regierung gefährlich werden könnte. Diese Furcht wurde indirekt dadurch bestätigt, dass der erste 1977 gewählte Bürgermeister von Paris im Jahre 1995 zum Präsidenten der Republik wurde.

Von der nördlichen Seite der Place de l'Hôtel de Ville gelangt man rechts in die Rue de Rivoli, die nach knapp einem Kilometer in die Rue Saint-Antoine übergeht. Nach einer kurzen Wegstrecke erreicht man links die Rue de Birague, die direkt zur Place des Vosges führt – ein weiterer königlicher Platz, der als der schönste von allen angesehen wird. Er hat in seiner harmonischen und symmetrischen Einheitlichkeit als Vorbild für die anderen gedient.

Der Platz im Marais-Viertel wurde im frühen 17. Jahrhundert von König Heinrich IV. angelegt. Auch vorher war die Anlage herrschaftliches Terrain. Hier stand das Hôtel des Tournelles, seit der Mitte des 15. Jahrhunderts eine der bevorzugten Residenzen der königlichen Familie, es lag damals fast am östlichen Stadtrand von Paris. König Heinrich II., der Sohn von Franz I., gab hier im Jahre 1559 aus Anlass einer für die Dynastie bedeutenden Doppelhochzeit ein großes Fest. Heinrichs Tochter Elisabeth von Frankreich sollte mit König Philipp II. von Spanien verheiratet werden ebenso wie die Schwester des Königs, Margarete von Frankreich, mit dem Herzog von Savoyen. Am Ende der Feierlichkeiten fand ein Turnier in der Rue Saint-Antoine statt. Der König wollte zum Schluss nochmals seine besondere Geschicklichkeit im Umgang mit Lanzen vorführen. Obwohl ihn seine Umgebung energisch von diesem Vorhaben abbringen wollte, beharrte der König auf seinem Entschluss und nahm den Kampf gegen den Grafen von Montgomery auf. Das Unglück geschah. Der König wurde durch einen Lanzensplitter schwer am Auge getroffen, sofort zur Behandlung in das an den Turnierplatz direkt angrenzende Hôtel de Tournelles gebracht, starb aber zehn Tage später an seinen Verletzungen.

Diese Ereignisse werden ausführlich in Madame de Lafayettes Roman *La Princesse de Clèves (Die Prinzessin von Cleve)* geschildert. Das Hôtel wird nach dem Tod des Königs nochmals direkt erwähnt:

> *Sogleich als der König im Schloss Tournelles verschieden war, führten der Herzog von Ferrara, der Herzog von Guise und der Herzog von Nemours die Königinmutter, den [neuen] König und seine Frau zum Louvre. Der Herr von Nemours führte die Königinmutter.*

Place des Vosges

Der Tod des Königs gestaltete das Leben am Hof grundlegend um, veränderte die politischen Konstellationen und ließ nun den Kardinal von Lothringen die Grundlinien der Herrschaft bestimmen.

Der Witwe Heinrichs II. war das Hôtel de Tournelles wegen des Todes ihres Ehegatten verhasst und sie verfügte im Jahre 1564 seinen Abriss. Das Terrain wurde zum Pferdemarkt. Erst König Heinrich IV. erkannte die Bedeutung des Geländes wieder. Er veranlasste, ab 1604 weitgehend identische Stadtpalais aus rotem Ziegelstein, die mit hellen Steinen als Rahmung durchbrochen waren, zu bauen. Jeweils neun Gebäude stehen auf jeder Seite, insgesamt sind es 36. Die Häuser sind dreistöckig, im Erdgeschoss laufen Arkaden ringsum, die Vorbild für andere Bauten wurden, wie man an der Rue de Rivoli sieht. Hoch aufragende Schieferdächer, die von Lukarnen durchbrochen sind, bilden den Abschluss nach oben. Nur zwei der Häuser, der Palais des Königs im Süden und der Palais der Königin im Norden des Platzes, die als Torgebäude ausgestaltet sind, wurden höher als die übrigen gebaut, um in der hierarchischen Gesellschaft des 17. Jahrhunderts die Rangunterschiede deutlich zu markieren. Der König und die Königin haben die beiden Gebäude jedoch nie bewohnt.

Die Harmonie des Platzes, in die bis heute keine wesentlichen Eingriffe vorgenommen wurden, lässt diese Bauwerke des frühen 17. Jahrhunderts auch heute noch eindrucksvoll erscheinen.

Der im Jahre 1612 feierlich eingeweihte Platz ist das erste systematisch angelegte Terrain in Paris und markiert den Beginn der durch Heinrich IV. geförderten planerischen Städtebautätigkeit. Das Gelände wurde aufgrund der königlichen Initiativen Place Royale genannt. Es entwickelte sich zum Zentrum urbanen Lebens, die Adligen und das Großbürgertum pflegten hier zu promenieren, es wurde ein Ort erotischer Erlebnisse, aber auch dramatischer Duelle. Kardinal Richelieu, der später ein Duellverbot erlassen sollte, ließ 1639 in der Mitte des Platzes ein bronzenes Reiterstandbild Ludwigs XIII. aufstellen, um dort Duelle zu verhindern. In der Französischen Revolution wurde die Einschmelzung der Statue veranlasst, ein neuer Abguss ersetzte sie später.

Die Bedeutung des Platzes als Stätte mondänen Lebens veranlasste Schriftsteller, den Ort als Rahmen für ihre Werke auszuwählen. Der Dramatiker Jean de Claveret (1590–1666), der in der Auseinandersetzung um Pierre Corneilles Drama *Le Cid* eine Rolle – gegen das Werk – spielte, veröffentlichte 1635 eine Komödie mit dem Titel *Place Royale.* Corneille folgte im Jahre 1637 ebenfalls mit einer Komödie mit dem Titel *La Place Royale ou l'Amoureux extravagant (Die Place Royale oder der überspannte Liebende).* Zu Beginn des Stückes hat er vermerkt, dass die Handlung auf der Place Royale spielt. Am Anfang der vierten Szene des ersten Aktes heißt es:

Dich auf der Place Royale zu treffen,
Einsam und so nahe Deinem süßen Gefängnis
Zeigt doch, dass Phylis nicht zu Hause ist.

Auch in Corneilles Komödie *Le Menteur (Der Lügner)* aus dem Jahre 1644 kommen Bezüge zur Place Royale vor. Die Akte zwei bis fünf spielen an diesem Ort. In einer zweiten Ausgabe des Textes, ebenfalls aus dem Jahre 1644, findet sich in der fünften Szene des zweiten Aktes der Hinweis auf die „Ordnung und Schönheit dieser großen Gebäude".

Während der Herrschaft Ludwigs XIV. verlor der Platz an Bedeutung. Den Sonnenkönig interessierten vielmehr die Pläne für sein Schloss in Versailles. Die Revolutionäre änderten den Namen der Place Royale. Er hieß nun – wie auch heute noch – Place des Vosges. Der Konsul Napoleon hatte dies im Jahre 1800 verfügt, weil das Elsass als erstes von allen Departements seine Steuern der revolutionären Bewegung bezahlt hatte.

Im 19. Jahrhundert beschreibt der Dichter und Erzähler Gérard de Nerval in seiner Erzählung *La Main enchantée (Die verzauberte Hand)* die Place Dauphine und vergleicht sie mit der Place des Vosges:

Nichts ist so schön wie diese Häuser des 17. Jahrhunderts, von denen die Place Royale eine so erhabene Ansammlung bietet. Wenn ihre Ziegelfassaden, die von Bändern und Ecken aus Stein vermischt und umrahmt sind, und ihre hohen Fenster durch die herrlichen Strahlen des Sonnenuntergangs in Flammen erglühen, dann fühlen Sie, wenn Sie das sehen, dieselbe Verehrung wie vor einer Kammer des Parlaments, die sich in roten Roben mit Revers aus Hermelin versammelt hat.

Die Lyrikerin Renée Mauger-Kauffmann hat im 20. Jahrhundert ein Gedicht der Place des Vosges gewidmet. Sie ist im Jahre 1970 für ihren Gedichtband *Face au rêve* mit dem Lyrikpreis der Académie française ausgezeichnet worden.

Place des Vosges

Altmodisch wirkt sie, und ihr Charme ein wenig abgenutzt,
Doch steht sie, einer Gräfin gleich, noch hoheitsvoll und fest,
Mit Schleiern zart verhüllt, mit Bändern hell geputzt;
Ihr müdgeword'ner Blick das Einst erstehen läßt.

Verlass'ner Kreuzgang ist sie, von der Weltstadt unberührt,
Wo unter den Arkaden nur die Stille wartet und berauscht
Die Menschen, müd des Lärms, die Seele hier erspürt
Erzählungen voll Spannung, der Geschichte abgelauscht.

Von Herrschaftshäusern in dem Stil der Renaissance
Sieht man Fassaden, rot und weiß, in strenger Eleganz;
Dann denkt man Richelieu, Sully und Bossuet sich her,

Delorme und Sévigné, berühmt, brillant, voll Heiterkeit;
Du stolze, stille Stätte, deren Garten lang schon leer,
In deinen alten Mauern schlummert Frankreichs Blütezeit.

Das Sonett resümiert in knapper lyrischer Form Vergangenheit und Gegenwart der Place des Vosges und stellt der Zeit des 17. Jahrhunderts mit den prominenten Persönlichkeiten, die hier in den Stadtpalais wohnten, die Ruhe des Platzes in der heutigen Zeit gegenüber – das bewegte Leben hochgestellter Persönlichkeiten des „Grand siècle", wie es im französischen Text heißt, mit dem verblichenen Charme und angestaubten Aussehen heute.

Wenn man sich von der Place des Vosges zurück in die Rue de Birague und dann links in die Rue Saint-Antoine begibt, erreicht man nach wenigen Metern die Place de la Bastille.

Die Bastille gilt als der symbolische Erinnerungsort an die Französische Revolution von 1789, die mit der Erstürmung dieses verhassten Staatsgefängnisses begann. Doch bis auf die Steine, die im westlichen Teil des Platzes den Mauerverlauf der ehemaligen Festung auf dem Boden markieren, erinnert hier nichts mehr an dieses für die Geschichte Frankreichs und der westlichen Welt bedeutende Ereignis – auch nicht die beiden bestimmenden Monumente des Platzes, die 51 Meter hohe Colonne de Juillet, die Julisäule, und die neue Oper. Die Säule in der Mitte des Platzes ist zwar den getöteten Aufständischen einer Revolution gewidmet, aber es handelt sich um die Revolution von 1830, in der König Karl X. gestürzt wurde und der Bürgerkönig Louis-Philippe an die Macht kam. Im Innern der Säule kann man über eine Wendeltreppe an der Spitze eine Plattform erreichen, die sich unterhalb der allegorischen Figur der Freiheit befindet und eine schöne Aussicht besonders auf den östlichen Teil der Hauptstadt bietet.

Die neue Oper, die auf Anregung des Staatspräsidenten Mitterrand der kanadische Architekt uruguayischer Herkunft Carlos Ott in der Zeit von 1983 bis 1989 geschaffen hat, sollte modern und populär werden. Ihre Aufgabe war es, die zweite Oper der Stadt, die Opéra Garnier, zu entlasten. Das mächtige kurvig-rechteckige Gebäude mit seiner silbergrauen Fassade ist aber zum zentralen Opernhaus der Stadt mit 2703 Plätzen geworden, das sich nicht durch besondere Volksnähe auszeichnet. Die Opéra de Paris-Bastille war zugleich Teil des Plans zur Entwicklung des Pariser Ostens. Heute werden in der alten Opéra Garnier besonders Ballettaufführungen dargeboten, teilweise aber auch noch Opern gespielt.

Die Opéra-Bastille befindet sich heute etwa an dem Ort, an dem im Mittelalter die große Festungsanlage stand. Diese wurde unter König Karl V. zwischen 1370 und 1382 erbaut und sollte zur Verteidigung gegen die Engländer als östliches Stadttor, aber auch zum Schutz des königlichen Wohnsitzes in der nahen Rue Saint-Antoine dienen. Der Herrscher ließ die Bastille, die kleine Bastion, mit starken Befestigungsmauern und acht über zwanzig Meter hohen Türmen errichten, die aber bei sieben feindlichen Angriffen nur einmal ihre Schutzfunktion erfüllte. Die Festung diente zunächst auch als Schatzkammer des Königs; das galt noch Anfang des 17. Jahrhunderts unter Heinrich IV., als Mathurin Régnier (1573–1613), der Verfasser satirischer Gedichte, das Finanzgebaren der oberen Stände scharf kritisierte:

Betrachten wir doch diese Äbte, diese Söhne der staatlichen Financiers,
Deren Wucher treibende Väter seit 50 Jahren
Mit vollen Händen ihrer Familie mehr Geld zusammengestohlen haben,
als der König in seiner Bastille besitzt.

Seit dem 15. Jahrhundert diente die Bastille auch als Staatsgefängnis, das aber in dieser Funktion erst durch den Staatsminister Ludwigs XIII., Kardinal Richelieu, im frühen 17. Jahrhundert systematisch genutzt wurde. Die Eingekerkerten, hauptsächlich aus den beiden oberen Ständen, wurden durch königlichen Geheimbefehl, die berüchtigten lettres de cachet, ohne Gerichtsverfahren direkt in die Bastille eingeliefert. Dies traf auch Schriftsteller, die durch kritische Formulierungen in ihren Werken den Unwillen des Königs und seiner Minister auf sich gezogen hatten. Bedeutende Autoren gehörten dazu: La Rochefoucauld, der Verfasser der berühmten *Maximen*, Voltaire, der zweimal einsaß, der Publizist Mirabeau und der Marquis de Sade. Er soll einen seiner lasziven Romane *Les cent-vingt jours de Sodome (Die 120 Tage von Sodom)* in der Bastille geschrieben haben, wurde aber wenige Tage vor der Erstürmung der Bastille in das königliche Hospital – und zugleich Gefängnis – von Charenton verlegt.

In seinem *Tableau de Paris (Mein Bild von Paris)*, das vollständig 1788 in 12 Büchern erschien, gibt Louis-Sébastien Mercier eine dramatische Beschreibung der Verhältnisse in der Bastille:

> *Staatsgefängnis! Mit diesem einem Wort weiß man Bescheid! Saint-Foix sagt, dies Schloss sei, wenn auch unbefestigt, die fürchterlichste Festung von Europa.*
>
> *Weiß man, was sich in der Bastille zugetragen hat, was sie einschließt, wer in ihr gefangen lag? Wie wird man je die Geschichte des XIII., des XIV. und des XV. Ludwigs schreiben können, solange man die Geschichte der Bastille nicht kennt? […].*
>
> *Oh, ihr undurchdringlichen Mauern, hinter denen das Gestöhn und die Seufzer ungezählter Opfer dreier Könige ungehört verhallten, wäre euch doch Sprache gegeben! Wie anders klänge eure entsetzliche Wahrheit, als das, was die Geschichte mit schüchterner, devoter Zunge zu berichten weiß! […].*

Am Ende der Herrschaft Ludwigs XVI. hatten sich die Zustände im Staatsgefängnis aber schon wesentlich verändert. Die Anzahl der Gefangenen war bei Ludwig XIV. mit 40 Inhaftierten relativ gering, bei Ludwig XV. waren es noch knapp 20. Im Jahre 1784 wurden auch die gefürchteten lettres de cachet abgeschafft. Als die etwa 650 Aufständischen am 14. Juli 1789 die Bastille stürmten, fanden sie gerade noch sieben Gefangene: vier kleine Wirtschaftskriminelle, zwei Geisteskranke und einen unter sexuellen Perversionen leidenden Häftling, den seine eigene Familie dort eingeliefert hatte. Die revolutionäre Volksmenge feierte zwar die Eroberung der Bastille als Sieg über die absolutistische Herrschaft des Königs und eine verhasste Tyrannei, aber niemand hat damals wirklich die Tragweite dieses historischen Ereignisses verstanden.

Louis-Sébastien Mercier hatte ein Jahr vorher in seinem *Tableau* festgestellt, dass im Volk eher das Châtelet als Gefängnis gefürchtet war: „Ansonsten aber graut den kleinen Leuten mehr vor dem Châtelet als vor der Bastille: letzteres Gefängnis fürchten sie schon deshalb kaum, weil es ihnen weitgehend fremd geblieben ist; die Eigenschaften, die einen dorthin bringen können, gehen dem Volke ab."

Dies war auch deshalb verständlich, weil die Bastille eine Haftanstalt für die oberen Stände war und die Inhaftierten der Bevölkerung oft kaum bekannt waren. Der deutsche Schriftsteller und Publizist Ludwig Börne, der sich ab 1830 in Paris niederließ, wunderte sich noch um 1835 in seinen *Studien über Geschichte und Menschen der Französischen Revolution* darüber, dass gerade die Bastille vom Volk gestürmt worden war:

> *Die Widersacher der Revolution haben sich oft über das Pariser Volk lustig gemacht, das so dumm gewesen, die Bastille zu zerstören, die doch seine Freiheit nie bedrohte, da es nur ein Gefängnis für die höheren Stände war, und die Conciergerie, das Gefängnis für die niederen Klassen, stehen zu lassen.*

Die Französische Revolution, die heute als eine der wesentlichen Wendepunkte der europäischen Geschichte gilt – Abschaffung des absolutistischen Staates, Propagierung der Menschen- und Bürgerrechte und Vorbereitung des modernen demokratischen Verfassungsstaates –, wurde von zeitgenössischen Autoren teilweise enthusiastisch gefeiert, teilweise aber auch kritisch beurteilt. Zu den letzteren zählt der romantische Schriftsteller und Politiker François-René de Chateaubriand (1768–1848), der seine Eindrücke vom Beginn der Französischen Revolution in seinen Erinnerungen unter dem Titel *Mémoires d'outre tombe (Erinnerungen von jenseits des Grabes)* niederschrieb. Sie erschienen ab 1848 gegen seinen Willen noch zu Lebzeiten des Autors. Er schildert darin als Zeitzeuge seine Beobachtungen bei der Erstürmung der Bastille und lässt rückblickend seine Enttäuschung über den Verlauf der Französischen Revolution schon bei der Schilderung der ersten entscheidenden Ereignisse deutlich hervortreten:

> *Am 14. Juli wird die Bastille gestürmt. Als Zuschauer war ich Zeuge dieses Sturmes gegen ein paar Invaliden und einen furchtsamen Gouverneur; wären die Tore verschlossen gewesen, niemals wäre das Volk in die Festung eingedrungen. Ich sah, wie zwei oder drei Kanonenschüsse abgefeuert wurden, aber nicht von den Invaliden, sondern von den Gardes Françaises, welche die Türme bereits besetzt hatten. De Launay [der Gouverneur der Bastille] wird aus seinem Versteck geholt und nach tausend Mißhandlungen auf den Stufen des Rathauses niedergemetzelt […]. Wie*

bei den Straßenkämpfen in Rom unter Otho und Vitellius gab man sich inmitten dieses Mordens hemmungslosen Orgien hin. Man fuhr die glückstrunkenen Sieger der Bastille, die in den Kneipen zu Eroberern erklärt wurden, in Kutschen spazieren, Prostituierte und Sansculotten begannen zu herrschen und gaben ihnen das Geleit. Passanten zogen mit dem Respekt der Furcht ihren Hut vor diesen Heroen, deren einige auf dem Höhepunkt ihres Triumphes vor Erschöpfung starben.

Schon zwei Tage nach der Erstürmung begann die Zerstörung der Bastille bis auf die Grundmauern. Das Viertel um den Platz verlor seine königlich-aristokratische sowie großbürgerliche Prägung und wurde zu einer populären Gegend (dem „proletarischen Pariser Osten") mit Handwerkern, kleinen Gewerbetreibenden, Kaufleuten, Gastwirten und Künstlern. Auch Kleinkriminelle, Prostituierten und Zuhälter wurden angezogen. Die städtebauliche Umgestaltung begann. Die Place de la Bastille wurde zu einem großen Verkehrsknotenpunkt umgestaltet, an dem elf Straßen mündeten – damit korrespondiert der Platz mit der Place de l'Étoile am westlichen Ende der Boulevards, von dem zwölf Straßen ausgehen. Der Romanschriftsteller und Chansonnier Aristide Bruant (1851–1925) hat dieses kleinbürgerliche Milieu am Ende des 19. Jahrhunderts in einem Lied besungen:

An der Bastille

Ihr Papa nennt sich Abraham,
Zur Welt er auf der Straße kam,
Auch seine Tochter lebt durch sie
An der Bastille.

Mit fünfzehn hieß man sie Nini,
War dick und rundlich wie ein I,
Und fremde Taschen leerte sie
An der Bastille.

Und als sie sechzehn, bitte sehr,
Rief man sie … ach, ich weiß nicht mehr.
Sie stand am Gitter vis à vis
An der Bastille. […].

Heut kellnert sie in einem Haus
Und schenkt das Bier in Strömen aus,
Auch der Champagner fließt wie nie
An der Bastille.

Typisch für diese Art von Chansons ist der proletarisch-soziale Charakter dieser Lieder, der mit der gesellschaftlichen Realität des Viertels in engem

Zusammenhang steht. Diese Prägung hat sich bis in die zweite Hälfte des vergangenen Jahrhunderts erhalten. In den letzten Jahrzehnten hat sich dieses Viertel durch die staatlich gesteuerte Aufwertung des Pariser Ostens, auch den Neubau der Opéra-Bastille, zu einer schicken Modegegend entwickelt. Die unteren sozialen Schichten werden vertrieben und es entstehen teure Eigentumswohnungen oder sanierte Häuser mit hohen Mieten.

Bis heute ist der Platz Versammlungsort für Protestveranstaltungen und Siegesfeiern besonders der Linken. Hier begingen sowohl François Mitterrand 1981 als auch François Hollande 2012 vor einer jubelnden Menge festlich ihre jeweilige Wahl zum französischen Staatspräsidenten.

Der zweite Teil dieses Kapitels führt zur höchsten Erhebung von Paris, dem 130 Meter hohen Montmartre. Von der Haltestelle Bastille aus kann man am besten mit der Métro-Linie 1 zur Station Nation und von dort mit der Linie 2 zur Haltestelle Anvers fahren.

Erst im Jahre 1860 wurde das Dorf Montmartre auf Veranlassung des Präfekten Baron Haussmann nach Paris eingemeindet. Es bildet heute das 18. Arrondissement der französischen Hauptstadt. Vor 1860 lag Montmartre außerhalb der Pariser Stadtmauern, die zugleich eine wichtige Zollgrenze darstellten. Waren, besonders auch alkoholische Getränke, unterlagen beträchtlichen Abgaben. Ein trefflicher Grund für die minderbemittelte Pariser Bevölkerung, das Dorf Montmartre für vergnügliche Ausflüge zu nutzen. Der 23-jährige deutsche Dichter und Politiker Ludwig Uhland berichtete schon im Jahre 1810 in einem Brief an seine Eltern von dieser günstigen Gelegenheit:

> *Die Aussicht vom Montmartre hat jedoch wirklich etwas Erhebendes, die ungeheure Stadt auf einmal und in solcher Nähe zu übersehen. Sonderbar ist es, daß Paris rings mit Windmühlen umgeben ist. Bei den Windmühlen auf dem Montmartre ist ein Restaurateur. Man sitzt hier im Freien, hat die Ansicht der Stadt und guten Wein, der wohlfeil ist, weil diese Vorstadt schon außerhalb der Barrieren liegt und deshalb der Einfuhrzoll wegfällt.*

Trotz des dörflichen Charakters hat das industrielle Zeitalter schon damals auf dem Montmartre deutliche Spuren hinterlassen. Der reichlich vorhandene Gips auf dem Hügel diente als Baumaterial für die Stadt. Das Gestein wurde gebrannt und dann gemahlen, deshalb benötigte man eine größere Anzahl von Windmühlen, die Ludwig Uhland bei seinem Besuch aufgefallen waren. Von den etwa 30 Mühlen sind nur noch zwei erhalten geblieben, eine von beiden ist die Moulin de la Galette in der Rue Lepic. Ihr Besitzer hatte zusätzlich noch eine Schenke eröffnet und heiße Crêpes, die Galettes, angeboten, die der Mühle den Namen gaben. Schließlich kam ein volkstümliches Tanzlokal unter freiem Himmel hinzu, dessen fröhlich-rustikale Atmosphäre der impressionistische Maler Auguste Renoir 1876 auf seinem bekannten Gemälde *Le bal du Moulin de la Galette (Das Tanzvergnügen in der Galette-Mühle)* verewigt hat.

Der Gips wurde in offenen Steinbrüchen und in unterirdischen Schächten so intensiv gefördert, dass in der Mitte des 19. Jahrhunderts der Abbau wegen Einsturzgefahr eingestellt wurde. Die Landschaft hatte dadurch aber Schaden gelitten. Der Dichter und Erzähler Gérard de Nerval beschreibt im Jahre 1854 in seinen *Promenades et Souvenirs (Spaziergänge und Erinnerungen)* den äußeren Anblick des industriell genutzen Berges:

> *Ich habe längere Zeit auf dem Montmartre gewohnt, man genießt hier eine sehr frische Luft, mannigfaltige Ausblicke und man entdeckt hier wunderbare Himmelserscheinungen […]. Nicht selten findet man hier auch malerische Stofffetzen auf den Schultern der Arbeiter. Die hier und dort rissigen Anhöhen lassen das Absinken des Geländes am Ort der ehemaligen Steinbrüche erkennen; aber nichts ist schöner als der Anblick des großen Hügels, wenn die Sonne das ockerfarbene Rot des Geländes erstrahlen lässt, das Gips und Lehmadern durchziehen, seine kahlen Felsen und einige noch ziemlich belaubte Baumgruppen, wo sich kleine Schluchten und Fußwege schlängeln.*

Die von Nerval erwähnten Arbeiter bevölkerten wegen der günstigen Mieten immer stärker das Gelände auf dem Montmartre. Die Einwohnerzahl wuchs gewaltig: Sie stieg von 6850 im Jahre 1836 auf 36 450 im Jahre 1856. Zunächst waren es die einfachen Leute, die sich hier ansiedelten, weil sie die Mieten in Paris nicht mehr zahlen konnten, die durch die gewaltigen Baumaßnahmen in die Höhe geschnellt waren. Der französische Schriftsteller und Chansonnier Aristide Bruant ist mit seinen volkstümlichen Liedern in der Sprache der damaligen kleinen Gauner und Bettler, dem Argot, der populäre Sänger und Repräsentant der kleinen Leute geworden, wie ihn auch die Plakate von Henri de Toulouse-Lautrec darstellen. Bruant hatte in seiner Jugend das arme und verkommene Milieu auf dem Montmartre kennengelernt, das er in seinen Chansons besang – eine Welt, die ihn mit einer seiner letzten Interpretinnen, Edith Piaf, verbindet. In dem Lied *À Montmerte* schildert er die damaligen Lebensumstände:

> *Gemeiner Herkunft bin ich zwar,*
> *Mein Vater bloß ein Säufer war*
> *Der Rue Berthe.*
> *Doch hausen seit 'ner Ewigkeit*

Ich und die Meinen ohne Streit
Am Montmerte.

Um achtzehnhundertsiebenzig,
Da starb Papa elendiglich
Am Absinthe.
Siebenundvierzig wurde er
Und ruht im Grabe drin seither
Am Montmerte.

Schon zwei, drei Jahre später traf
Mich, seinen Sohn, der stets so brav,
Neue Härte.
Denn eines Tags um Abend rum
Fiel meine arme Mutter um
Am Montmerte.

Seitdem hab ich kein Glück gemacht,
Und ich verbrachte manche Nacht
In der Kälte.
Auch Hunger hatte ich, ganz klar,
Weil nicht mal Brot zu finden war
Am Montmerte.

Im Deutsch-Französischen Krieg von 1870/71 wehrte sich die Bevölkerung von Montmartre sehr energisch gegen die Belagerung der französischen Hauptstadt durch die preußische Armee. Zum Schutz vor der Eroberung durch die deutschen Truppen transportierte die Pariser Nationalgarde die Kanonen, die durch eine Anleihe der Bevölkerung bezahlt worden waren, auf drei Anhöhen der Stadt, vor allem auf den Montmartre. Die provisorische Regierung Frankreichs betrieb gegen den Willen der Einwohner von Paris die vorzeitige Kapitulation der ausgehungerten Hauptstadt, die am 28. Januar 1871 erfolgte. Der darauffolgende Waffenstillstand in Versailles bestätigte die Einstellung der Kämpfe. Das rief Unruhen mit aufrührerischen Ausschreitungen bei den Bewohnern hervor. Als die im Februar 1871 neu gewählte royalistische Regierung sich der Kanonen auf dem Montmartre bemächtigen wollte, um sie gegen die eigene aufständische Bevölkerung zu richten, brach hier am 18. März 1871 eine gewaltsame Revolution, die Commune, aus. Mit ihren zukunftsgerichteten Beschlüssen (kostenloses Unterrichtswesen, Öffnung der Berufsschulen, Trennung von Kirche und Staat, Stärkung der Rechte der Frau) forderte sie die konservative Regierung und die Bourgeoisie heraus, die sich in der blutigen

Woche vom 21. bis zum 28. Mai 1871 grausam rächte. Etwa 30 000 Menschen kamen bei den Kämpfen, Massenexekutionen und den zahlreichen Todesurteilen ums Leben, mehr als bei jeder anderen revolutionären Erhebung in Paris. Der Blutzoll der Bevölkerung auf dem Montmartre war prozentual besonders hoch.

Neben den Arbeitern kamen nach 1871 verstärkt die Künstler und Schriftsteller hierher, um vom billigen Wohnraum und den günstigen Lebensbedingungen zu profitieren oder sich wenigstens in den zahlreichen Cafés mit ihren Kollegen auszutauschen. Ein beträchtlicher Teil der avantgardistischen europäischen Maler und der fortschrittlichen französischen Literaten bevölkerte nun den Hügel, la Butte, wie er volkstümlich genannt wurde. Sie schufen eine weithin bekannte Bohème-Atmosphäre, die immer neue Künstler anzog. Zuerst kamen die Impressionisten, Manet, Degas, Monet, Renoir, Pissarro und Sisley; später folgten van Gogh, Toulouse-Lautrec, Picasso, Derain, Braque, Utrillo, Modigliani und Gris – die Malerelite der damaligen Zeit versammelte sich auf dem Montmartre. Doch den Künstlern, die oft noch um ihre Anerkennung kämpften, ging es wirtschaftlich meist gar nicht gut. Bezeichnend dafür ist die Beschreibung der Wohnverhältnisse Picassos im Jahre 1907. Der spanische Maler hatte sein armseliges Atelier seit 1904 im Künstlerhaus Bateau-Lavoir (heute 13, Place Emile-Goudeau), in dem unter anderem auch die Maler Gris und Modigliani sowie die Schriftsteller Max Jacob und Guillaume Apollinaire wohnten. Der in Deutschland geborene Kunstschriftsteller und Kunsthändler Daniel-Henry Kahnweiler, der 1937 in Paris die französische Staatsbürgerschaft annahm, besuchte Pablo Picasso Anfang 1907 und schildert seine Eindrücke in dem Buch *Mes galeries et mes peintres (Meine Maler – meine Galerien),* das im Jahre 1961 erschien:

Ich machte mich also eines Tages auf den Weg zu Picasso – Rue Ravignan Nr. 13. Zum erstenmal stieg ich die Treppen zur Place Ravignan hinauf, die ich später noch so oft betrat, um die Maler im „Bateau-Lavoir“ zu besuchen. […]. Schließlich stand ich vor Picassos Tür. […].

Ich klopfte und ein junger Mann mit nackten Beinen und offenem Hemd öffnete die Tür, nahm mich bei der Hand und führte mich herein. […]. Man macht sich keine Vorstellung von der Ärmlichkeit, dem kläglichen Elend jener Ateliers in der Rue Ravignan. Nur das Atelier von Juan Gris war vielleicht noch entsetzlicher als das Picassos. Die Papiertapete hing in Fetzen von den Bretterwänden. Auf allen Zeichnungen, den aufgerollten Leinwänden und auf dem durchgelegenen Diwan lag dicker Staub. Neben dem Ofen erhob sich wie erstarrte Lava ein Berg Asche. Es war gräßlich.

Doch in diesem heruntergekommenen Atelier befand sich Picassos Bild *Les Demoiselles d'Avignon,* das als erstes Bild der Stilrichtung des Kubismus gilt und das der Maler im Juli 1907 vollendete. Kahnweiler wurde trotz der ernüchternden Einblicke in Picassos Lebensumstände bald darauf der Galerist des Künstlers.

Zu den Malern auf dem Montmartre gesellten sich auch Schriftsteller. Außer den schon erwähnten Max Jacob und Guillaume Apollinaire im Atelierhaus Bateau-Lavoir gehörten zu dieser Gruppe noch Paul Verlaine, Francis Carco sowie Pierre Reverdy und die für die Welt des Montmartre repräsentativen Autoren Charles Cros, Aristide Bruant und Roland Dorgelès. Diese Maler und Schriftsteller in der Zeit zwischen 1871 und 1914 prägen noch heute das Bild vom Charme der ungezwungenen Bohèmeexistenz und von der Gemeinschaft führender avantgardistischer Künstler und Literaten auf dem Montmartre.

Die Atmosphäre auf dem Hügel bewahrte weiter ihren ländlich-reizvollen Charakter, wie der Romancier Roland Dorgelès (1886–1973) rückblickend im Jahre 1932 feststellte:

> *Zu Beginn des Jahrhunderts war der Montmartre noch eine Art Dorf. Hier traf man noch auf Bauernhäuser mit ihren Höfen, alten Brunnen, Hühnerställen, Straßenbrunnen in der Form von Grenzsteinen, Boulespiele, Klostermauern mit Spalierobstbäumen und Kartoffelfelder. Ich glaube, wenn man richtig gesucht hätte, wäre auch noch eine Viehtränke aufgetaucht. Es gab ebenfalls noch eine Molkerei, wo man sah, wie Kühe gemolken wurden, und in den Obstgärten der Rue Saint-Vincent versteckte sich eine strohgedeckte Hütte, die letzte von Paris.*

Doch schon vor dem Ersten Weltkrieg verlor die Atmosphäre auf dem Montmartre für die Künstler allmählich ihre Anziehungskraft. Die Gruppe verließ nach und nach ihre bisherigen Wohnungen und bevorzugten Treffpunkte, um sich vor allem in Richtung Montparnasse zu orientieren. Diese Tendenz setzte sich nach dem Ersten Weltkrieg fort.

Le Piéton de Paris (Der Wanderer durch Paris), Léon-Paul Fargue, hat im Jahre 1938 auch von den Cafés des Montmartre ein düsteres Bild gezeichnet. Nach 1918 waren hier einige von ihnen für einen Teil der Künstler noch ein Forum, in dem man sich mit Kollegen über ästhetische Fragen austauschte. Jetzt hatten sich diese Cafés für breite Bevölkerungsschichten geöffnet und andere Geschäftsformen vorgezogen. Damit verloren sie ihren hervorgehobenen Status als Treffpunkt für ein elitäres Künstlerpublikum:

> *Mein Leben hat sich so abgespielt, daß ich alle Cafés von Montmartre kenne [...]. Am Abend lebt Montmartre nur durch seine Cafés, die in diesem Quartier das*

ganze Licht des Lebens erstrahlen lassen. An dem Boulevard-Fluß wie Boote aufgereiht, sind sie fast alle einem bestimmten Kundenkreis vorbehalten. Ein Café für beschäftigungslose Saxophonspieler, ein Café für armenische Schneider, ein Café für spanische Friseure, ein Café für nackte Frauen, Tänzerinnen, Oberkellner, bookmakers, Strichjungen, das geringste Lokal scheint darauf eingerichtet zu sein, bestimmten Berufszweigen oder solchen, die einwandfrei zu den Vagabunden gehören, Getränke zu servieren. [...]

Die Cafés von Montmartre sind tot. Sie sind durch Geschäfte ersetzt worden, durch Bars oder Grills.

Inzwischen haben Touristenschwärme den Montmartre tagsüber eingenommen und nachts die Amüsierbetriebe um die Place Pigalle intensiv bevölkert. Aber es gibt abseits der Menschenansammlungen immer noch Bereiche, in denen sich der Charme und die Bohèmeatmosphäre des ehemaligen Pariser Künstlerviertels noch erahnen lassen.

Der Montmartre hat sich besonders nach dem Zweiten Weltkrieg in unterschiedliche Richtungen entwickelt. Wie viele verschiedene Facetten der Wirklichkeit sich im Rückblick auf das 20. Jahrhundert hier herausgebildet haben, hat der zeitgenössische Schriftsteller und Verleger Eric Hazan in seinem Buch *L'invention de Paris. Il n'y a pas de pas perdus (Die Erfindung von Paris. Kein Schritt ist vergebens)* im Jahre 2002 aufgezählt:

Montmartre ist zudem das Quartier von Paris, mit dessen Namen die unterschiedlichsten Bedeutungen verbunden sind. Da gibt es das Montmartre der dörflichen Folklore – die „Commune libre", Poulbot, das Winzerfest –, das sich mit dem Montmartre der Touristen – mit den Hauptattraktionen Sacré-Cœur und Place du Tertre – überschneidet, ohne mit diesem ganz deckungsgleich zu sein. Dann gibt es das Montmartre der großen Epoche dieses Quartiers, deren tausendfach erzählte Geschichte ihrer Kulissen (das Moulin de la Galette, das Lapin-Agile, das Bateau-Lavoir), ihre Helden (Bruant, Apollinaire, Picasso), ihre Chronisten (Carco, Dorgelès, Max Orlan, Salmon) und ihre Maler hat (von Degas, Van Gogh und Lautrec bis hin zum armen Utrillo). Zu erwähnen ist noch das rote Montmartre, mit der Symbolfigur Louise Michel, der Lehrerin aus der Rue Houdon [...]. Schließlich gibt es auch noch das Montmartre des Vergnügens und des Verbrechens [...].

Der Spaziergang auf dem Montmartre beginnt an der Haltestelle Anvers der Métro-Linie 2. Geht man die Rue de Steinkerque entlang, erreicht man die Place St. Pierre. Nun hat man zwei Möglichkeiten, die Basilika von Sacré-Cœur zu erreichen, zur Linken bequem mit der Seilbahn oder anstrengender in der Mitte über 220 Stufen entlang der Grünanlage des Square Louise Michel, benannt nach der Frauenrechtlerin des Commune-Aufstandes von 1871.

Dann steht man vor der phantastisch-märchenhaft anmutenden Kirche, deren neobyzantinische und neoromanische Bauelemente man als Zuckerbäckerstil ironisiert hat. Die Basilika verdankt ihre Entstehung vehementen weltanschaulichen Auseinandersetzungen, die noch viele Jahre weitergeführt wurden. Den Ausgangspunkt bilden der Schock der Franzosen über die Niederlage im Deutsch-Französischen Krieg von 1870/71, die Demütigung durch den Einmarsch preußischer Truppen in Paris und die Wut über den Verlust des Elsass und von Teilen Lothringens im Friedensvertrag. Ähnlich stark war die Erschütterung der Pariser Bevölkerung über den blutigen Ablauf des Bürgerkriegs, der Commune. In der Einschätzung der konservativ-klerikalen Bewohner zählten allerdings nur die Opfer, die auf staatlicher Seite zu beklagen waren. Sie waren nach dieser Auffassung – besonders auf dem Montmartre – im Kampf gegen Aufständische getötet worden, die jeder religiösen Idee und der katholischen Kirche feindlich und sogar hasserfüllt gegenüberstanden. In diesen sehr konservativ-kirchlichen Kreisen entstand der Gedanke der Schuld, die man auf sich geladen hatte, und der Sühne, die deshalb zu leisten sei. Die beiden erzkonservativen Katholiken Alexandre Legentil und Hubert Rohault de Fleury plädierten für den Bau einer mächtigen Kirche als weithin sichtbares Sühnezeichen. Man wählte als Ort den damals weitgehend unbebauten, 130 Meter hohen Hügel des Montmartre aus, der einerseits eine christliche Tradition (z. B. durch den Märtyrertod des Dionysius) verkörperte, auf dem sich aber andererseits das neue Gotteshaus als Triumph der katholischen Kirche gegen die gottlosen Anhänger der Commune von 1871 und eine meist unchristlich lebende Bevölkerung etablieren sollte. Als dritte Komponente der Argumentation für das Sühnedenkmal spielte schließlich die Einnahme des Kirchenstaates 1870 durch italienische Truppen, die Proklamation der „heiligen" Stadt Rom als italienische Hauptstadt und die Beendigung der weltlichen Macht des Papstes nach über tausend Jahren durch die Reduzierung seines Gebietes auf das kleine Territorium der Vatikanstadt eine Rolle.

Die Befürworter des Baus gingen mit großer Energie ans Werk und überzeugten 1873 die französische Nationalversammlung davon, dem Vorhaben das Prädikat der Gemeinnützigkeit zu verleihen. Die Geldmittel für das Gotteshaus brachten sie durch eine landesweite Spendensammlung auf. Im Jahre 1875 wurde der Grundstein gelegt, die Baumaßnahmen begannen mit dem Architekten Paul Abadie d. J., einem Schüler Viollet-le-Ducs, zogen sich aber bis 1914 hin. Erst fünf Jahre später wurde die Basilika geweiht und als Herz-Jesu-Kirche zum Wallfahrtsort für Pilgerreisende – besonders auf dem Weg nach Lourdes – erklärt.

Der monumentale kreuzförmige Zentralbau mit einer riesigen Hauptkuppel und vier kleineren Nebenkuppeln sowie einem Campanile von 83 Metern Höhe – der Gebäudekomplex erinnert an die Hagia Sophia in Istanbul – wird durch einen Umgang von Kapellen ergänzt, die nach romanischem Vorbild gestaltet sind. Trotz ihrer ästhetischen Fragwürdigkeiten ist die Basilika inzwischen doch zu einem Wahrzeichen von Paris geworden, das mit seinem weiß strahlenden Travertinstein und seiner Monumentalität über der Stadt thront und weithin sichtbar ist.

Die ideologischen Auseinandersetzungen bei der Errichtung der Kirche sind heute zum größten Teil in Vergessenheit geraten, haben aber einige Schriftsteller der damaligen Zeit zu Stellungnahmen herausgefordert. Sehr kritisch ist die Haltung des naturalistischen Romanautors Émile Zola. Im Jahre 1898 veröffentlichte er als drittes Buch seiner Romantrilogie *Les trois villes (Die drei Städte)* nach den Bänden *Lourdes* und *Rome* den abschließenden Teil *Paris*. Die Trilogie erzählt die Geschichte des jungen Priesters Pierre Froment, der seinen anfänglichen Enthusiasmus für seine Tätigkeit – vor allem in der Armenfürsorge – auf einer Pilgerfahrt nach Lourdes und durch einen Aufenthalt in der „heiligen“ Stadt Rom verliert. Die Desillusionierung durch die kirchlichen Erscheinungsformen und die Entrüstung über das soziale Unrecht, gegen das er vergeblich ankämpft, lassen ihn immer stärker vom Glauben abfallen. Unter dem Einfluss seines atheistischen Bruders Guillaume, in dem das väterliche Erbe des Forschers weiterwirkt, gibt Pierre Froment schließlich sein Priesteramt auf und ersetzt den religiösen Glauben durch das Vertrauen in die Wissenschaft.

Der letzte Band der Trilogie, *Paris*, beginnt damit, dass der junge Priester eine Messe in der Kirche Sacré-Cœur zu lesen hat. Bevor er das Gotteshaus betritt, wirft er einen Blick auf die Stadt: „Er betrachtete Paris, dessen unendlich weites Meer sich zu seinen Füßen erstreckte“. Als er später mit seinem Bruder Guillaume über die Rue Saint-Éleuthère nahe Sacré-Cœur geht, folgt der neutralen Beschreibung Guillaumes seine heftige weltanschauliche Kritik:

> *Als sie sich umdrehten, bemerkten sie bei Vollmond die Basilika Sacré-Cœur, die noch nicht von einer Kuppel gekrönt war, mit ihrer schon gewaltigen Baumasse. [...].*
>
> *Ah! Sie haben ihren Standort [für die Kirche] gut gewählt, und welche Dummheit, sie gewähren zu lassen! ... Ich kenne keinen dümmeren Unsinn, Paris gekrönt, beherrscht von diesem Götzentempel, der zur Verherrlichung des Absurden gebaut wurde. Eine solche Unverschämtheit, eine solche Ohrfeige für die Vernunft, und das nach solch einer Arbeit, so vielen Jahrhunderten der Wissenschaft und des Kampfes! Und alles gerade gegenüber, ja über unserem großen Paris, der einzigen Stadt in der Welt, die man nicht mit diesem Schandfleck auf der Stirn hätte beschmutzen sol-*

len! ... In Lourdes, in Rom lässt sich das erklären. Aber in Paris, auf diesem Feld des Geistes, das so tief bearbeitet worden ist, wo die Zukunft sich Bahn bricht. Das ist eine Kriegserklärung [...].

Diese kritische Beurteilung der Basilika ist in literarischen Werken eher die Ausnahme. Doch die kompakte Massigkeit des Komplexes stört einige Bewohner, die an das weitgehend unbebaute Gelände gewöhnt waren. Aristide Bruant hat es in dem oben zitierten Lied *À Montmerte* thematisiert:

Manieren hatte man und Schick
Als Sacré-Cœur noch nicht den Blick
Uns versperrte.

Sehr beliebt ist bei den Besuchern der Kirche der überwältigende Blick auf die Stadt, von der Kuppel aus oder (zumindest) vom Vorplatz der Basilika. Auch in der Literatur taucht dieses Motiv auf. Der Montmartre-Kenner Roland Dorgelès beschreibt in seinem Buch *Au beau temps de la butte (Zur schönen Zeit des Hügels),* einem Erinnerungsband über die Künstlerkultur der Bohème zu Beginn des vergangenen Jahrhunderts, eine solche Szene:

Ich erinnere mich noch daran, dass wir eines Nachts, als wir nach dem Verlassen des Lokals Lapin Agile noch herumtrödelten, vor der Basilika stehen blieben, um Paris zu betrachten. Zu dieser Zeit war die Beleuchtung armselig; man konnte nur die Bahnhöfe und die Linie der Boulevards erkennen.

Die jungen Leute ergehen sich nun in Spekulationen, wo sie einmal in Paris wohnen würden, wenn sie berühmt geworden seien, und zeigen stolz mit dem Finger auf diese Orte.

Der Stil von Sacré-Cœur bleibt aber umstritten. Die ästhetischen Kontroversen haben die weltanschaulichen Fehden ersetzt. Der amerikanische Romancier Henry Miller, der in den dreißiger Jahren in der französischen Hauptstadt lebte, fasst seine kritische Einstellung zur Kirche in zwei Sätze: „Gerade in der Nacht sticht Sacré-Cœur in seiner stinkenden Lieblichkeit hervor. Dann setzt sich das schwere Weiß ihrer Haut und ihr feuchter Steinatem wie ein Schröpfkopf aufs Blut."

Auch Kunstschriftsteller und Architekturkritiker hielten sich mit negativen Bewertungen von Sacré-Cœur nicht zurück. Der deutsche Autor Dieter Kimpel spricht von einer „Pilgerkirche, Sacré-Cœur, deren die Stadtsilhouette beherrschende Scheußlichkeit jedoch auch von konservativen Kritikern immer hervorgehoben worden ist". Ausführlicher bewertet der französische Kunstschriftsteller Jean-Pierre Babelon diese Kirche. Er unterscheidet in

Sacré-Cœur

dem von ihm mit zwei Kollegen verfassten Band *Paris monumental (Paris)* (1974) zwischen dem oberflächlichen Blick aus der Ferne und der genaueren Analyse aus der Nähe:

> *Nur aus sehr weiter Entfernung erhält diese weiße und kugelige Masse eine gewisse Majestät [...]. Wenn man sich nähert und den Vorplatz erreicht, wenn man das Innere betritt, kann man sich nicht mit der Häufung bedeutungsloser Baukörper abfinden, den ruhmrednerischen, unproportionierten Kuppeln, der unverwüstlichen Häßlichkeit der Skulpturen und Mosaiken und noch weniger mit der Kälte des bleichen Werkstoffs, der niemals eine Patina annehmen wird, diesem robusten Stein aus Château-Landon, der entgegen der Erwartung mit zunehmendem Alter immer weißer wird.*

Wenn man vom Vorplatz der Basilika über die Rue Azaïs und dann nach rechts die Rue Saint-Éleuthère entlanggeht, erreicht man nach wenigen

Metern die Place du Tertre (wörtlich: der Platz einer kleinen Anhöhe mit flachem Gipfel). An den schönen niedrigen Häusern aus dem 18. Jahrhundert, darunter das erste Rathaus der Dorfgemeinde Montmartre von 1790, kann man auf den Baustil schließen, der damals auf dem weitgehend unbebauten Hügel üblich war. Der Platz hat auch im Vergleich mit den großen Plätzen der Hauptstadt nur eine sehr geringe Fläche (ca. 350 × 210 Meter). Hier lebten zu Beginn des 20. Jahrhunderts bedeutende Maler, unter anderem Picasso und Utrillo. Im Vergleich mit ihren Werken ist das, was heute dort als Kunst angeboten wird, nur noch ein fader Abklatsch und Touristennepp. Die gemalten Porträt- und Parisbilder, die Kohlezeichnungen und Scherenschnitte sind zwar meist von minderer künstlerischer Qualität, bringen aber ihren schnell arbeitenden Produzenten Geldbeträge ein, von denen ihre illustren Vorgänger vor einhundert Jahren nur träumen konnten. Deshalb sind auch die Lizenzen für die Malerstände sehr umkämpft, die Staffeleien stehen dicht gedrängt. Aus dem ruhigen, malerischen Dorfplatz des späten 18. Jahrhunderts im Zentrum von Montmartre ist heute eine der meistbesuchten Touristenattraktionen von Paris geworden, die von Menschenmassen überquillt. Nur am frühen Morgen strahlt der Ort noch ein wenig von der alten beschaulichen Atmosphäre aus.

Ein Schriftsteller, der den Platz sehr gut kannte, ist der Romancier, Lyriker und Dramatiker Jules Romains (1885–1972). Der Name ist Pseudonym für Louis Farigoule. Er lebte in seiner Jugend in der unmittelbaren Nähe und wohnte später nicht weit davon entfernt auf dem Montmartre. Das hat Spuren in seinem literarischen Werk hinterlassen. Romains ist besonders durch seinen 27-bändigen Romanzyklus *Les hommes de bonne volonté (Die guten Willens sind)* bekannt geworden, der von 1932 bis 1946 erschien. Im vierten Band der Serie, der den Titel *Eros de Paris (Pariser Eros)* trägt und 1932 veröffentlicht wurde, erzählt der Autor die Erlebnisse eines der beiden Hauptthelden, des aus der Provinz stammenden Bauernsohns Jean Jerphanion, nach seiner Ankunft in Paris. Die Handlung spielt im Jahre 1908. Auch hier taucht wieder das tradierte Motiv von Paris als Stadt der Liebe auf. Der junge Mann steht vor seinen ersten Erfahrungen mit dem weiblichen Geschlecht. Er möchte mit einer Modistin zum Essen ausgehen und sucht nach einem Restaurant auf dem Montmartre:

Abendessen Place du Tertre

So machte er sich am Nachmittag selber auf zu einer Ortsbegehung. Lange war er unentschlossen zwischen den vier Cabarets der Place du Tertre, die damals Bouscarat, Spielmann, La Mère Catherine *und* Le Coucou *hießen […]. Jerphanion ent-*

schied sich für La Mère Catherine, *wobei er bedauerte, dass die Inneneinrichtung ein bisschen zu sehr wie eine Eisenhandlung im Industriegebiet aussah. Aber man zeigte ihm einen Tisch in einer Ecke, der ohne Frage der Tisch für verliebte Pärchen war.*

Das Lokal La Mère Catherine wurde schon 1793 gegründet, es besteht an demselben Ort noch heute. Die Verbindung der Place du Tertre mit einem Liebesabenteuer hat Romains auch in einem Gedicht thematisiert, das um 1920 entstand:

Place du Tertre

... Und ich – ich dachte an Montmartre.

Erinnerst du dich noch an letztes Jahr,
An jenen Frühling, der so traumhaft schön?
Und an die Dämmerungen, lang und zart,
Wie Pfeifen eines Zugs von Norden her?

Und weißt du, wie wir abends aßen,
Am Tertre-Platz dort unter Bäumen?
Nur Kinderspiele, Kinderlärm,
Das war die ganze Welt um uns.

Es reichte da für uns bereits
Zu hören fernen Stimmenklang;
Es reichte schon, den Zweig zu sehn,
Der eine Mauer überragt,

Um sich zu sagen, daß das Glück
Grad irgendwo vorüberging,
Und daß vielleicht, wenn man sich eilt,
Es einzuholen noch gelingt.

Das Liebesmotiv in der Dichtung Jules Romains ist mit der damaligen Ungestörtheit und Ruhe des Platzes verbunden.

Vom nördlichen Teil der Place du Tertre gelangt man links entlang der Rue Norvins zur steilen Rue des Saules. Rechts an dem letzten verbliebenen Weinberg des Clos Montmartre vorbei findet man nach der Überquerung der Rue St. Vincent unter der Hausnummer 22 das traditionsreiche Cabaret „Le Lapin agile".

Das kleine ländliche Häuschen ist das älteste noch existierende Cabaret von Montmartre. Es war bei seiner Gründung 1860 zunächst eine gewöhnliche Weinschenke und nannte sich später „Cabaret des Assassins" (Kabarett der Mörder). Im Jahre 1880 wurde der Künstler André Gill beauftragt, für das Lokal ein passendes Schild zu malen. Er stellte ein Kaninchen mit einer Weinflasche in der Pfote dar, das aus einer Pfanne springt, in der es gebraten werden sollte. Unten auf dem Schild vermerkte er: A. Gill l'a peint (A. Gill hat es gemalt). Daraus wurde bald „lapin agile", als neuer Name des Gasthauses, an dem das Schild in einer Reproduktion noch heute zu sehen ist.

Um die Wende zum 20. Jahrhundert versuchte der Besitzer, die Weinschenke in ein Künstlerlokal zu verwandeln, was ihm trotz Auseinandersetzungen mit dem Publikum auch gelang. Mit der Zeit füllte sich das Cabaret, in dem nun auch Gedichte und Chansons vorgetragen wurden, mit vielen Künstlern, die sich vermehrt auf dem Montmartre einfanden. Darunter waren die Maler Renoir, van Gogh, Picasso, Utrillo und Vlaminck sowie die Schriftsteller Paul Verlaine, Guillaume Apollinaire, Max Jacob Roland Dorgelès und Francis Carco, Künstler also, die als schöpferische Elite den Ruhm von Montmartre begründet haben. Auch der schon zitierte Chansonnier und Sänger der ‚Butte', Aristide Bruant, trat im „Lapin agile" auf. Als das Cabaret vom Abriss bedroht war, hat er das Anwesen sogar gekauft und als Patron eine Zeitlang behalten, um es zu retten.

Der Schriftsteller und Journalist Francis Carco (1886–1958), der 1937 Mitglied der Académie Goncourt wurde (die jährlich den begehrten Prix Goncourt verleiht), hat den Künstlertreffpunkt 1927 in seinem Erinnerungsband *De Montmartre au Quartier latin* lebendig geschildert. Ein Kurzporträt des Cabarets und des Sängers Aristide Bruant hatte er schon 1913 in seinen *Poèmes en prose (Prosagedichte)* verfasst.

Das Lapin agile

Das ist also das Cabaret, wo für die Überlebenden meiner Generation wie in einem alten Schrank die Erinnerungen ihrer Jugend angehäuft sind [...]. Der Ort hatte nichts Fröhliches in den Augen derer an sich, die am Abend kamen, um ihr Essen an der Tafel von Frédéric Gérard und der ausgezeichneten Berthe einzunehmen. Weder die Guitarre des Kabarettsängers noch sein alter roter Schal, den er als Band unter seiner Pelzmütze trug, noch seinen Weihnachtsmannbart und auch nicht seine Chansons übten auf keinen von uns den geringsten Reiz mehr aus. Denn der Gedanke, dass auf der andren Seite der Straße der Friedhof Saint-Vincent mit seinen Verstorbenen unter dem Regen darauf wartete, dass unsere Stunde anbrach, bei diesem Spiel mitzumachen, der bereitete uns eine Art Bitterkeit, deren Geschmack sich jedes Jahr seltsam verstärkt.

Aristide Bruant wird von Carco fast genauso beschrieben, wie er auf den Plakaten von Toulouse-Lautrec erscheint. Allerdings mutet die triste Stimmung der Gäste eher befremdlich an und ist nicht typisch für die Atmosphäre des „Lapin agile".

An der zuvor überquerten Kreuzung geht man die Rue St. Vincent nach Westen entlang. Es ist einer der idyllischsten Wege auf dem Montmartre. An dem oben in Carcos Prosagedicht erwähnten Cimetière (Friedhof) St. Vincent vorbei erreicht man die Rue Caulaincourt.

Wer sich gerne in das Pariser Nachtleben stürzen möchte und einen etwas gehobeneren Geschmack hat, kann mit der Métro bis zur Haltestelle Place Blanche fahren. Dort findet er im Boulevard Clichy Nr. 82 das berühmte Tanzkabarett und Variététheater Moulin Rouge (Die rote Mühle). Es wurde im Jahre 1889 als Ball-Lokal gegründet. Da es sich vom Konkurrenzunternehmen Le Moulin de la Galette abheben wollte, erhielt das Gebäude auf dem Dach einen Aufsatz in Form einer Mühle, die nur Werbeträger war und niemals Korn gemahlen hat. Die sich drehenden, rot leuchtenden Flügel sind heute zu einem Wahrzeichen von Paris geworden.

Das Moulin Rouge hatte eine sehr wechselvolle Geschichte. Das bekannte Ball-Lokal der Jahrhundertwende änderte mehrfach seine Bestimmung und seine Funktionen. Erotische Revuen und freizügige Aufführungen spielten eine immer größere Rolle. Francis Carco schildert in einem Prosagedicht eine solche Szene im Jahre 1913:

Quadrillen

Die acht Quadrillentänzerinnen im Moulin Rouge ziehen ihre Röcke hoch, die sie fest um ihre Hüften gespannt tragen. Dann streifen sie ihre Dessous mit einer gekonnten Handbewegung ab und beginnen zusammen mit dem gleichem Fuß ihren Tanz.

Es häuften sich die Skandale wegen der erotisch zu gewagten Aufführungen. Zu dieser Zeit war öffentlich auch Homosexualität tabu. Die junge Colette erregte deshalb großes Ärgernis, als sie sich im Moulin Rouge auf der Bühne mit ihrer Geliebten küsste.

Die musikalischen Elemente bekamen ebenfalls eine größere Bedeutung. Die im Text Carcos erwähnte Quadrille wurde zum French Cancan umgestaltet und stieg zu einem bleibenden Markenzeichen des Etablissements auf. Der deutsche Schriftsteller Franz Hessel, ein Freund Walter Benjamins und Übersetzer französischer Literatur (Stendhal, Balzac, Proust und Romains), hat im Jahre 1929 die tägliche Verwandlung des Moulin Rouge am Nachmittag vom Ballsaal zum Revuetheater in seinem *Pariser Tagebuch (Vorschule des Journalismus)* geschildert:

Ein Ball im Moulin Rouge

Die großen Lichter werden ausgelöscht. Man tanzt im Dämmer. Dann setzt die Musik aus, die Lichter leuchten wieder auf. Diener räumen die letzten Paare vom Tanzboden, es kommt das Ballett. Auch für diesen Fünfuhrball, bei dem der Eintritt frei ist, spendiert die Direktion des bemerkenswerten Unternehmens eine Balletteinlage. Die Balletteusen scheinen vorwiegend Anfängerinnen zu sein, die für den Abend oder für später üben.

Die bunte Atmosphäre in seinem Stammlokal Moulin Rouge hat der Maler Toulouse-Lautrec in seinen Bildern lebendig geschildert. Auch Sängerinnen und Sängern der leichten Muse diente das Kabarett als Sprungbrett für ihre Karriere: Mistinguett, Maurice Chevalier, Josephine Baker und Charles Trenet verhalf das Moulin Rouge zu größerer Bekanntheit, später auch Edith Piaf, Yves Montand und Charles Aznavour. Doch die Geschichte des Etablissements verlief nicht ohne Zäsuren. 1915 brannte das Moulin Rouge aus und war zehn Jahre geschlossen, später wurde es zeitweise als Kino genutzt.

Seit den neunziger Jahren des 19. Jahrhunderts geriet das Geschäftsmodell des Moulin Rouge in die Krise und wurde teilweise nur dadurch gerettet, dass neue populäre Filme den Mythos des Kabaretts belebten. Die Mischung aus erotischen Revuen, Variétékünstlern wie Akrobaten und Zauberern sowie Sängergalas hat stark an Zuspruch eingebüßt. Vor allem ging der erotische Reiz verloren. Die freizügigen Tanzvorführungen in der ersten Hälfte des 20. Jahrhunderts und nach dem Zweiten Weltkrieg umgab der Zauber des Verbotenen und Verruchten – und das Moulin Rouge zeigte Gewagteres als vergleichbare Einrichtungen in anderen Städten. Heute ist für die ehemals anvisierte Zielgruppe in Zeiten der Sex- und Pornowelle in den Medien, der Peepshows und Erotikshops die sinnliche Verführung durch fast nackte Revuetänzerinnen auf der Bühne mit Strapsen und Strassen, Pailletten und Federn trotz der fantasievollen Choreographie und der hohen technischen Performance weitgehend uninteressant geworden. Selbst die britische Königin Elisabeth II. fand es im Jahre 1982 nicht unter ihrer moralischen Würde, sich bei einem Besuch in Paris in einer Privataufführung eine dieser Revuen im Moulin Rouge anzusehen.

Wer am erotischen Betrieb der härteren Sorte interessiert ist, möge den Boulevard de Clichy weiter nach Westen gehen, um zur Place Pigalle zu gelangen. Älteren Deutschen klingt noch der Text des vom Sänger Bill Ramsay geträllerten Schlagers in den Ohren: „Pigalle, Pigalle, das ist die große Mausefalle mitten in Paris!“ Doch das älteste Amüsierviertel in der französischen Hauptstadt war am Ende des 19. Jahrhunderts – auch abends – noch ein ruhiges Viertel der Maler und Schriftsteller.

Schon damals war der Platz auch ein Ort der erotischen Vergnügungen. Das lässt sich aus Marcel Prousts Romanzyklus *A la recherche du temps perdu (Auf der Suche nach der verlorenen Zeit)* erschließen. In dem Band *Le Côté de Guermantes (Die Welt der Guermantes)*, der um die Jahrhundertwende spielt, malt sich der Marquis de Saint-Loup, dessen Homosexualität offen zu Tage tritt, in seiner Fantasie eine mögliche andere Lebensgestaltung aus:

> *Einen Augenblick lang stellte Saint-Loup sich eine Existenz in der Gegend der Place Pigalle mit unbekannten Freunden und mit zweifelhaften Abenteuern vor, doch auch Nachmittage voll harmloser Vergnügungen, Ausflüge oder Lustpartien in jenem Paris jenseits vom Boulevard de Clichy [...].*

Den Wandel des Platzes hat der Schriftsteller und Verleger Eric Hazan in seinem Buch *L'Invention de Paris (Die Erfindung von Paris)* 2002 beschrieben:

> *Damals, am Ende des 19. Jahrhunderts, war Pigalle in der Nacht noch ein durchaus friedliches Quartier, „Im Rat-Mort [Café] leben friedlich nebeneinander Anarchisten und Autoritäre, Künstler und Börsenmakler, Literaten und Geschäftsleute. Ist der Kaffee getrunken und das Bockbier hinuntergespült, heißt es ‚Guten Abend!' und jeder geht seiner Wege, um den ‚Damen' Platz zu machen, die auf die Meinung der wenigen dann noch anwesenden Männer pfeifen." [Chevalier: Montmartre du plaisir et du crime] Erst in der Zwischenkriegszeit rutschte das Quartier ab, und das ‚Milieu' nahm den Platz in Beschlag.*

Hazan schildert, dass um 1930 auch Edith Piaf in dieses Milieu mit hineingezogen wurde. Sie diente einem Gauner namens Albert als Informantin und machte ihn auf reich gekleidete Besucherinnen aufmerksam, die ihr beim Singen in den Tanzbars aufgefallen waren. Er raubte diese dann in einer dunklen Seitenstraße aus. Um diese Zeit war der Platz Treffpunkt von Gangsterbanden, die sich teilweise bekämpften und umbrachten. Der Amüsierbetrieb spielte aber weiterhin die Hauptrolle. Daran änderte sich auch während der deutschen Besatzung kaum etwas.

Der Schweizer Schriftsteller und Kunsthistoriker Paul Nizon, der seit 1977 in Paris lebt, berichtet in seinem autobiographisch gefärbten Roman *Das Jahr der Liebe* vom Besuch des jugendlichen Ich-Erzählers bei seiner Tante, die in Paris nahe der Place Pigalle wohnt. Dort lernt er das ihm bisher unbekannte Nachtleben kennen:

> *Wir fuhren im Taxi nach Pigalle und machten die paar Schritte bis zu ihrem Haus zu Fuß. Ich wußte nicht, was Nachtleben war, ich hatte es nie erlebt, jetzt wurde ich*

vom Nachtleben überwältigt, verschlungen. Die Straßen schimmerten im Widerschein vielfachster Lichtreize, solcher von den farbigen Leuchtreklamen, von den Leuchtschriften und Lichterzierden all der Bars und Nachtlokale, Restaurants und Läden, die Türen der Bars öffneten und schlossen sich wie Pumpen, sie ließen Schwälle von Musik, Gedröhn, Krach, Gerede und Menschen hinaus, vor den Bars zuckten und wanden sich im Takt der verschiedensten Musik halbentkleidete Mädchen, Barmädchen, Freudenmädchen, und an all dem entlang die Massen der Promenierenden, Lüsternen, Vergnügungssüchtigen, das Vorbeischlüpfen der Strichmädchen und Striptease-Tänzerinnen, die schnell die Straße überquerten oder mit einem Kerl im Eingang eines Stundenhotels verschwanden, die Portiers nicht zu vergessen.

Im Jahre 1946 verabschiedete die französische Nationalversammlung ein Gesetz, das die Schließung der Bordelle anordnete und offiziell heute noch gilt. Danach soll die Zahl der Prostituierten in Paris zwar etwas zurückgegangen sein, aber die Prostitution wurde dadurch keineswegs eingedämmt, sondern im Geheimen weitergeführt.

Heute hat die Place Pigalle ihre Sonderstellung verloren, weil andere Großstädte mit einem ähnlichen Angebot auf dem Sex- und Erotiksektor aufwarten.

7. Von Chaillot über den Eiffelturm zum Invalidendom

Chaillot - Eiffelturm - Invalidendom

Métro-Linie 9: Haltestelle Iéna

Wenn man von der Haltestelle Iéna der Métro-Linie 9 die Avenue Pierre I. de Serbie einschlägt, erreicht man nach wenigen Schritten die Rue de Chaillot.

Chaillot war im 18. Jahrhundert ein kleiner Ort im Grünen, der etwa 500 Einwohner zählte. Er lag außerhalb des Stadtzentrums, war aber schon Anfang des 18. Jahrhunderts eingemeindet worden. Die geringe Größe der Siedlung ergibt sich auch aus der berühmten literarischen Liebesgeschichte des frühen 18. Jahrhunderts, des im Jahre 1731 erschienenen Romans *Histoire du Chevalier des Grieux et de Manon Lescaut (Geschichte des Chevalier des Grieux und der Manon Lescaut)* des Abbé Prévost (1697–1763). Nach Manons Treuebruch und des Grieux' Rückkehr nach Paris haben sich die beiden wieder neu verliebt. Sie überlegen, wo sie jetzt wohnen sollen. Für des Grieux stellt die Stadt Paris, aus der ihn schon einmal die Diener seines Vaters mit Gewalt entführten, ein zu gefährliches Pflaster dar.

> *Wir einigten uns schließlich auf einen vernünftigen Mittelweg und beschlossen, in einem Dorf unweit Paris ein Haus zu mieten; von dort aus würde es uns leicht möglich sein, in die Stadt zu fahren, falls irgendeine Lustbarkeit oder auch dringende Geschäfte uns dorthin riefen. Wir wählten Chaillot als künftigen Aufenthalt, weil es nicht weit von Paris entfernt lag.*

Am Ende entscheiden sie sich für zwei Wohnungen, „eine in der Stadt" (in Paris), „und die andere auf dem Lande" (in Chaillot). Das ‚Dorf auf dem Lande' des Abbé Prévost wurde 130 Jahre später im Jahre 1860 auf Veranlassung des Präfekten Baron Haussmann vollständig in die Pariser Stadtplanung eingebunden. Für die Weltausstellung 1878 wurde auf der Anhöhe der Palais du Trocadéro errichtet, den man für die Weltausstellung 1937 wieder abriss und durch den Palais de Chaillot ersetzte.

Im Haus Nr. 21 der Rue de Chaillot und im umliegenden Viertel spielt Jean Giraudoux' (1882–1944) satirisch-phantastisches Theaterstück in zwei

Akten *La Folle de Chaillot (Die Irre von Chaillot)*. Es ist das vorletzte Werk des Autors, wurde posthum zum ersten Mal im Dezember 1945 aufgeführt und im Jahre 1946 veröffentlicht. Jean Giraudoux gehört zu den zahlreichen Schriftstellern in Frankreich, die auch auf dem Gebiet der Politik Karriere gemacht haben. Er war mit 28 Jahren im Jahre 1910 in den diplomatischen Dienst eingetreten, hatte bedeutende Stellen im Außenministerium bekleidet und war 1939 zum Commissaire à l'Information (Informations- bzw. Propagandaminister) ernannt worden. Er trat von diesem Amt aber im Kriegsjahr 1940 nach der Kapitulation Frankreichs und der Bildung der Vichy-Regierung zurück.

Die politischen Erfahrungen lassen den Dramatiker Giraudoux sehr pessimistische Schlussfolgerungen ziehen. In der *Folle de Chaillot* wird Paris von einer Gruppe gewissenloser Geschäftemacher beherrscht, die noch mehr Macht an sich reißen wollen und nicht davor zurückschrecken, die Stadt zu zerstören. Giraudoux hat dieses Verbrechersyndikat satirisch zu einer Bande von Spekulanten, Maklern und Prospektoren verfremdet, die im Untergrund fälschlicherweise vermutetes Erdöl mit aller Gewalt fördern wollen. Mit Erpressung versuchen sie, den jungen Pierre in die Clique einzubeziehen. Er soll ein Sprengstoffattentat auf einen staatlichen Ingenieur ausüben, der sich den Erdölprojekten widersetzt. Pierre schreckt aber vor dem Anschlag zurück, versucht Selbstmord zu begehen, wird dann jedoch gerettet. Man bringt ihn zur Terrasse eines nahe gelegenen Cafés an der Place de l'Alma. Dort finden sich auch Aurélie, die Irre von Chaillot, und befreundete Mitstreiter ein, alle am Rande der Gesellschaft lebende Außenseiter oder Ausgestoßene. Aurélie möchte bei Pierre wieder die Freude am Leben wecken. Er erzählt ihr, was die verbrecherischen Geschäftemacher vorhaben:

DIE IRRE. Was treiben diese Banditen? Sie sprechen davon, Chaillot zu zerstören, wenn ich recht verstanden habe?

PIERRE. Von Grund auf. Und auch ganz Paris. Sie haben einen Schürfplan, nach dem nichts von der Stadt übrigbleibt. Sie wollen alles durchsuchen, sie wollen alles umgraben. Ihre Bohrmaschinen stehen bereit.

DIE IRRE. Was suchen sie? Haben sie irgend was verloren?

PIERRE. Sie suchen Erdöl.

DIE IRRE. Sonderbar! Und was wollen sie damit machen?

PIERRE. Was man mit Erdöl machen kann. Elend, Krieg, Häßlichkeit. Eine wertlose Welt.

Die Irre von Chaillot entschließt sich, diese kriminellen Machenschaften zu beenden. Sie versammelt Constance, die Irre von Passy, Gabrielle, die Irre von Saint-Sulpice, und Joséphine, die Irre von La Concorde, sowie einige ihrer befreundeten Outcasts der Gesellschaft in der Kellerwohnung des Hauses Rue de Chaillot 21, um ihren Plan in die Wirklichkeit umzusetzen. Sie hat dazu die führenden Repräsentanten der verbrecherischen Spekulanten, Makler, Prospektoren und Verwaltungsräte sowie die sie unterstützenden Volksvertreter und Presseleute eingeladen. Die Bande steigt auf der gierigen Suche nach Erdöl durch eine Falltür der Kellerwohnung in die Pariser Kanalisation hinab. Nachdem Aurélie, die Irre von Chaillot, diese Tür für immer verschlossen hat, gibt es für die rücksichtslosen Schurken aus der Tiefe der Kanäle kein Entrinnen mehr. Die Welt ist von ihnen befreit. Die Natur blüht wieder auf, die Tiere genießen die zurückgewonnene Freiheit und die Menschen fallen sich glücklich in die Arme.

Dass Verbrechern, die die Welt – im wahrsten Sinne – in ihren Grundfesten bedrohen, nur von einer kleinen Schar irrer und ausgestoßener Parias Einhalt geboten werden kann, stellt keine zukunftsfrohe Botschaft dar. Sie lässt aber künftige ökonomische, ökologische und soziale Krisen vorausahnen.

Geht man die Rue de Chaillot und die Avenue Pierre Ier de Serbie zurück zur Place d'Iéna, so erreicht man über die Avenue du Président Wilson in westlicher Richtung den Palais de Chaillot.

Der monumentale Gebäudekomplex erhebt sich auf einem kleinen Hügel in der Nähe der Seine. Der Palais mit zwei mächtig ausladenden, gebogenen Flügeln von je 195 Metern Länge, die durch zwei riesige Pavillons in der Mitte getrennt sind, war für die Weltausstellung 1937 neu gebaut worden; er sollte mit seinem repräsentativen Charakter die bedeutende Rolle der französischen Architektur unterstreichen. Von der breit ausgedehnten Terrasse des Palais de Chaillot hat man einen großartigen Blick auf la Tour Eiffel (den Eiffelturm) auf der anderen Seite der Seine. Zum Eiffelturm gelangt man über die schönen Gärten des Palais (Jardin du Trocadéro), die Place de Varsovie und die Seinebrücke Pont d'Iena.

Am Eiffelturm erstreckt sich in einer kleinen Niederung das ausgedehnte Gelände des Champ-de-Mars (des Marsfeldes). Es war um 1700 noch freies Feld. Am Ende des Jahrhunderts diente es als Terrain für Feiern der Französischen Revolution, unter anderem 1790 zum einjährigen Jubiläum des Sturms auf die Bastille. 250 000 freiwillige Helfer legten Hand an, um das ungleichmäßige Gelände für das Fest einzuebnen. Das Marsfeld diente dann auch als Exerzierplatz für die nahe Militärakademie und bis 1860 als Pferderennbahn.

Für das Jahr 1889 war Paris zum vierten Mal als Veranstaltungsort einer Weltausstellung ausgewählt worden. Zur gleichen Zeit sollte das 100-jährige Jubiläum der Französischen Revolution gefeiert werden. Frankreich wollte sich nach der Niederlage im Deutsch-Französischen Krieg von 1870/71 wieder selbstbewusst und stolz der Welt präsentieren. Es gab also genügend Gründe, die Attraktivität der Schau wesentlich zu steigern. Um die führende Rolle der französischen Ingenieurkunst und die maßgebende Bedeutung der Architektur international aufzuzeigen, bot sich ein neu zu errichtendes Bauwerk als Leuchtturm der nationalen Leistungsfähigkeit geradezu an.

Die französische Regierung schrieb einen offiziellen Wettbewerb für ein solches Projekt aus, den das Ingenieurbüro Eiffel im Jahre 1886 gewann. Dessen Direktor war bisher mit Eisenkonstruktionen insbesondere für Brücken, Aquädukte und Bahnhöfe hervorgetreten. Die beiden Ingenieure Maurice Koechlin und Émile Nouguier aus Eiffels Unternehmen hatten ebenfalls einen Entwurf konzipiert, der aber erst nach einigen Änderungen das Interesse des Direktors fand. Als Geschäftsmann rührte er kräftig die Werbetrommel für dieses Projekt und konnte durch seine guten Kontakte die staatlichen Stellen so beeinflussen, dass die Anforderungen der Ausschreibung seinen vorliegenden Plänen weitgehend entsprachen. Es war also kein Wunder, dass von den 107 eingereichten Entwürfen die Konzeption Eiffels und seiner beiden Mitarbeiter den Sieg davontrug. Am 8. Januar 1887 wurde der Vertrag zwischen der französischen Regierung und dem Projektleiter geschlossen. Da Eiffel von seinen Plänen und vom wirtschaftlichen Erfolg des Bauwerks fest überzeugt war, erklärte er sich bereit, drei Viertel der geschätzten Kosten von 6,5 Millionen Francs aus eigener Tasche und mit Bankkrediten einzubringen. Er trug also die Hauptlast des finanziellen Risikos, erhielt dafür aber auch das ausschließliche Nutzungsrecht für die Zeitdauer von 20 Jahren.

Am 28. Januar 1887 begannen die Bauarbeiten. Zunächst galt es, die Fundamente zu legen, was dadurch erschwert wurde, dass man hier auf ein ehemaliges Flussbett der Seine stieß – 120 Meter vom heutigen Verlauf entfernt. Der Sockel des Turms musste also bis zu einer Tiefe von 14 Metern im Erdreich verankert werden. Eiffel ließ die über 18 000 Stahlteile von seiner Firma vorfabrizieren, sodass der Zusammenbau sehr zügig verlief. Am 31. März 1889 war die Montage beendet; die gesamte Bauzeit des Turms betrug nur 26 Monate. Damit war das monumentale Eingangstor zur Weltausstellung 1889, das zunächst ‚Turm der 300 Meter' hieß, rechtzeitig fertig geworden. Am 15. Mai 1889 konnten die ersten Besucherscharen das Bauwerk mit Fahrstühlen oder über damals 1710 Stufen kennenlernen.

Der ökonomische Rausch des reichen Bürgertums der Belle Époque hatte ein neues Wahrzeichen geschaffen. Der Turm wurde als Symbol des technischen Fortschritts, der nationalen Größe und der künstlerischen Modernität gefeiert. Über einer quadratischen Grundfläche, deren Seiten jeweils 125 Meter lang sind, erhebt sich das damals 300 Meter hohe Bauwerk wie eine steil emporsteigende Pyramide. Die vier aufragenden Seiten sind leicht nach innen gekrümmt und geben damit dem Eiffelturm einen nach oben gerichteten Schwung. Genaue mathematische Berechnungen hatten diese Form nochmals bestätigt. Auch bei starkem Wind ist der Turm nicht vom Einsturz bedroht, sein relativ geringes Gewicht von 7000 Tonnen und seine durchlässige Struktur sind dabei wichtige Faktoren. Drei Plattformen erlauben einen längeren Aufenthalt, die erste auf 57 Metern, die zweite auf 115 Metern und die dritte auf 274 Metern Höhe. Darüber hatte Eiffel noch drei Laboratorien für meteorologische, astronomische und biologische Forschungsvorhaben eingerichtet. Von den Plattformen aus genießt man atemberaubende Ausblicke auf die Stadtlandschaft von Paris.

Der Turm war durch die Eisenkonstruktion, die ihm den Namen „dame de fer“ („eiserne Dame“) einbrachte, eine ungewöhnliche, oft als hässlich empfundene Neuheit: Während man bisher den Metallaufbau eines Gebäudes diskret hinter Fassaden und Wänden verborgen hatte, bildete dieser nun die wesentliche, weit sichtbare Außenstruktur des Bauwerks und bestach durch seine Leichtigkeit. Eine weitere Hauptattraktion kam hinzu: Der Eiffelturm war damals das höchste Gebäude der Welt. Erst vierzig Jahre später liefen ihm in New York 1930 das Chrysler Building mit 319 Metern und 1931 das Empire-State-Building mit 381 Metern den Rang ab.

Das ungewöhnliche, riesenhafte Gebäude rief heftige Kritik und energischen Widerspruch hervor. Schon zwei Wochen nach der Unterzeichnung des Vertrages zwischen dem französischen Staat und Gustave Eiffel -noch bevor die Bauarbeiten richtig begonnen hatten - richteten 300 Künstler und Schriftsteller einen offenen Brief an den Generaldirektor der Weltausstellung und meldeten ihren vehementen Protest an. Ihren Einspruch formulierten sie selbstbewusst im Namen des missachteten französischen Geschmacks und im Namen der bedrohten französischen Kunst und Geschichte. Die Tageszeitung *Le Temps* veröffentlichte das Schreiben in ihrer Ausgabe vom 14. Februar 1887 (vgl. U. Muscheler):

> *Wir Schriftsteller, Maler, Bildhauer, Architekten und leidenschaftlichen Liebhaber der bisher unangetasteten Schönheit von Paris protestieren im Namen des verkannten französischen Geschmacks mit aller Kraft gegen die Errichtung des unnötigen und ungeheuerlichen Eiffelturms im Herzen unserer Hauptstadt, den die oft von gesundem Menschenverstand und Gerechtigkeitsgefühl inspirierte Spottlust der Volksseele schon den Turm zu Babel getauft hat. Wird die Stadt Paris sich wirklich den überspannten, den geschäftstüchtigen Phantastereien einer Maschinen-*

konstruktion – oder eines Konstrukteurs – anschließen, um sich für immer zu schänden und zu entehren? Denn zweifelt nicht daran, der Eiffelturm, den nicht einmal das kommerzielle Amerika für sich haben möchte, ist die Schande für Paris.

Die Autoren heben in ihrem Brief ausdrücklich die Pariser Bauwerke hervor, die der Turm dann „wie ein schwarzer, riesenhafter Fabrikschornstein mit seiner barbarischen Masse“ erdrücken und erniedrigen werde: „Notre-Dame, die Sainte-Chapelle, den Turm Saint-Jacques, den Louvre, den Dôme des Invalides, den Arc de Triomphe.“ (Vgl. Christine Ausseur).

Dieser Schock war schwer zu überwinden: Während bisher religiöse und kunsthistorisch wertvolle Bauten das Parisbild bestimmten, sollte es nun von einem nutzlosen Fabrikschlot repräsentiert und sogar dominiert werden. Den Unterzeichnern blieb die alleinige Hoffnung, dass der Turm gemäß den Vertragsbedingungen nach 20 Jahren wieder zurückgebaut werden konnte. Prominente Persönlichkeiten unterschrieben den offenen Brief: die Schriftsteller Alexandre Dumas (fils), Émile Zola, Guy de Maupassant, Leconte de Lisle, François Coppée, Victorien Sardou, Sully Prudhomme und Joris-Karl Huysmans, der Maler Léon Bonnat, der Architekt der Pariser Oper Charles Garnier und der Komponist Charles Gounod.

Der Novellenschreiber und Romancier Guy de Maupassant, Mitunterzeichner des Briefs, erneuerte drei Jahre später in einem Band mit Reiseberichten unter dem Titel *La Vie errante* (*Die Irrfahrten des Herrn de Maupassant)* (1890) seine vehemente Abneigung gegen den Eiffelturm. Gleich auf der ersten Seite gibt er eine – heute seltsam erscheinende – Begründung dafür, warum er die Reise ins Mittelmeergebiet und in den Magreb angetreten habe:

Ich habe Paris und sogar Frankreich verlassen, weil der Eiffelturm mich schließlich zu sehr ärgerte. Nicht nur, dass man ihn von überall her sah, sondern man fand ihn auch überall, aus allen bekannten Materialien gefertigt, und in allen Schaufenstern ausgestellt, ein unvermeidlicher und quälender Alptraum.

Aber schon im Eröffnungsjahr der Weltausstellung war Maupassants Widerwille gegen den Eiffelturm nicht so stark, dass er sich nicht doch im Restaurant der ersten Etage zum Abendessen einfand. Auf den Widerspruch aufmerksam gemacht, äußerte er verschmitzt, in Paris sei dies der einzige Ort, an dem man den Turm nicht sehe. Seinen Widerwillen gegen das neue Bauwerk brachte auch der Lyriker Paul Verlaine zum Ausdruck. Er bekannte, er mache größere Umwege in Paris, nur um den Eiffelturm nicht zu erblicken.

Der Protest kam auch von anderer Seite. Anwohner fürchteten, das riesige Bauwerk könne umstürzen und ihrem Anwesen Schaden zufügen. Einer von ihnen führte sogar einen Prozess gegen die französische Regierung und die Stadt Paris. Das hatte zur Folge, dass Gustave Eiffel dazu genötigt wurde, für Schäden durch die Baumaßnahmen die persönliche Haftung zu übernehmen.

Die Weltausstellung von 1889 mit dem neu errichteten Eiffelturm ist Thema des Romans *Les Voyageurs de l'impériale (Die Reisenden der Oberklasse)* von Louis Aragon. Das Werk erschien zuerst in englischer Übersetzung 1941 in den USA, in Frankreich dann 1942 in einer vom Verlag Gallimard für die deutsche Zensur angepassten Form. Erst die Fassungen von 1947 und (korrigiert) von 1965 waren von Aragon autorisiert.

Der Roman stellt den dritten Teil des Zyklus *Le Monde réel (Die wirkliche Welt)* dar, dessen erste beiden Teile, *Les Cloches de Bâle (Die Glocken von Basel)* und *Les beaux quartiers (Die Viertel der Reichen)* schon 1934 bzw. 1936 erschienen waren, in denen aber jeweils andere Personen agieren. Aragon beschreibt zu Beginn der *Voyageurs de l'impériale* die Parisreise eines Ehepaares aus der Provinz: Pierre Mercadier ist Geschichts- und Erdkundelehrer, seine Frau Paulette d'Ambérieux kommt aus dem niederen Adel und wird als nicht sehr intelligent geschildert. Das Anfangskapitel des Romans mit dem Titel *Fin de siècle (Jahrhundertwende)* beginnt direkt auf der Weltausstellung. Gleich der erste Satz Paulettes charakterisiert ihre eindeutige Beurteilung des neuen Turms:

> *„Oh, wie scheußlich ...“, rief Paulette. Das Wetter war wunderbar [...]. Hier, von den Stufen aus gesehen, die zum Trocadero emporführten, wirkte er [der Eiffelturm] wie eine riesige Glasglocke, die Paris, die Seine und die Gärten überwölbte.*

Paulette nimmt nach kurzer Zeit ihre emotionale Einschätzung des Bauwerks wieder auf:

> *„Oh, wie scheußlich ...“, wiederholte Paulette. Hier, zu ihren Füßen, begann sie, die Ausstellung: mit ihren Schaustücken für dankbare Gemüter; mit ihrem wilden Durcheinander von Kunstbronzen, Geranien, Huren, Soldaten, Bourgeois, kleinen Kindern und Wasserspielen [...].*

Der Turm wird schließlich lebendig und in ein wildes Tier verwandelt:

> *Wer dachte da oben, auf dem Vorplatz des Trocadero, wo die Mercadiers nun haltgemacht hatten, überhaupt an irgend etwas anderes [...]. Wer dachte an irgend etwas anderes als an dieses Monstrum mit den gespreizten Tatzen, dessen stählernes Gebiß alles überragte, das sich in den Himmel bohrte mit seinen seltsamen Aufzugskabinen, seinem Kabelgewirr, seinem Glashut dort oben, ganz hoch oben [...].*

Wer hätte an irgendetwas anderes denken können als an diesen dreihundert Meter hohen Turm, von dem man so viel geredet, über den man so geschimpft hatte, ohne daß sich irgendeiner auch nur andeutungsweise von ihm eine richtige Vorstellung hatte machen können … „Scheußlich …“, erklärte Paulette zum drittenmal, und Pierre schüttelte den Kopf und erklärte: „Amerikanischer Geschmack“, als spräche er von einer Sektmarke.

Der Roman bleibt nicht bei der starken Ablehnung des Turms durch das Ehepaar Mercadier stehen. Auf der Weltausstellung treffen sie einen ihnen bekannten Admiral, der einen weiteren Typus des Betrachters repräsentiert. Er ist zwar durchaus skeptisch hinsichtlich der Schönheit des Bauwerks, aber er bewundert den technischen Fortschritt und die industrielle Leistungsfähigkeit der Wirtschaft:

Sie [das Ehepaar Mercadier und der Admiral] schritten unter dem Eiffelturm, den Blick nach oben gerichtet und schwindlig vor dem Ausblick. Der Admiral überschwemmte sie mit Erläuterungen, er platzte vor technischen Einzelheiten […]. Mit gebieterischen Bewegungen, als befehlige er einen Küstenstrich, berechnete der Admiral den Winddruck auf den Seitenflügeln des Eiffelturms; er berechnete die Belastung der Grundmauern unter den eisernen Tatzen. Er gab Erläuterungen über die Aufzüge, die Leitern, die Kabel, die Kabinen, die Strebepfeiler […]. Die Stimme des Admirals erklang plötzlich in hohler Feierlichkeit […].

„Allerdings, Herr Tirard hat sehr richtig bemerkt, daß sich der Fortschritt nicht aufhalten läßt … und schauen Sie umher! … welch ein Schauspiel! … Zugegeben, es hat auch seine häßlichen Seiten … aber auch seine Größe. Denken Sie nur an all jene, die dafür gearbeitet haben, an die Werkstätten, die Fabriken, die Manufakturen … welche Leistung! Welche gewaltige Leistung!“

Der Besucherstrom auf der Weltausstellung von 1889 spielte Gustave Eiffel den größten Teil der Kosten wieder in die Kasse. Der Turm wurde den Bewohnern der Hauptstadt immer vertrauter und die Akzeptanz wuchs. Berühmte Maler wie Picasso, Dufy, Utrillo, Chagall, Seurat, Signac und besonders Delaunay erkannten den ästhetischen Wert des Bauwerks und machten es zum Gegenstand ihrer Bilder.

Generell hatten traditionelle Künstler eher Probleme mit dem Eiffelturm, während die Repräsentanten der Avantgarde sich aufgeschlossener zeigten. Das gilt auch für den Bereich der Musik. Charles Gounod, der Komponist von Opern, Oratorien und Messen, gehörte zu den Unterzeichnern des offenen Briefes gegen das Bauwerk. Dagegen betrachteten Chansonkomponisten und -sänger den Turm viel ungezwungener und unabhängiger. Zu ihnen zählte auch Léon Fourneau (1867–1953). Der Chansonnier, der auch Komödien- und Operettentexte schrieb, wurde 1867 auf dem Montmartre geboren und verfasste seine Lieder unter dem Namen Xanrof, dem Anagramm der lateinischen Form seines Namens (FORNAX). Er war mit Sammlungen wie den *Chansons sans-gêne (Freche Chansons)* (1890) und den *Chansons à rire (Chansons zum Lachen)* (1892) bekannt geworden. Schon um 1893 – vier Jahre nach der Einweihung – schrieb er das Chanson *La Tour Eiffel (Blick auf den Turm),* das er auch vertonte und das recht erfolgreich war. Das ironische, leicht blasphemische Gedicht umfasst drei Strophen und 24 Verse. Die ersten und letzten vier Gedichtzeilen lauten:

Gott traut seinen Augen kaum:
Er schaut durch den Weltenraum
Und betrachtet voller Zweifel
Dieses Dings von Monsieur Eiffel [...].

Und die Jungfrau lächelnd meint
– Leicht errötend – „dieses scheint
Ein Geheimnis, recht apart,
In des Heil'gen Geistes Art."

Allerdings ging nach 1889 die Zahl der Besucher – mit Ausnahme während der Öffnungszeiten der nächsten Weltausstellung im Jahre 1900 – deutlich zurück. Dies stellte auch eine Gefahr für das Bauwerk dar, denn Eiffels Konzession lief 1909 ab. Der Turm konnte also wieder zurückgebaut werden, was die Gegner so sehnsüchtig erwartet hatten. Aber die drahtlose Telegraphie rettete den Turm. Eiffel hatte oberhalb der dritten Etage Laboratorien einrichten lassen, in denen verstärkt naturwissenschaftliche Experimente stattfanden. Einen Durchbruch zu neuen Techniken stellte im Jahre 1898 die drahtlose Telegraphenverbindung zwischen dem Eiffelturm und dem 4 Kilometer entfernten Panthéon dar. Vor allem begann das Militär, sich für diese neue Übertragungsmöglichkeit zu interessieren, die dadurch besondere Bedeutung erlangte. Während des Ersten Weltkriegs zahlte sich dies für Frankreich aus, da Nachrichten über deutsche Truppenbewegungen teilweise von der Telegraphenstation des Eiffelturms abgefangen wurden.

Nach dem Krieg war die Stimmung gegen den Eiffelturm dann endgültig umgeschlagen. Es wurden jetzt vor allem die neuen technischen Möglichkeiten genutzt. In den zwanziger Jahren begann man, vom Turm Radiosendungen auszustrahlen, es folgten nach 1934 Fernsehübertragungen. Die Sendemasten wurden immer höher, heute misst der Turm bis zur Antennenspitze insgesamt 324 Meter.

Eiffelturm

Die Schriftsteller dieser Zeit verfassten Werke, in denen das Bauwerk eine positivere Rolle spielte. Von Guillaume Apollinaire stammt ein kurzes Bildgedicht, dessen Druckzeilen die Silhouette des Eiffelturms nachzeichnen. Es ist posthum in der Sammlung *Calligrammes* (1918) veröffentlicht worden. Das Gedicht beginnt mit einem Gruß des Turms an die Welt und endet mit einer Invektive gegen Deutschland. Apollinaire war als Freiwilliger in den Krieg gezogen und schwer verwundet wieder zurückgekehrt. Der Beitrag des Dramatikers, Lyrikers und Romanciers Jean Cocteau bestand im Libretto zu dem Ballett *Les mariés de la tour Eiffel (Hochzeit auf dem Eiffelturm),* das 1921 im Théâtre des Champs-Élysées aufgeführt wurde.

Am positivsten wird das Bauwerk in dem kleinen Roman von Jean Giraudoux, *Juliette au pays des hommes (Juliette im Lande der Männer)*, geschildert. Der Autor, der besonders durch seine Theaterstücke wie *La guerre de Troie n'aura pas lieu (Kein Krieg in Troja), Electre (Elektra), Ondine (Undine)* und *La Folle de Chaillot (Die Irre von Chaillot)* bekannt wurde, hatte seine Schriftstellerkarriere mit kurzen Erzählungen und Romanen begonnen. Im Jahre 1923 verfasste er ein dünnes Bändchen mit dem Titel *Prière sur la tour Eiffel (Gebet auf dem Eiffelturm),* das er 1924 in *Juliette au pays des hommes* integrierte. Wie in Louis Aragons Werk *Les Voyageurs de L'Impériale (Die*

Reisenden der Oberklasse) handelt es sich um eine Reise aus der Provinz nach Paris. Doch diesmal geht es um eine junge Dame Anfang zwanzig, die dem Neuen aufgeschlossen gegenübersteht und in der französischen Hauptstadt, dem „Land der Männer", ihr Wissen begierig erweitern und Unbekanntes entdecken möchte. Giraudoux verknüpft das Wirkliche mit dem Unwirklich-Phantastischen zu einer poetischen Realität, die zuweilen ans Paradoxe und Absurde grenzt. Juliette sucht in Paris einen Dichter auf, der gerade einen Text mit dem Titel *Prière sur la tour Eiffel (Gebet auf dem Eiffelturm)* geschrieben hat und bittet ihn, ihr das Werk vorzulesen. Der Autor hatte an einem 1. Mai den Eiffelturm besucht und berichtet in dem Prosastück von seinen Eindrücken:

> *[...] und hier der Eiffelturm! Mein Gott, welches Vertrauen muß sein Erbauer in die allgemeine Schwerkraft gesetzt haben! [...]. Was man doch alles mit Hypothesen fertigbringt! Schaut, das Seil, das der Fakir in den Himmel wirft und an dem hochzuklettern er seine Freunde einlädt, ist eiserne Wirklichkeit geworden ... Ich habe Eiffel gekannt, ich klettere ... Mein Gott, wie schön er ist, von dem Ausgangspunkt des Fahrstuhls aus gesehen, mit seinem großen unterhalb des zweiten Stockwerks wie an einer herrlichen Socke eingenähten Zwickel! Aber er ist kein Gebäude, er ist ein Wagen, ein großes Boot. Er ist alt und repariert wie ein Schiff seines Alters, auch meines Alters, denn ich bin in dem Monat geboren, da er der Erde entsproß. Er ist in jenem Alter, da man es gerne hat, wenn Kinder und Amerikaner auf einem herumklettern.*

Die positiven Impressionen sind hier mit der Bewunderung der physikalisch-technischen Leistungen verbunden.

In den zwanziger Jahren stiegen die jährlichen Besucherzahlen stetig an, sie erreichten bald über eine halbe Million und erhöhten sich in den dreißiger Jahren bis auf 800 000 (im Jahre 1937). Der Strom versiegte im Kriegsjahr 1940. Die deutsche Besatzungsmacht versperrte den Turm, um ihrerseits die Anlagen militärisch für Funkübertragungen zu nutzen. Als die Truppen des Dritten Reiches 1944 zum Abzug gezwungen waren, ordnete Hitler die Zerstörung von Paris an und schloss darin ausdrücklich die Vernichtung des Eiffelturms mit ein – was dann glücklicherweise verhindert werden konnte.

Nach dem Krieg nahm der Besucherstrom mächtig zu, überschritt mit dem Beginn des Massentourismus in den sechziger Jahren die Zwei-Millionen-Grenze und hat sich im neuen Jahrtausend auf fast sieben Millionen im Jahre eingependelt. Seit der Einweihung des Turms haben ihn insgesamt etwa 250 Millionen Menschen besucht.

In den sechziger Jahren lieferte der Literaturwissenschaftler, -kritiker und Semiologe (Zeichentheoretiker) Roland Barthes (1915–1980) eine der schlüssigsten Analysen der Bedeutung und der Besonderheiten des Eiffelturms. Kriterien, die er wesentlich aus der strukturalistischen Untersuchung literarischer, linguistischer und anthropologischer Phänomene gewonnen hatte, wandte er nun auf das höchste Pariser Bauwerk an. Das erste Ergebnis seiner Studie überrascht: Charakteristische Besonderheit des Turms ist seine Nutzlosigkeit.

> *Damit der Eiffelturm diese große Traumfunktion, die ihn zu einer Art totalem Denkmal macht, erfüllen kann, muß er sich der Vernunft entziehen. Die erste Bedingung für eine solche siegreiche Flucht besteht darin, ein ganz und gar nutzloses Monument zu sein. Die Nutzlosigkeit des Eiffelturms ist immer dunkel als ein Skandal empfunden worden, das heißt als eine kostbare, doch nicht gestehbare Wahrheit. Noch bevor er gebaut wurde, warf man ihm vor, er sei nutzlos, was, wie man damals glaubte, genügen würde, ihn zu verdammen. Es lag nicht im Geiste einer im allgemeinen der Rationalität und der Empirie der großen bürgerlichen Unternehmungen verpflichteten Epoche, die Idee eines nutzlosen Objekts zu ertragen […]. Deshalb führte Gustave Eiffel in der Verteidigung seines Projekts, mit der er selbst auf den ‚Protest der Künstler' antwortete, sorgfältig alle zukünftigen Verwendungsmöglichkeiten des Turmes auf. Wie von einem Ingenieur zu erwarten, sind es alles wissenschaftlich-technische Verwendungszwecke […].*
>
> *Diese Nützlichkeiten sind gewiß unbestreitbar, aber sie erscheinen als von lächerlich geringem Wert gegenüber dem ungeheuren Mythos des Turmes, der Bedeutung, die er für die Menschen in der ganzen Welt erhalten hat […].*

Roland Barthes greift Argumente auf, die Guy de Maupassant in seinem Reisetagebuch *La Vie errante (Die Irrfahrten des Herrn de Maupassant)* als kritische Vorwürfe benutzte, und wendet sie ins Positive. Der Eiffelturm, dessen besonderes Charakteristikum seine monumentale Größe darstellt, ist ein für Menschen absolut nicht verfügbares Objekt. Jetzt kann sich ihn jeder „en miniature" kaufen und zur Ausschmückung seiner Wohnung benutzen. Von Vorteil ist es auch, dass man zur Herstellung dieses reduzierten Turms alle erdenklichen Materialien verwenden und so die Macht der Aneignung dieses öffentlichen Bauwerks vor Augen führen kann. Der Eiffelturm als separates Element der modernen Architektur des ausgehenden 19. Jahrhunderts demonstriert – in Verbindung mit seiner Nutzlosigkeit – eine neue ästhetische Kategorie, er repräsentiert das autonome Kunstwerk. Bedeutend für die Stadt Paris ist vor allem aber sein Symbolcharakter:

> *Blick und Objekt, der Eiffelturm ist – darin besteht vielleicht sein intensivstes Leben – ein Symbol, und diese Rolle hat eine unvorhergesehene Entwicklung erlebt.*

Gewiß sollte der Eiffelturm von Anfang an die Revolution symbolisieren (deren Hundertjahrfeier man beging) sowie die Industrie (deren große Ausstellung stattfand), doch haben diese Symbolbedeutungen kaum fortbestanden, andere sind an ihre Stelle getreten. Die gesellschaftliche Symbolbedeutung war nicht die der Demokratie, sondern die der Stadt Paris. Erstaunlich ist, daß Paris so lange auf ein Symbol gewartet hat.

In den letzten Jahrzehnten hat man vor allem die Beleuchtung des Turms wesentlich verbessert. Seit 1986 steigern im Innern des Bauwerks installierte Projektoren die Sichtbarkeit während der Dunkelheit. Im Jahre 2003 kamen 20 000 Glühbirnen hinzu. Nach Einbruch der Dunkelheit leuchten sie fünf Minuten zu Beginn jeder vollen Stunde bis ein Uhr nachts – im Sommer sogar bis zwei Uhr – und tauchen den Turm in ein weit sichtbares gleißendes Licht. Aus dem hässlichen Monstrum ist ein unverwechselbares, geschätztes Wahrzeichen von Paris geworden.

An der nördlichen Seite des Turms gelangt man in nordöstlicher Richtung über den Quai Branly zur Avenue de la Bourdonnais, die man parallel zum Champ-de-Mars entlanggeht, um die Place de l'École militaire zu erreichen. Die dort nach Südosten abzweigende Avenue de Tourville führt zur Place Vauban.

Blickt man hier nach Norden, fällt sofort die vergoldete, 105 Meter hohe Kuppel des Invalidendoms auf (korrekt als Église du Dôme des Invalides bezeichnet, da das französische Wort ‚dôme' im Gegensatz zum Deutschen ‚Kuppel' bedeutet). Das Gebäude ist – wie der Eiffelturm und die Kirche Sacré-Cœur – ebenfalls zu einem Wahrzeichen von Paris geworden und weithin sichtbar, eines der im wörtlichen Sinne herausragenden Bauwerke auf der linken Seite der Seine, der Rive gauche. Der Invalidendom gliedert sich in das weit ausgedehnte Ensemble des Hôtel des Invalides ein, des größten Gebäudekomplexes der Stadt.

Die Bauten regte der Sonnenkönig Ludwig XIV. an. Er wollte die Verletzten seiner vielen Kriege sozial absichern, zugleich die bettelnden Veteranen von der Straße holen und marodierende Banden beschäftigungsloser Soldaten verhindern. Im Jahre 1670 erging seine Anordnung zum Bau des Hôtel des Invalides, als Architekt wurde Libéral Bruant ausgewählt, der einen besonders aufwendigen Entwurf eingereicht hatte. Als Terrain wählte man das heutige Gelände südlich der Seine, das damals noch außerhalb der Stadt lag. Die Bauarbeiten begannen 1671, fünf Jahre später war die Grundanlage des Hôtel des Invalides fertiggestellt, in dem das Vorbild des spanischen Escorial deutlich sichtbar wird. Der geräumige, symmetrisch angeordnete Gebäudekomplex war für 5000 bis 7000 Kriegsveteranen vor-

Invalidendom

gesehen. Seine Nordfassade erstreckt sich über 195 Meter; die Gebäude sind in einem einfachen, fast nüchternen Stil ausgeführt. Der Staatsminister Ludwigs XIV., Le Tellier de Louvois, entband 1676 Libéral Bruant von den Aufgaben und ließ ihn durch den Architekten Jules Hardouin-Mansart ersetzen, der später die Place Vendôme gestalten sollte. Der neue Baumeister begann 1677 mit der Errichtung des Invalidendoms, den er als eigenständiges Gebäude innerhalb des Gesamtkomplexes entwickelte. Über einem zweistöckigen quadratischen Zentralbau, dessen Südfassade im Erdgeschoss mit dorischen und im Obergeschoss mit korinthischen Säulen verziert ist, erhebt sich ein mit Fenstern durchbrochener Zwischenteil, der Tambour, auf dem schließlich die schmuckvoll ausgestaltete Kuppel sitzt. In ihrer barocken Pracht bildet sie den Glanzpunkt der gesamten Anlage und steht im Gegensatz zum schlichten Stil des Hôtel des Invalides. Mit ihrer imposanten Kuppel von 11 Metern Durchmesser, die von einer sogenannten Laterne gekrönt wird, macht sie den Invalidendom zu einem der bedeutendsten Sakralbauten der Zeit Ludwigs XIV. Die Kirche wurde im Jahre 1706 geweiht und diente dem König und seinen illustren Gästen für Festgottesdienste in feierlichem Rahmen.

Der Invalidendom beeindruckte im 19. Jahrhundert auch den Romancier Honoré de Balzac tief. In der kurzen Erzählung *Le Dôme des Invalides. Hallucination (Der Invalidendom. Halluzination)*, die 1832 in den *Annales romantiques* zusammen mit Lyrik- und Prosatexten von 65 anderen Schriftstellern erschien, beschreibt er eine Vision, die er am linken Seine-Ufer erlebte. Noch bevor Balzac die bekannten realistischen Romane verfasste, die seinen Ruhm begründeten, hatte er zu Beginn seiner Schriftstellerkarriere in kleinen Erzählungen seine Fähigkeit bewiesen, phantastische, wunderbare und geheimnisvolle Geschichten eindrucksvoll zu gestalten. Dazu gehört auch dieses kleine Meisterwerk, das relativ unbekannt geblieben ist.

Der Erzähler berichtet von einer Einladung ins Domizil eines Freundes in der Rue du Bac, der ihm ein exquisites Mahl mit reichlich Alkohol auftischt. Als er das Haus verlässt, hat er auf der Straße ein erstaunliches Erlebnis:

> *Ich schlug die Rue de Babylone ein und ging – in tiefe Melancholie versunken – zu den Boulevards, wobei ich mich am Invalidendom orientierte. – An irgendeiner Straßenbiegung sah ich den Dom plötzlich auf mich zukommen! ... Im ersten Augenblick war ich etwas überrascht und blieb stehen. – Es war tatsächlich der Invalidendom, er spazierte auf seiner Spitze daher und nahm ein Sonnenbad wie ein guter Bürger aus dem Marais. Zuerst hielt ich dieses Schauspiel für eine optische Täuschung und genoss es in vollen Zügen, ohne nach einer Erklärung für die Erscheinung zu suchen; eine Anwandlung von Angst bekam ich erst, als ich merkte, dass er mir auf den Fersen war ... Ich begann zu laufen, aber hinter mir hörte ich den schweren Schritt des verrückt gewordenen Doms, der sich über mich lustig zu machen schien.*

Der Erzähler versucht vergeblich, den Dom von der Verfolgung abzuhalten. Er überlegt, wie er das Gebäude nutzen und vielleicht im Ausland ausstellen könnte, denn es ist „eines der schönsten Bauwerke von Paris." Plötzlich taucht ein mit Pferden bespannter Wagen auf, der mit großer Geschwindigkeit auf den Dom zurast und ihn „in tausend Stücke" zerschlägt:

> *Als der verfluchte Wagen dann endlich vorbei war, sah ich, wie der sturköpfige Dom sich in kleinen Stößen wieder auf die Spitze stellte; die Steine rückten wieder zusammen, die schönen goldenen Streifen kamen unmerklich wieder, während ich mir gedankenlos das Gesicht abwischte. Denn in diesem Augenblick kam mein äußeres Wesen wieder, und ich fand mich in der Nähe des Invalidendoms, vor einer großen Pfütze, in der sich der Invalidendom spiegelte.*

Die Vision, versichert der Erzähler, hatte nur eine Ursache: den Alkohol. „Ich muss betrunken gewesen sein", heißt es am Schluss. Eine schalkhaft vorgeschobene Begründung für eine phantasievoll-wundersame Erzählung.

Beim Bau des Invalidendoms scheint Ludwig XIV. auch daran gedacht zu haben, dieses Gebäude als Mausoleum für sich verwenden zu lassen. Doch als er 1715 starb, überführte man ihn in die Grablege der französischen Könige, in die Abtei von Saint-Denis; das Grab wurde in den Wirren der Französischen Revolution 1793 zerstört. Während des Empire begann Napoleon Bonaparte, den Invalidendom als Grabstätte unter anderem für berühmte Marschälle zu nutzen. Höhepunkt dieser Entwicklung wurde dann im Jahre 1840 die Überführung seiner sterblichen Überreste von der Insel Sankt Helena nach Paris. Der Sarg wurde im Triumphzug über die Champs-Élysées, durch den Arc de Triomphe und schließlich zum Invalidendom geführt. Um als Grabstätte für den Kaiser zu dienen, wurde die Kirche seit 1841 21 Jahre lang umgebaut und mit einer offenen Krypta ausgestattet. Seitdem ruht Napoleon Bonaparte hier in einem 4 Meter langen, 2 Meter breiten und 4,50 Meter hohen Sarkophag aus rotem Porphyr, der auf einem Sockel aus grünem Granit plaziert ist und zusammen mit dem kalten Marmor eine frostige Atmosphäre ausstrahlt. Die Grabstätte des Kaisers ist für zahlreiche Franzosen zu einem nationalen Heiligtum geworden. Später fanden hier unter anderem auch die sterblichen Überreste von Jerôme und Joseph Bonaparte, den Brüdern Napoleons, ihre letzte Ruhestätte.

Nach der Besetzung Frankreichs im Zweiten Weltkrieg wollte Hitler 1940 – genau 100 Jahre nach den Trauerfeierlichkeiten für Napoleon I. – dem Land einen besonderen Dienst erweisen. Er ließ den Leichnam von Napoleons einzigem legitimen Sohn, dem König von Rom und Herzog von Reichstadt, der 1832 in Wien begraben wurde, aus der österreichischen Hauptstadt zur Nachtzeit in den Invalidendom überführen. In Frankreich rief dieses „Geschenk" keine besondere Begeisterung hervor. Viele Franzosen missbilligten Hitlers Versuch, gute Stimmung für Deutschland und für sich selbst zu machen. Zu ihnen gehörte auch der Erzähler und Literaturkritiker (speziell des Theaters) Paul Léauteau (1872–1956). In seinem in den Jahren 1954 bis 1966 erschienenen *Journal littéraire (Literarisches Tagebuch)*, das als sein zentrales Werk gilt und die Zeit von 1893 bis 1956 umfasst, notiert er nach der Überführung Napoleons II., wie Napoleons Sohn auch genannt wurde, voller Zynismus:

Im heutigen Matin *[französische Tageszeitung] großes Trara. Hitler hat den guten Einfall gehabt, Österreich die Asche des Herzogs von Reichstadt wegzunehmen und uns zurückzugeben. Gestern abend ist sie im Invalidendom eingetroffen. Napoleon II. Der Aiglon [der junge Adler]. Edmond Rostand [Verfasser des Versdramas in sechs Akten über Napoleon II. unter dem Titel L'Aiglon im Jahre 1900]. Der Sohn neben dem Vater. [...]. So eine Posse, so ein Mummenschanz! Mit einem Sack Kartoffeln wäre uns besser gedient. Oder mit Kohle – statt Asche!*

Im Hôtel des Invalides befindet sich das Musée de l'Armée mit sehr umfangreichen Sammlungen zur Militärgeschichte Frankreichs, besonders zu den beiden Weltkriegen und zur Libération, der Befreiung des Landes 1944 von der deutschen Besatzung. Im Jahre 2008 wurde unter dem zentralen Ehrenhof eine Abteilung zur Erinnerung an General de Gaulle eingerichtet.

Die Kuppel des Invalidendoms ist 5-mal vergoldet worden, zuletzt 1989 zur Zweihundertjahrfeier der Französischen Revolution. Die 12,65 Kilogramm Gold, die man dazu benötigte, lassen dieses Pariser Wahrzeichen seitdem wieder weithin leuchten.

8. Von Saint-Germain-des-Prés zur Sorbonne

Saint-Germain – Café de Flore – Le Bon Marché – Saint-Sulpice – Jardin du Luxembourg – Quartier latin – Panthéon – Sorbonne

Métro-Linie 4: Haltestelle Saint-Germain-des-Prés

Von der Place Saint-Germain-des-Prés geht man auf der rechten Seite des Boulevards (mit den geraden Hausnummern) entlang, an der Kirche gleichen Namens, der ältesten der großen Pariser Kirchen, und am Café Les Deux Magots vorbei. An der Kreuzung mit der Rue Saint-Benoît erreicht man unter der Nummer 172 das Café de Flore mit seinen hellbeigen Markisen, auf denen der Namenszug in grünen, goldfarben umrandeten Buchstaben groß aufgedruckt ist.

Den Boulevard Saint-Germain ließ der Pariser Präfekt Baron Haussmann im Zuge seiner Stadterneuerungsarbeiten im Zweiten Kaiserreich als große West-Ost-Achse – teilweise fast parallel zur Seine – durch die mittelalterliche Bausubstanz hindurchbrechen. Hier entwickelte sich besonders seit der Jahrhundertwende ein neues intellektuelles und künstlerisches Zentrum. Die Maler und Schriftsteller, die seit etwa 1910 den Montmartre verließen, fanden sich in großer Anzahl hier ein. Später kamen die Surrealisten und Dadaisten hinzu. Nach dem Zweiten Weltkrieg blühte die philosophische Richtung des Existentialismus auf und viele Schriftsteller, Verleger, Künstler, Cineasten, Sänger und Jazzmusiker bevölkerten den Stadtteil. Gleichzeitig mit ihnen „intellektualisierte" sich auch das städtische Umfeld. Es öffneten Cafés, Buchhandlungen, Antiquariate und Galerien, eine große Zahl von angesehenen Verlagen und Zeitschriftenredaktionen etablierte sich, dann kamen Universitätsabteilungen und -institute sowie die Kunsthochschule hinzu. Der Geist von Saint-Germain wurde zu einer Denk- und Lebensart, das Viertel galt als Zentrum der intellektuellen Welt; selten existierten Literatur und Kunst an einem kleinen Ort in so enger Nachbarschaft.

Treffpunkt der geistigen Elite von Saint-Germain wurde seit dem Ende des 19. Jahrhunderts ein Dreigestirn von Gaststätten, die sich in unmittelbarer Nähe zueinander befanden: die Cafés de Flore und Les Deux Magots und – gegenüber – die Brasserie Lipp, ein Brauereirestaurant mit elsässischer Küche. Die beiden Cafés, die nebeneinander liegen, sind auf dem Platz der ehemaligen Abtei von Saint-Germain-des-Prés erbaut.

Die französische Hauptstadt blickt auf eine lange Kaffeehaustradition zurück. So soll Paris beispielsweise während der Französischen Revolution über 1000 Kaffeehäuser besessen haben. Zwischen Wien, Venedig und Paris gibt es einen Wettstreit darüber, welche Stadt das älteste Café besitzt. Das Café Procope, das sich in der Nähe des Boulevard Saint-Germain befindet und seit 1686 besteht, möchte sich gern mit diesem Ehrentitel schmücken. Es war einer der intellektuellen und literarischen Treffpunkte während der Aufklärung und der Romantik. Am Ende des 19. Jahrhunderts begann das Café de Flore, das im Jahre 1865 seine Pforten geöffnet hatte, diese Rolle zu übernehmen. Es wurde bis in die 70er Jahre des 20. Jahrhunderts zu einem Spiegel der geistigen und künstlerischen Entwicklungen sowie Moden der europäischen Kultur.

Am Anfang seines Entfaltungsprozesses steht eine Episode, die zwar nicht repräsentativ für sein geistiges Umfeld war, aber doch Aufsehen erregte. Im Kontext der Dreyfus-Affäre wurde im Jahre 1899 im ersten Stock des Café de Flore die *Revue d'Action française* gegründet. Die zweimal im Monat erscheinende Zeitschrift war das Publikationsorgan der nationalistischen, monarchistischen und antisemitischen Bewegung Action française. 1908 übernahm der Schriftsteller, Politiker und Journalist Charles Maurras das Blatt und wandelte es in eine Tageszeitung um, die in einer Auflage von 50 000 bis 100 000 Exemplaren erschien. Maurras gestaltete den ersten Stock des Cafés zu seinem Büro um und bereitete dort die Ausgaben des kämpferischen Presseorgans vor. Im Jahre 1931 schilderte er die Geschichte der Dreyfusbewegung und der Action française aus seiner Sicht in einem Erinnerungsband mit dem Titel *Au signe de Flore* – nach dem Ort der Redaktionskonferenz der Zeitung. Charles Maurras wurde 1938 in die Académie française aufgenommen. Der antidemokratische und antiparlamentarische Schriftsteller gehört zu den am stärksten rechtsextremen Autoren der französischen Literatur des 20. Jahrhunderts. Im Januar 1945 verurteilte man ihn wegen der Kollaboration mit dem Vichy-Regime zu lebenslanger Haft und entfernte ihn aus der Académie française. Aus gesundheitlichen Gründen wurde er im März 1952 vom französischen Staatspräsidenten Vincent Auriol begnadigt und verstarb acht Monate später.

Wie stark der Einfluss von Charles Maurras auch im Café de Flore war, wird durch eine Passage aus Léon-Paul Fargues schon zitiertem Werk *Le Piéton de Paris (Der Wanderer durch Paris)* deutlich. Maurras hatte seine Theorien nachdrücklich verteidigt und war als Führer der Bewegung von einem Kranz von Mitstreitern umgeben. Allerdings hatte er zum Zeitpunkt, als Fargues Band erschien, mit seinen Adepten das Kaffeehaus wieder verlassen.

Das Café de Flore ist den Parisern bekannt, weil sie es mit vollem Recht als eine der Wiegen der Action Française und der Soirées de Paris [Name der Zeitschrift] *Apollinaire's betrachteten. Die A. F. [Action Française] kam hier zusammen, als es eine Dreyfuß-Affäre gab und den Neo-Boulevard Saint-Germain noch nicht. Maurras stellte hier die Doctrine auf, vor Bainville, Dimier, Montesquiou, Vaugeois [alle Mitstreiter der Action Française] und sogar Souday [Journalist bei der Tageszeitung Le Temps], dem diese Gespräche nicht zuwider waren, der sie anhörte, so wie man eines Tages einen Pernod probiert, und dem Maurras seine Bücher schickte, mit Widmungen, die in herzlichem Ton abgefaßt waren [...]. Heute ist das Café de Flore von den Häuptern der Bewegung verlassen worden. [...]. Das Haus empfiehlt sich durch seine Bridgespieler und sein Häuflein Literaten, reinen oder Bohémiens [...].*

Der Lyriker, Prosadichter (und Bohémien) Léon-Paul Fargue war ein guter Beobachter der literarischen Szene zwischen den beiden Weltkriegen. Er fiel im Café de Flore auf, weil er als Gast dort jeden Tag pünktlich eintraf und das Lokal nach genau zwei Stunden wieder verließ.

Ganz anders gestaltete sich das intellektuelle Klima in diesem Viertel, als die avantgardistischen Künstler, Schriftsteller und Bohémiens, die um die Jahrhundertwende die geistige Atmosphäre auf dem Montmartre bestimmt und europaweit mitgeprägt hatten, schon vor dem Ersten Weltkrieg von dort wegzogen und sich auch in Saint-Germain-des-Prés ansiedelten. Ihre fortschrittlichen Ideen diskutierten sie jetzt im Café de Flore. Von den Malern befanden sich hier Pablo Picasso, der dem Lokal noch Jahrzehnte erhalten blieb, später auch Salvador Dalí und André Derain. Eine wichtige Rolle spielte Guillaume Apollinaire, der Stammgast im Café de Flore war und ebenfalls vom ersten Stock des Lokals Besitz ergriff. Seit 1911 hatte er dort die Redaktion seiner Zeitschrift *Les Soirées de Paris* angesiedelt. Er kannte viele der anwesenden Autoren und machte unter anderem die späteren Surrealisten – und Kunden des Flore – André Breton, Philippe Soupault und Louis Aragon miteinander bekannt. Zu ihnen gesellte sich der Dadaist Tristan Tzara.

Seit den dreißiger Jahren war André Malraux Stammgast, der 1933 mit seinem Roman *La condition humaine (So lebt der Mensch)* Berühmtheit erlangte und im gleichen Jahr für dieses Werk mit dem Prix Goncourt ausgezeichnet wurde. Das Markenzeichen des Romanciers und Kunstschriftstellers im Café de Flore bestand darin, dass er jeweils einen Pernod mit viel Eis bestellte und davon in kleinen Schlucken trank. Gäste vor dem Zweiten Weltkrieg waren außerdem die Lyriker Paul Eluard und Robert Desnos sowie der Romancier und Essayist Raymond Queneau, der später durch seine

Exercices de style (Stilübungen) (1947) und durch den Roman *Zazie dans le métro (Zazie in der Metro)* (1959) bekannt wurde. Auch die anglo-amerikanischen Schriftsteller hielten nach wie vor dem Kaffehaus die Treue.

Simone de Beauvoir (1908–1986), eine der wichtigsten Theoretikerinnen des modernen Feminismus, gehörte mit ihrem Lebenspartner Jean-Paul Sartre (1905–1980) seit 1938 gleichfalls zu den Besuchern des Café de Flore. Das Paar hatte sich im Jahre 1929 an der Pariser Sorbonne bei der Agrégation (Jahresprüfung im Auswahlverfahren für Professorenstellen an Universitäten und für Lehrerstellen an Gymnasien) kennengelernt, die er als Erster und sie – mit geringem Abstand – als Zweitbeste absolvierten. Seitdem lebten sie in freier Partnerbeziehung zusammen. In ihrem Erinnerungsband *La Force de l'âge (In den besten Jahren)* (1960) charakterisiert Simone de Beauvoir das Café de Flore und seine Gäste kurz vor Ausbruch des Zweiten Weltkrieges:

> *Das ‚Flore' hatte seine Sitten, seine Ideologie. Die kleine Gemeinde der Getreuen, die sich dort täglich traf, gehörte nicht ganz zur Bohème und nicht ganz zur Bourgoisie. Die meisten hatten lose mit dem Film und dem Theater zu tun. Sie lebten von unsicheren Einkünften, Notbehelfen und Hoffnungen.*
>
> *Ihr Gott, ihr Orakel, ihr Denkmeister war Jacques Prévert, dessen Filme und Gedichte sie verehrten, dessen Sprache und Ausdrucksweise sie zu imitieren suchten. Auch uns gefielen die Gedichte und Lieder Préverts, sein träumerischer und ein wenig verschrobener Anarchismus entsprach uns vollkommen.*

Neben Jacques Prévert, der das Drehbuch zu dem – im Krieg gedrehten – Kultfilm *Les enfants du paradis (Die Kinder des Olymp)* schrieb, der im Jahre 1945 Furore machte, verkehrten aus der Film- und Theaterbranche auch der Regisseur dieses Streifens, Marcel Carné, und der Schauspieler Jean-Louis Barrault im Café de Flore. Simone de Beauvoir beschreibt auch die jüngeren Gäste und ihren Lebenswandel. Zu ihnen gehören die „bouleversantes", die sie als „blaßhaarige, mehr oder minder von Rauschgift, von Alkohol oder vom Leben zerrüttete Wesen mit traurigen Mündern und unnatürlich geweiteten Augen" definiert:

> *Die jungen Müßiggänger des ‚Flore' flößten uns dagegen eine Sympathie ein, in die sich Ungeduld mischte. Ihr Nonkonfirmismus war hauptsächlich ein Vorwand für ihre Trägheit; sie langweilten sich sehr. Ihre Hauptablenkung waren die ‚bouleversantes'. Ein jeder hatte reihum mit einer jeden ein Verhältnis von unterschiedlicher, im allgemeinen aber kurzer Dauer. Wenn die Runde gemacht war, begann man wieder von vorn; das ging nicht ohne Eintönigkeit ab. Sie verbrachten ihren Tag damit, in kleinen, blasierten, von Gähnen unterbrochenen Sätzen ihren Ekel zu verströmen. Des Klagens über die menschliche Sauerei war kein Ende.*

Der Zweite Weltkrieg und die deutsche Besatzung zerstörten die ungezwungene Atmosphäre des Café de Flore. Mehrere Stammgäste emigrierten, andere setzten sich in den unbesetzten Teil Frankreichs ab. Die Verbliebenen nahmen wahr, dass die Gestapo am Anfang des Krieges einige Gäste abgeholt hatte, die nicht wieder zurückkehrten. Deutsche Besatzungssoldaten blieben dem Café fern. Als sich ein deutscher Offizier einmal dort verirrte, merkte er bald, dass er nicht willkommen war, und verließ das Lokal; die Gäste waren zum größten Teil vehement gegen den Nationalsozialismus und die Kollaboration eingestellt. Seit 1942 wurden die Einschränkungen durch den Krieg spürbarer. Der Winter des Jahres war kalt und die Kohlenlieferungen unzureichend. Der Ausweg für Simone de Beauvoir und Jean-Paul Sartre war, das Café de Flore tagsüber als dauerhaften Aufenthaltsort zu wählen:

> *Im ‚Flore' war es nicht kalt. Azetylenlampen verbreiteten ein wenig Licht, wenn die Birnen erloschen. Damals gewöhnten wir uns an, jede freie Minute dort zu verbringen. Es bot uns nicht nur einen relativen Komfort. Es war unsere* querencia [beliebter Aufenthaltsort], *wir fühlten uns dort zu Hause, geborgen.*
>
> *Vor allem im Winter bemühte ich mich, schon da zu sein, wenn das Café geöffnet wurde, um den besten Platz zu ergattern, neben dem Ofenrohr, wo es am wärmsten war. Ich liebte den Augenblick, wenn Boubal [der Besitzer], eine grüne Schürze um die Hüften, in dem noch leeren Saal sein kleines Universum zum Leben erweckte.*

Trotz der widrigen Kriegsbedingungen bildete sich im Café eine muntere, nach außen sich abgrenzende Gemeinschaft, die umtriebig agierte. Simone de Beauvoir hat sie in *La Force de l'âge (In den besten Jahren)* kurz charakterisiert:

> *Im Lauf des Vormittags füllte sich der Saal allmählich. Zur Zeit des Apéritifs war er voll. Picasso lächelte Dora Maar [französische Fotografin und Malerin; Geliebte und Modell Picassos] zu, die einen großen Hund an der Leine hielt. Léon-Paul Fargue saß schweigend da, Jacques Prévert schwang Reden. An den Tischen der Filmleute, die sich seit 1939 fast täglich hier einfanden, waren lärmende Diskussionen im Gang. Einige alte Herren aus dem Viertel mischten sich in dieses Gewühl.*

Die Betriebsamkeit hinderte aber Jean-Paul Sartre und Simone de Beauvoir nicht am intensiven Arbeiten. Beide saßen meist in derselben Ecke des Cafés, aber getrennt an verschiedenen Tischen. Sartre entwickelte die Grundlagen der Existenzphilosophie; er schrieb an seinem wissenschaftlichen Hauptwerk *L'Etre et le Néant. Essai d'ontologie phénoménologique*

(Das Sein und das Nichts. Versuch einer phänomenologischen Ontologie), das im Jahre 1943 erschien, in dem auch die Uraufführung seines Theaterstücks *Les Mouches (Die Fliegen)* stattfand. Sartre war beim Besitzer des Flore, Paul Boubal, nicht sehr beliebt; er sei sein schlechtester Kunde gewesen, weil er stundenlang mit einem einzigen Getränk ausgekommen sei.

Simone de Beauvoir brachte gewöhnlich einen Aktenordner und viel Papier mit. Sie beendete ihren ersten Roman *L'Invitée (Sie kam und blieb),* der ebenfalls 1943 veröffentlicht wurde. Anschließend bereitete sie ihren zweiten Roman *Le sang des autres (Das Blut der anderen)* (1945) und ihre anthropologische Studie zur Emanzipation der Frau vor, die 1949 unter dem Titel *Le deuxième sexe (Das andere Geschlecht)* erschien und ihren Ruhm begründete. Im Café fanden sich danach der Dramatiker Arthur Adamov und der Schauspieler und Chansonnier Marcel Mouloudji ein, dessen Texte Simone de Beauvoir beurteilen sollte und die sie auch nach Rechtschreibung und Grammatik korrigierte.

Gast wurde dort ebenfalls der Skandalautor Jean Genet (1910–1986), der seinen Roman *Notre-Dame-des-Fleurs,* der im Homosexuellen-Milieu spielt, im Gefängnis von Fresnes geschrieben hatte. Jean-Paul Sartre und seine Freunde bewahrten ihn mit beherztem Einsatz vor einem lebenslänglichen Zuchthausaufenthalt. Das Café war dafür bekannt, dass hier ein Teil der Pariser Homophilen-Szene seinen Treffpunkt hatte.

Bei der Aufführung seines Résistance-Dramas *Les Mouches (Die Fliegen),* in dem er in Anlehnung an sein philosophisches Werk *L'Etre et le Néant (Das Sein und das Nichts)* den Freiheitsbegriff am antiken Orest-Stoff konkretisierte, lernte Sartre den Romancier, Theaterautor und Essayisten Albert Camus (1913–1960) kennen. Seitdem führten sie – auch im Café de Flore – über Jahre hinweg lange, oft sehr kontroverse Diskussionen über den Begriff und den Inhalt des Existentialismus. Das Lokal wurde innerhalb kurzer Zeit zum Zentrum philosophischer Debatten und bekam eine Intellektuellenaura, die eine große Anziehungskraft ausübte. Im Mittelpunkt stand Jean-Paul Sartre, der bald von Gästen, auch aus dem Ausland, auf seine existentialistischen Theorien angesprochen und um Autogramme gebeten wurde. Damit war im Café an ein ungestörtes Schreiben nicht mehr zu denken. Sartre und Beauvoir verließen daraufhin auf der Flucht vor den Bewunderern das Kaffeehaus und zogen sich zum konzentrierten Arbeiten nach Hause zurück. Das Image des Existentialismus blieb dem Café aber erhalten, besonders als später die zur Muse von Saint-Germain herangereifte, schwarzgewandete Juliette Gréco mit ihren Chansons einen unterhaltsamen Aspekt in die philosophischen Debatten einbrachte. Ihre anspruchsvollen

Café de Flore

Texte stammten von bedeutenden Schriftstellern, die ebenso wie sie Gäste des Café de Flore waren: Jacques Prévert, Boris Vian (der auch als Chansonnier, Jazztrompeter in Saint-Germain und Filmschauspieler bekannt wurde), Raymond Queneau und Jean-Paul Sartre.

Die Begeisterung durch die wiedergewonnene nationale und individuelle Freiheit, die philosophischen Diskussionen und die niveauvollen literarischen Chansons fügten sich zu einer Existentialismus-Szene, die das Markenzeichen von Saint-Germain und vom Café de Flore wurde, von der das Viertel und das Kaffeehaus noch heute zehren. Weiter zog das Flore Prominente aus vielen Bereichen an, unter anderem die Schriftsteller Roger Vitrac und Michel Leiris, die Schauspieler Gérard Philippe, Brigitte Bardot und Simone Signoret, den Chansonnier Guy Béart, die beiden Hochschulprofessoren Roland Barthes (Literaturwissenschaftler, Strukturalist und Semiologe) vom Collège de France und Jacques Lacan (Mediziner und Psychoanalytiker) von der Ecole Normale Supérieure, schließlich den Journalisten und „nouveau philosophe" Bernard-Henri Lévy sowie den Modeschöpfer und Designer Karl Lagerfeld.

Ähnliche Entwicklungen wie im Café de Flore gab es auch im benachbarten Les Deux Magots und in der gegenüberliegenden Brasserie Lipp. Das

Restaurant wurde stärker von Politikern und Journalisten besucht. In der Vierten Republik stellte man hier auch schon einmal Kabinettslisten für eine zukünftige Regierung zusammen. Später traf sich François Mitterrand in der Brasserie zuweilen mit Presseleuten zu Hintergrundgesprächen.

Doch allmählich ließ der Zustrom bekannter Persönlichkeiten, insbesondere der Schriftsteller, in diese drei Lokale von Saint-Germain nach. Daran änderte auch nichts der Versuch des Café de Flore, seit Mitte der neunziger Jahre einen neuen Literaturpreis für junge vielversprechende Autoren zu stiften, der im November jeden Jahres verliehen wird. Stattdessen strömten Touristen in Massen in dieses Viertel.

Die große Epoche von Saint-Germain sowie der beiden renommierten Cafés und der Brasserie Lipp ist vorüber. Der enthusiastische Aufbruch nach dem Zweiten Weltkrieg, die Begeisterung für die Existenzphilosophie, der Kult der wiedergewonnenen und sich erweiternden Freiheiten in den fünfziger Jahren sowie die Leidenschaft für Chansons, Jazzmusik und Filme (wie die der „nouvelle vague“), das alles ist zum Mythos geworden. Modeboutiquen verdrängen Buchhandlungen und Musikkneipen, das Schaulaufen ersetzt den Bildungseifer, die Ökonomie breitet sich auf Kosten der Kultur aus.

Geht man vom Café de Flore auf die andere Seite des Boulevard Saint-Germain und biegt in die Rue de Rennes ein, so erreicht man nach kurzer Zeit die Kreuzung mit der Rue du Four. Wenn man rechts in die Rue du Four abzweigt und dann auf der Verlängerung der Straße, der Rue de Sèvres, weiterläuft, gelangt man auf der rechten Seite nach etwa 300 Metern zum Warenhaus Le Bon Marché, dessen Eingang sich unter der Hausnummer 24 befindet. Der mächtige dreigeschossige Gebäudekomplex mit zusätzlichem Dachstockwerk nimmt das gesamte Straßenviereck zwischen der Rue de Sèvres, der Rue du Bac, der Rue de Babylone und der Rue Velpeau ein. Das Kaufhaus liegt direkt an der Grenze zwischen dem 6. und dem 7. Pariser Arrondissement. Es gehört streng genommen damit nicht mehr zum Stadtviertel Saint-Germain-des-Prés, das mit der Verwaltungseinheit des 6. Arrondissements identisch ist. Le Bon Marché nimmt aber für sich in Anspruch, am Geist und an der Lebensart des Rive gauche, des linken Seine-Ufers, zu partizipieren und damit zum heutigen Stadtviertel Saint-Germain zu gehören.

Le Bon Marché ist das älteste Pariser Warenhaus und das einzige auf dem linken Seine-Ufer. Das riesige Gebäude mit seinen großen Schaufenstern im Erdgeschoss, dem ausgedehnten Lichthof, der beeindruckenden Eisenkonstruktion und den freitragenden Treppen geht im Wesentlichen auf die siebziger Jahre des 19. Jahrhunderts zurück.

Entscheidend für den gigantischen Aufstieg des Geschäftes war das äußerst erfolgreiche Wirken Aristide Boucicauts. Er war 1835 als Fünfundzwanzigjähriger nach Paris gekommen und hatte als Verkäufer gearbeitet. Das ersparte Geld verwendete er 1852, um als Miteigentümer in das Neuheitengeschäft Au Bon Marché einzutreten, das Textilien verkaufte und damals 12 Angestellte beschäftigte. Im Jahre 1863 hatte er so viel Geld zusammengetragen, dass er mithilfe eines befreundeten Millionärs das Mitbesitzerehepaar auszahlen konnte und als alleiniger Inhaber das Unternehmen leitete. Die Neuheitengeschäfte stellten durch ihr umfangreicheres Sortiment eine wichtige Weiterentwicklung der ehemaligen Einzeltextilläden dar, die nur auf wenige Artikel spezialisiert waren. Sechs Jahre später, im Jahre 1869, wagte er den nächsten grundlegenden Schritt, den man in den Vereinigten Staaten von Amerika bereits erfolgreich gegangen war, die Umwandlung des Neuheitengeschäfts in ein Warenhaus.

Aristide Boucicaut hatte inzwischen das benachbarte Gelände des Straßenviertels aufgekauft. Damit legte er den Grundstein für den ausgedehnten Erweiterungsbau des Bon Marché. Mit den Arbeiten betraute er den Architekten Louis-Auguste Boileau und den Ingenieur – und späteren Erbauer des nach ihm benannten Turms – Gustave Eiffel. Beide hatten sich einen Namen mit der Anwendung fortschrittlicher Fertigungstechniken gemacht und mit den neueren Baumaterialien Eisen und Glas hervorragende Ergebnisse erzielt. Das nach außen klassizistisch anmutende Gebäude erhielt eine stabile Stahlkonstruktion, die neben freitragenden Treppen die vielfältige Verwendung von Glas in Lichthöfen und für große Schaufensterpassagen ermöglichte. Das Warenhaus vereinigte nun viele Einzelhandelsgeschäfte als getrennte Abteilungen unter einem Dach und verkaufte neben den traditionellen Textilien Wäsche, Geschirr, Möbel, Spielsachen, Schreibwaren und andere Artikel des täglichen Bedarfs. Die Erweiterung war so erfolgreich, dass das Geschäft im Jahre 1877 beim Tod Aristide Boucicauts die Mitarbeiterzahl des Jahres 1852 von 12 auf nunmehr 1788 gesteigert hatte, eine für damalige Verhältnisse beispiellose Zahl. Damit war das Haus zu dieser Zeit das größte Einzelhandelsunternehmen der Welt. Am Ende der Baumaßnahmen war die Verkaufsfläche von 300 Quadratmetern (1852) auf 52 800 Quadratmeter angewachsen.

Das Warenhaus war der dem Zeitalter der industriellen Massenproduktion und der wachsenden großstädtischen Bevölkerung angepasste Geschäftstypus. Ökonomische, soziale und stadtplanerische Entwicklungen hatten diesen Prozess wesentlich gefördert. Einerseits war die Warenproduktion vor allem im städtischen Umfeld aus dem Bereich der Eigenbedarfswirtschaft mithilfe neuer hochkomplexer Maschinen in die Sphäre der industriellen Herstellung gleichförmiger Massengüter übergegangen. Andererseits hatte sich auch die Bevölkerung der Großstädte deutlich vergrößert. In Paris war die Einwohnerzahl von 500 000 im Jahre 1800 auf 1 Million im Jahre 1840 gestiegen. Durch die Eingemeindungen ehemals selbstständiger Gemeinden der Umgebung in die französische Hauptstadt auf Veranlassung des Präfekten Baron Haussmann kamen 1860 nochmals 500 000 Bewohner hinzu. Darunter waren auch viele Angehörige einfacher sozialer Schichten, Arbeiter, kleine Angestellte, Verkäuferinnen und Dienstmädchen, die zusätzlich versorgt werden mussten. Aber auch die Bedürfnisse des gehobenen Bürgertums wuchsen, das immer reicher wurde und die Geldzirkulation ansteigen ließ. Die Stadtplanung musste für die schwieriger gewordenen Verkehrs- und Transportprobleme Lösungen finden. Der Präfekt Baron Haussmann versuchte dies unter anderem durch den Bau breiter Boulevards und die Schaffung zentraler Straßenknotenpunkte wie der Place de l'Étoile am Arc de Triomphe.

Diese Entwicklungen in unterschiedlichen Bereichen führten dazu, dass das starke Kaufinteresse einer angewachsenen Bevölkerung auf die Massenartikel industrieller Produktion traf. Das Warenhaus stellte den idealtypischen Ort dar, an dem diese Prozesse zusammenkamen und zum Ausgleich gebracht werden konnten. Aristide Boucicaut arbeitete erfolgreich daran, die Herstellung des Gleichgewichts in Form eines vollzogenen Kaufes durch verschiedene Maßnahmen zu befördern und ökonomisch auf hohem Niveau profitabel zu gestalten. Zu seinen wichtigsten Neuerungen zählten die Vervielfältigung des Warenangebots, die festen und durch eine geringere Gewinnmarge niedrigeren Preise, das Rückgaberecht für verkaufte Artikel, die Spezial- und Sonderverkäufe, die Lieferung nach Hause, die Reklame, der Versandhandel, die Verteilung von Warenkatalogen und die Beteiligung des Verkaufspersonals am Gewinn in Form von Provisionen.

Die neuen Grundsätze Boucicauts – sie werden in literarischer Umsetzung später wieder erscheinen – revolutionierten den Einzelhandelsverkauf.

Der Romancier Emile Zola beabsichtigte, im Rahmen seines Zyklus *Les Rougon Macquart* ein Werk zu verfassen, dessen Handlung sich im Kontext eines Warenhauses abspielen sollte. Dieser Roman erschien unter dem Titel *Au Bonheur des Dames (Das Paradies der Damen)* im Jahre 1883. Wie üblich begann Zola, vor der Abfassung des Textes eine ausführliche Dokumentation zu den sozialen und ökonomischen Grundlagen des Werkes zu erstellen. In den Jahren 1881 und 1882 besuchte er mehrere Monate lang verschiedene Pariser Warenhäuser, vor allem das Au Bon Marché am linken

Seine-Ufer und die Grands Magasins du Louvre in der Rue de Rivoli – das in dieser Form im Jahre 1974 schließen musste und heute als großes Antiquitätenkaufhaus mit vielen einzelnen Geschäften weiter besteht. Er informierte sich schließlich auch in dem Warenhaus an der Place de Clichy, in dem seine Frau Kundin war. Zola erarbeitete 380 Bögen mit Notizen und verschiedenen Dokumenten zu diesem neuen Geschäftstypus (sie sind heute in der Französischen Nationalbibliothek vorhanden). Auf seinen Besuchsgängen kamen etwa 100 Bögen an Material über die Pariser Warenhäuser zusammen, 64 über das Bon Marché und 34 über die Grands Magasins du Louvre. Man sieht daran, welche überragende Bedeutung das älteste Kaufhaus für den Roman *Au Bonheur des Dames* hatte. Die Recherche ging so weit, dass Zola sogar den Speiseplan für die Angestellten des Bon Marché an dem Tag, an dem er das Haus besuchte, unverändert in seinen Text übernahm.

Doch der Roman sollte kein genaues Abbild dieses Kaufhauses wiedergeben, Zola schuf eher ein idealtypisches Geschäft aus den drei genannten Unternehmen, zu dem er weitere Elemente aus den anderen damals existierenden Pariser Kaufhäusern wie dem Printemps hinzufügte. Die französische Haupstadt war in der zweiten Hälfte des 19. Jahrhunderts eindeutig die Metropole der europäischen Warenhäuser. Um das direkte Vorbild weiter zu verfremden, verlegte Zola das Bonheur des Dames vom linken Seine-Ufer auf die rechte Flussseite ins 2. Arrondissement nahe der Opéra Garnier. Es steht an der Place Gaillon im heutigen Straßenviereck zwischen der Rue de la Michodière, der Rue Saint-Augustin, der Rue Monsigny und der (umbenannten) Rue du Quatre Septembre.

Der Roman, der in den Jahren zwischen 1864 und 1869 spielt, erzählt die Geschichte der Verkäuferin Denise Baudu, die nach dem frühen Tod ihrer Eltern mit ihren beiden jüngeren Brüdern aus der Provinz in Paris eintrifft. Da sie mittellos ist, hofft sie bei ihrem Onkel unterzukommen, der ein kleines, ziemlich heruntergewirtschaftetes Textilgeschäft in der Rue de la Michodière in der Nähe der Place Gaillon betreibt. Da Denise dort kein Auskommen findet, fängt sie als Verkäuferin in dem Neuheitengeschäft Au Bonheur des Dames zu arbeiten an, das direkt gegenüber dem Laden ihres Onkels liegt. Dessen Besitzer Octave Mouret widmet sich der wesentlichen Erweiterung seines Hauses und der Umwandlung des Neuheitengeschäftes in ein Warenhaus. Er beginnt bald, nachdrücklich um Denise zu werben, wird aber von ihr zunächst abgewiesen. Erst als Denise durch ihre erfolgreiche Arbeit weiter aufsteigt, Verantwortung übernimmt, ihr Ansehen im Unternehmen festigen und Mouret auf Augenhöhe gegenübertreten kann, ist sie bereit, aus Zuneigung ihren Chef zu heiraten.

Diese Liebesgeschichte bleibt im Roman nur vordergründig. Die Hauptfigur ist das Warenhaus selbst. Zola hatte die Mechanismen seines Funktionierens genau untersucht und konnte daher einen der wenigen bedeutenden Kaufhausromane nicht nur der französischen Literatur schreiben. Er hatte gründlich beobachtet, welche Anziehungskraft die neu gestalteten riesigen Gebäude auf die kaufwilligen Kunden ausübten. Im neunten Kapitel des Romans *Au Bonheur des Dames (Das Paradies der Damen)* beschreibt er die neuen Geschäftsräume bei der Einweihung des Hauses nach der Fertigstellung der umfangreichen Erweiterungsbauten:

An einem Montag, am 14. März, eröffnete das „Paradies der Damen“ seine neuen Verkaufsräume mit einer großen Ausstellung von Sommerneuheiten, die drei Tage dauern sollte. [...]. Man hatte die in Hallen verwandelten Höfe mit Glasdächern versehen, und aus dem Erdgeschoss führten eiserne Treppen nach oben, eiserne Brücken waren in beiden Etagen von einer Seite zur anderen geschlagen worden. Der Architekt, ein glücklicherweise intelligenter junger Mann, der auf alles Neuzeitliche versessen war, hatte Steine nur für die Untergeschosse und die Eckpfeiler verwendet und dann das ganze Gerippe aus Eisen errichtet, die Verbundstellen der Giebel- und Deckenbalken stützten Säulen. [...]. Überall hatte man Platz gewonnen, Luft und Licht hatten freien Zutritt, das Publikum bewegte sich unbehindert unter dem kühnen Wurf der nur in weiten Abständen abgestützten Dachkonstruktion. Es war die Kathedrale des neuzeitlichen Handels, fest und leicht zugleich, für ein ganzes Volk von Kunden geschaffen. [...]. Eine ganze Welt spross dort in dem hallenden Leben der hohen metallenen Kirchenschiffe hervor.

Die Baumaterialien Eisen und Glas werden hier wie beim Architekten Boileau und dem Ingenieur Eiffel bei der Erweiterung des Bon Marché als Grundelemente der Verkaufsräume hervorgehoben, die die Kundschaft anzogen und die Waren ins rechte Licht rückten.

Das Warenhaus hat darüber hinaus eine symbolische Bedeutung. Wie die Kirche in der Vergangenheit als bedeutendster Kultort der Franzosen galt, übernimmt nun das Kaufhaus diese Funktion, es wandelt sich zur „Kathedrale des neuzeitlichen Handels“. Immer wieder wird Mourets Geschäft im Roman mit einer Kirche verglichen und die Kundschaft huldigt einer „neuen Religion“:

Und noch immer betrachtete Mouret sein von all diesen Flammen umgebenes Frauenvolk. [...]. Mouret war es, der sie [die Frauen] in dieser Weise besaß, der sie durch seine ununterbrochene Anhäufung von Waren, durch die Preisherabsetzungen und das Rückgaberecht, seine Galanterie und seine Reklame in der Gewalt hatte. Er hatte sogar die Mütter gewonnen, er herrschte über alle mit der Brutalität eines

Despoten, dessen Laune Familien zugrunde richtet. Seine Schöpfung führte eine neue Religion herauf, die Kirchen, die der wankende Glaube nach und nach veröden ließ, wurden in den nun unbeschäftigten Seelen durch einen Basar ersetzt.

Wie die gläubigen Menschen in der Kirche himmlische Besitztümer erwerben sowie Trost und Ermutigung finden wollten, so brachte ihnen jetzt die „neue Religion" durch die Güter Zufriedenheit und Selbstbestätigung. Das beunruhigte die Kirchen. Die Zeit, die die Kunden im Warenhaus verbrachten, hielt sie teilweise vom Besuch der Messe ab; für Mouret lässt der „Basar" sogar die Kirchen veröden. Der Traum von einem besseren irdischen Leben bewegte die Menschen stärker und schien sich jetzt erfüllen zu können. Die obige Textpassage enthält außerdem fast alle von Boucicaut aufgestellten Grundregeln seiner Verkaufsstrategie.

Innerhalb des riesigen Gebäudes herrscht der Besitzer Octave Mouret mit unnachgiebiger Strenge und absoluter Machtbefugnis, er stellt Personal ein und entlässt es, platziert die Waren in günstigem Licht, inszeniert die Sonderaktionen; er überblickt, kontrolliert und regelt alles. Wie für einen Feldherrn im Krieg bedeuten für ihn besondere Verkaufskampagnen Schlachten, die siegreich geschlagen werden müssen. Im vierten Kapitel des Romans findet im Oktober die Präsentation der Winterneuheiten statt. Am frühen Morgen nach Eröffnung des Geschäftes wartet Mouret oben im Kaufhaus voller Ungeduld und Selbstzweifel auf den Ansturm der Kunden:

Wie alle großen Feldherren hatte auch ihn in dem Augenblick, da er seine Schlacht schlagen wollte, eine abergläubige Schwäche befallen, trotz des ihm zur Gewohnheit gewordenen Schneids eines Mannes der Tat. Es würde schief gehen, er war verloren […]. Mouret stellte sich, allein und hoch aufgerichtet, an den Rand des Treppenabsatzes zur Halle. Von dort aus übersah er das ganze Kaufhaus, denn ringsum befanden sich die Rayons des Zwischenstocks, und auch die Rayons im Erdgeschoss konnte er von hier aus überblicken.

Doch alles geht gut für ihn aus. Er erzielt die höchste Einnahme, die das Haus bisher an einem Tag erreicht hatte.

Besonderen Wert legt der Geschäftsinhaber auf die Präsentation der Waren. Dabei ist die Auswahl der Farben ein wichtiges Element. Bei der oben erwähnten Vorstellung der Winterneuheiten sind es die verschiedenen Farbtöne, die die Kunden anregen sollen, sie erleben „ein Schwelgen in Farben", eine Explosion der Sinne, die sie begeistert. Diese Eindrücke werden bei der Einweihung des Erweiterungsbaus weit übertroffen: Eine einheitliche Inszenierung präsentiert das gesamte Haus in der Farbe Weiß, eine Sinfonie aus verschiedenen weißen Tönen, die die Kundschaft überwältigt:

Was die Damen am Weitergehen hinderte, war der wundervolle Anblick der großen Weißwarenausstellung [...]. Nichts als Weiß, alle weißen Artikel aus sämtlichen Rayons, eine Schwelgerei in Weiß, ein weißes Gestirn, dessen stetiges Strahlen zunächst blendete, so dass man in diesem unvergleichlichen Weiß keine Einzelheiten unterscheiden konnte. [...]. Nichts als Weiß, und niemals dasselbe Weiß, alle Tönungen von Weiß, deren jede sich von den anderen abhob, einen Gegensatz zu ihnen bildete, sie ergänzte und die alle zusammen zu einem schallenden Ausbruch von Licht gelangten. Mit dem matten Weiß von Kattun und Leinen begann es, dem stumpfen Weiß von Flanell und Tuch; dann kamen in einer ansteigenden Tonskala Samt, Seide und Atlas, das nur leise schimmernde Weiß, das an den Faltenbrüchen schließlich zu kleinen Flammen wurde [...].

Wie der Besitzer des Bon Marché ordnet auch der Inhaber des Warenhauses Au Bonheur des Dames der Reklame eine wichtige Funktion zu. Schon von außen macht das Kaufhaus auf seine Artikel aufmerksam: Die großen Schaufenster, die die vielfältigen Güter im Innern erkennen lassen, die Plakate am Geschäft und in seiner unmittelbaren Nähe, die Kataloge und Zeitungsannoncen sollen die Kunden über das Sortiment informieren und durch die grelle, bunte und reißerische Werbung ins Warenhaus locken, wo sich die Anpreisung der Handelsartikel fortsetzt.

Eine immer größer werdende Rolle spielen die Modeneuheiten im Warenhaus. Es gibt besondere Verkaufsaktionen für die neuen Sommer- und Winterkollektionen, die mit massiver Reklame beworben werden. Die nicht verkaufte Ware wird zu stark herabgesetzten Preisen verschleudert. Der Warenumsatz beschleunigt sich erheblich, Güter kommen „aus der Mode" und müssen durch neue ersetzt werden. Die Kundinnen wollen im Trend liegen und rangieren Unmodisches aus. Die Wegwerfgesellschaft formiert sich.

Bedeutsam ist der fundamentale Wandel des Frauenbildes, den das Warenhaus in der zweiten Hälfte des 19. Jahrhunderts und in Zolas Roman bewirkt. Die Frau wird quasi zum ersten Mal als ökonomisch selbständig handelnde Person wahrgenommen. Aber ihre Beurteilung – durch die Männer – ist in diesem Bereich meist negativ, sogar frauenfeindlich, gerade auch im *Paradies der Damen*. Die Frau gilt als ein von Begierden bestimmtes Wesen, als generell leicht verführbar, besonders durch Reklame. Der Warenhausinhaber Octave Mouret hat diese Möglichkeit klar erkannt und bemüht sich, daraus im wahrsten Sinne des Wortes Kapital zu schlagen:

Mouret hatte nur eine einzige Leidenschaft: sich die Frau unterwerfen. Er wollte, dass sie in seinem Hause Herrscherin sei, er hatte ihr diesen Tempel erbaut, um sie dort in seiner Gewalt zu haben. Seine ganze Taktik bestand darin, sie mit galanten

Aufmerksamkeiten zu benebeln, einen schimpflichen Handel mit ihren Begierden zu treiben, die Verwirrung ihrer Sinne auszunutzen.

Aber das Warenhaus übt auch einen positiven, emanzipatorischen Einfluss auf die Frauen aus. Sie durften bis dahin allein meist nur auf den Friedhof und in die Kirche gehen. Nun beginnen sie, den öffentlichen Raum zu erobern. Sie erfahren, oft zum ersten Mal, eine größere Unabhängigkeit von ihren Ehepartnern und verbringen mehrere Stunden im Warenhaus, wo sie auch fremde Männer kennenlernen. Die Käufe stärken ihr Selbstbewusstsein. Die neuen Grundsätze, die Aristide Boucicaut im Bon Marché eingeführt hat, verwirklicht auch Octave Mouret im Roman *Au Bonheur des Dames;* allerdings ist der zeitliche Ablauf im Vergleich zum wirklichen Geschäft etwas verschoben: Zola setzt die Maßnahmen um einige Jahre früher an, als sie Boucicaut im Bon Marché verwirklichte. Für den Geschäftsinhaber Mouret sind die neuen Verkaufsregeln auch deshalb entscheidend, weil er der Auffassung ist, sie kämen der weiblichen Psychologie entgegen. Deshalb versucht er, die Frauen mit allen Mitteln zu manipulieren:

Zudem legte er [Mouret] ihr [der Frau] noch kunstvollere Schlingen, er analysierte sie wie ein großer Moralist. Auf diese Weise hatte er entdeckt, dass sie der Gelegenheit zu billigen Einkäufen nicht zu widerstehen vermochte, dass sie, wenn sie einen vorteilhaften Handel abzuschließen meinte, Dinge kaufte, die sie gar nicht brauchte; und auf diese Beobachtungen gründete er sein System der Preissenkungen, er setzte die Preise der nicht verkauften Artikel immer weiter herab, da er sie, getreu seinem Grundsatz von der schnellen Erneuerung der Waren, lieber mit Verlust verkaufte. Dann hatte er das Herz der Frau noch tiefer ergründet und war auf den Einfall mit dem „Zurückgeben" gekommen, ein Meisterstück jesuitischer Verführungskunst.

„Nehmen Sie es nur, gnädige Frau: Sie werden uns den Artikel zurückbringen, wenn er Ihnen nicht mehr gefällt."

Und die Frau, die bis dahin widerstanden hatte, fand hierin eine endgültige Entschuldigung, die Möglichkeit, eine Torheit gutzumachen: sie kaufte mit beruhigtem Gewissen. Fortan gehörten das Rückgaberecht und die Preissenkung zum vorbildlichen Betrieb des neuen Handels.

Das Warenhaus wird zu einer Maschine, deren Mechanismus unerbittlich und rücksichtslos abläuft und der nur die Stärkeren triumphieren lässt.

Die von Mouret in Gang gesetzte Gewaltsamkeit der Handelsströme betrifft aber nicht nur die Mitarbeiter des Kaufhauses, die immer rabiatere Methoden einsetzen. Sie übt ihre Macht vor allem gegen die Einzelhändler in der Umgebung des Bonheur des Dames aus. Mit großer Einfühlsamkeit schildert Zola den langsamen Niedergang des Textilgeschäftes des Onkels von Denise. Die alten Kaufmannsregeln, die hohen Preise, die Trägheit der Geschäftsabläufe und die dunklen, heruntergekommenen Verkaufsräume der kleinen Läden können mit den modernen Warenhausgrundsätzen, den niedrigen Preisen, der dynamischen Entwicklung und der lichtdurchfluteten Inszenierung des Güterangebots im Kaufhaus nicht Schritt halten. In der Nähe des Bonheur des Dames geht ein kleines Einzelhandelsgeschäft nach dem anderen zugrunde: Ihre Besitzer resignieren, toben wutentbrannt gegen den neuen Handel, verzweifeln aber schließlich und sind zum Teil selbstmordgefährdet.

Das reale Warenhaus des Bon Marché gedieh im 20. Jahrhundert zunächst weiter, wurde erweitert und war Einkaufsstätte für das mittlere und gehobene Bürgertum. In den siebziger Jahren stagnierte die Entwicklung, das Haus wirkte ein wenig verstaubt und antiquiert. Seit das Kaufhaus Au Bon Marché im Jahre 1984 vom größten Luxuswarenkonzern der Welt LVMH (der Name ergibt sich aus den Edelmarken *L*ouis *V*uitton *M*oët *H*ennessy) übernommen wurde, gelang es, das Warenhaus neu aufzustellen und zu modernisieren. Seit 1923 unterhielt das Unternehmen in der Rue de Sèvres 38 – auf der anderen Seite der Rue du Bac – eine Lebensmittelabteilung. Sie wurde 1988 von Grund auf erneuert und in das exquisite Feinkostwarengeschäft La Grande Epicerie de Paris umgestaltet, das größte seiner Art in der Hauptstadt. Die Geschäftsführung nahm im Jahre 1989 eine kleine Namensänderung vor; seitdem heißt das Haus nicht mehr Au Bon Marché, sondern Le Bon Marché. Den Tendenzen seines neuen Besitzers entsprechend entwickelt sich Le Bon Marché zu einem Luxuswarenhaus.

Geht man die Rue de Sèvres zurück bis zur Place Michel Debré und biegt dort nach rechts in die Rue du Vieux Colombier ein, erreicht man nach der Überquerung der Rue de Rennes an der Rue Bonaparte die Place Saint-Sulpice. Der Platz wird von der klassizistischen Kirche gleichen Namens dominiert, deren Ausmaße fast an die Dimensionen der Pariser Hauptkirche Notre-Dame heranreichen (Notre-Dame ist 130 Meter lang und im Mittelschiff 35 Meter hoch, Saint-Sulpice ist 118 Meter lang und 33 Meter hoch). Schon im 12. Jahrhundert wurde am Platz eine Pfarrkirche errichtet. Da ihre Größe nicht mehr ausreichte, wurde im 17. Jahrhundert ein Neubau beschlossen. Im Jahre 1646 wurde der Grundstein gelegt. Wegen einer Unterbrechung der Bauarbeiten von 40 Jahren zwischen 1678 und 1719 (aus finanziellen Gründen) wurde der Gesamtbau erst 1780 beendet; insgesamt sechs Architekten hatten bei der Errichtung der Kirche mitgewirkt. Die mächtige Westfassade wurde nach einem Wettbewerb ab 1732 vom italienischen Baumeister Jean Baptiste Servandoni gestaltet. Die zweigeschossige Vorderseite mit übereinandergereihten ionischen und dorischen Säulen wird von zwei Türmen überhöht, die von unterschiedlicher Gestalt sind – sie entsprechen nicht den ursprünglichen Plänen. Der Nordturm hat eine Höhe von 73 Metern, der unvollendete Südturm von 68 Metern. Der fünfachsige Portikus führt in das Innere der Kirche, in deren erster Kapelle rechts Fresken des berühmten Malers Eugène Delacroix zu bewundern sind.

Der Platz sollte nach den Plänen des Kirchenbaumeisters Servandoni halbrund und sehr geräumig gestaltet werden. Dieses Vorhaben wurde aber nicht verwirklicht. Die heutige rechteckige Form des Platzes von 105 Meter Länge und 80 Meter Breite geht auf die Mitte des 19. Jahrhunderts zurück. Der mächtige Brunnen im Zentrum der Place Saint-Sulpice wurde nach den Plänen des Architekten Ludovico Visconti errichtet. Diese Fontaine des Quatre-Evêques (der Brunnen der vier Bischöfe) stammt aus dem Jahre 1844. Sie ist vier bedeutenden Kirchenmännern und Predigern des 17. Jahrhunderts gewidmet: Fénelon, Bossuet, Massillon und Fléchier, die zum Teil auch als Verfasser theologischer und literarischer Werke hervorgetreten sind. Am Platz befand sich auch ein bekanntes Priesterseminar, das nach dem Gesetz von 1905 über die Trennung von Kirche und Staat nicht mehr genutzt wurde. Schließlich gibt es an der Place Saint-Sulpice als hervorhebenswerte Einrichtungen noch das Rathaus des 6. Arrondissements, ein Finanzamt, ein Kino und Cafés. Die vielen früher hier existierenden Devotionaliengeschäfte, nach denen man kitschige religiöse Artikel ironisch als „saint-sulpiceries“ bezeichnete, haben alle bis auf eines aufgegeben und sind meist durch Luxusläden ersetzt worden.

Der Romancier und Essayist Georges Perec (1936–1982) hat einen kleinen Band der Place Saint-Sulpice gewidmet. Er erschien im Jahre 1975 unter dem Titel *Tentative d'épuisement d'un lieu parisien (Versuch, einen Platz in Paris zu erfassen).* Wenn ein Schriftsteller einen Band über ein Bauwerk oder einen Platz verfasst, so erwartet der Leser traditionellerweise, dass der Autor das Gebäude oder den Ort zunächst ausführlich schildert. Perec verfährt anders. Er nennt am Anfang die Objekte, die er an der Place Saint-Sulpice wahrgenommen hat, aber als reine Aufzählung, ohne Beschreibungen, ohne Ordnungsprinzipien, mit ganz wenigen präzisierenden Zusätzen, die aber ironischerweise zum Teil völlig nebensächlich sind:

> *Es gibt viele Dinge an der Place Saint-Sulpice, zum Beispiel: ein Rathaus, ein Finanzamt, ein Polizeikommissariat, drei Cafés, darunter eines, das auch Tabakladen ist, ein Kino, eine Kirche, an der Le Vau, Gittard, Oppenord, Servandoni und Chalgrin gebaut haben und die einem Militärgeistlichen von Clothar II. geweiht ist, der von 624 bis 644 Bischof von Bourges war und dessen Gedenktag am 17. Januar*

begangen wird, ein Verlag, ein Bestattungsunternehmen, ein Reisebüro, eine Bushaltestelle, eine Schneiderei, ein Hotel, ein Brunnen, der von Statuen der vier großen christlichen Kanzelredner (Bossuet, Fénelon, Fléchier und Massillon) geschmückt wird, ein Zeitungskiosk, ein Devotionalienhändler, eine Tiefgarage, ein Schönheitsinstitut und noch viele weitere Dinge.

Perec gibt auch sogleich eine Begründung für diese unterschiedslose Aneinanderreihung: Diese Objekte seien ja in der Mehrzahl schon beschrieben worden, sodass er dies nicht mehr zu tun brauche. Ihm komme es vielmehr darauf an, die Dinge zu schildern, die keine Relevanz hätten, Geschehnisse darzustellen, die sich ereigneten, wenn sich nichts ereigne:

Ein Großteil, wenn nicht die meisten dieser Dinge sind beschrieben, inventarisiert, fotografiert, erzählt oder zahlenmäßig erfasst worden. Meine Absicht auf den folgenden Seiten war es eher, das Übrige zu schildern: das, was man im Allgemeinen nicht notiert, das, was nicht bemerkt wird, was keine Bedeutung hat, das, was passiert, wenn nichts passiert außer Zeit, Menschen, Autos und Wolken.

Diese Ankündigung setzt Georges Perec konsequent um. Er befindet sich an drei Tagen zu jeweils unterschiedlichen Tageszeiten an wechselnden Orten des Platzes, im bekannten Café de la Mairie, in einem Tabakladen und auf einer Bank. Er versucht in Anspielung auf den französischen Titel des Werkes (épuisement, Erschöpfung) vollständig, also erschöpfend wahrzunehmen, was geschieht, und notiert sich akribisch die Ereignisse. Er beobachtet die unterschiedlichen Wetter- und Lichtverhältnisse, die vorbeifahrenden Busse, Automobile und Mopeds, die vorüberlaufenden Menschen und Tiere. Das ergibt folgende Ereigniskette:

Das Datum: 20. Oktober 1974 (Sonntag)
Die Uhrzeit: 11 Uhr 30
Der Ort: Café de la Mairie
Das Wetter: Regnerisch. Nasser Boden. Vorübergehendes Aufklaren.
Während langer Phasen kein einziger Bus, kein einziges Auto
Ende der Messe
Es beginnt wieder zu regnen [...]
Vorbeifahren eines 63ers [Bus]
Vorbeigehen eines kleinen Mädchens, das zwei große Einkaufstüten trägt
Ein Vogel setzt sich auf die Spitze eines Laternenpfahls
Es ist Mittag
Böe
Vorbeifahrt eines 63ers
Vorbeifahrt eines 96ers

Vorbeifahrt eines apfelgrünen 2CV
Der Regen wird heftig. Eine Dame macht sich aus einer Plastiktüte mit der Aufschrift „Nicolas" einen Hut
Regenschirme stürzen in die Kirche
Augenblicke der Leere
Vorbeifahrt einer 63er-Busses

In diesem Stil ist der gesamte Text verfasst.

Die Passage ist aus rein literarischen Gründen ausgewählt worden. Sie unterscheidet sich von den anderen Textausschnitten dieses Bandes wesentlich dadurch, dass sie ihr Objekt, den Platz, weder genauer charakterisiert noch differenziert präsentiert, sondern nur völlig beliebige und zufällige Nicht-Ereignisse aufzählt. Damit ist die erzählende französische Literatur an einen gewissen Endpunkt gelangt. Die jahrhundertelange Tradition der Beschreibung von bedeutsamen Ereignissen und Gegenständen wird abgelöst von einer unterschiedslosen Aneinanderreihung irrelevanter Geschehnisse oder Objekte. Ob nun wirklich an den drei Tagen 111 Busse vorbeigefahren sind, wie der deutsche Übersetzer des Textes akribisch zählte, oder welches Wetter jeweils herrschte, bleibt für das Verständnis des Platzes und seiner Charakteristiken völlig unerheblich.

Georges Perec hat weitere ähnliche Werke geschrieben und zum Beispiel notiert, was er im Jahre 1974 gegessen und getrunken hat. Der Band erschien unter dem Titel *Tentative d'inventaire des aliments liquides et solides que j'ai ingurgité au cours de l'année 1974 (Versuch einer Bestandsaufnahme der flüssigen und festen Nahrungsmittel, die ich im Laufe des Jahres 1974 hinuntergeschlungen habe).* Perec gehörte einer Gruppe von Autoren an, die sich unter dem Namen Oulipo, L'*Ou*vroir de *li*ttérature *po*tentielle (Studierstube für potentielle Literatur), im Jahre 1960 zusammengeschlossen hatten und zu denen unter anderem die Franzosen Raymond Queneau und Jacques Roubaud sowie der Italiener Italo Calvino gehörten. Ein Schwerpunkt der Vereinigung war das Verfassen sprachexperimenteller Werke durch Anwendung formaler Zwänge. Perecs erster „oulipolistischer" Roman erschien 1969 unter dem Titel *Disparition,* den der deutsche Übersetzer Eugen Heimlé mit dem Titel *Anton Voyls Fortgang* ins Deutsche übertrug. Das Rätsel des Titels klärt sich schnell auf, wenn man weiß, nach welchem formalen Prinzip das Werk geschrieben ist: Das gesamte Buch ist im Französischen (wie in der deutschen Übersetzung) ohne den Vokal „e" verfasst worden, dem häufigsten Buchstaben in beiden Sprachen. Daraus erklärt sich auch der Eigenname Voyls: Es ist das französische Wort „voyelles" („Vokale"), nur hat man die beiden e-Laute weggelassen.

Der Schriftsteller Franck Venaille, Jahrgang 1936, widmete der Place Saint-Sulpice ein mittellanges Gedicht. Wie im Text von Georges Perec werden hier einzelne Objekte und Wetterverhältnisse angeführt:

Place Saint-Sulpice

In Paris
Place Saint-Sulpice
spielen die Tauben mit der uferlosen Weite
aus der Rue Bonaparte weht der Wind
und der Seine-Geruch ist wie Meeresgesang
die Bäume kokettieren mit dem Wind
des abends gibt es wundersame Stunden
ich denk zurück
nichts war schöner im Schatten der Kirche
als die Fontäne
das Rathaus mit den Tricolorebändern
des kleine Kino, ich denk zurück.
Der Regen fiel [...].
Ich liebte dich
denkst du zurück noch an die Bänke auf dem Platz
die Blues-Musik die jene Abende erstarb [...]
das Ende einer Liebe, Ende eines Gedichts
ist immer wie ein Kehrreim den man unterbrochen [...].

Man sieht sofort den Unterschied zum Text von Georges Perec. Franck Venaille zählt zwar am Platz auch die Fontäne, das Rathaus und die Bänke auf, erwähnt die Tauben sowie Wind und Regen. Aber bei ihm stehen die Bauwerke, Denkmäler, Tiere und Wetterverhältnisse nicht unverbunden nebeneinander, sondern sind Stationen einer intensiv erinnerten Liebesgeschichte und haben ihre Bedeutung im Gesamtzusammenhang mit dem erotischen Erlebnis des Paares auf diesem Platz.

Franck Venailles lyrisches Werk prämierte die Französische Akademie im Jahre 2011 mit dem Großen Preis für Poesie.

Wenn man von der Place Saint-Sulpice die Rue Bonaparte nach Süden weitergeht, kommt man nach kurzer Zeit zur Rue de Vaugirard. Biegt man nun nach links in diese Straße ein, erreicht man unter der Hausnummer 15 den Eingang zum Palais du Luxembourg. Der Bau geht auf die französische Königin Maria von Medici zurück, Tochter des Großherzogs von Florenz. Sie heiratete im Jahre 1600 den französischen König Heinrich IV., der allerdings zehn Jahre später ermordet wurde. Maria von Medici verließ daraufhin den düsteren Louvre und erwarb auf dem linken Seine-Ufer einen herrschaftlichen Stadtpalast im Grünen, der Herzog Franz von Luxemburg gehörte. Das heutige Petit-Luxembourg genannte Bauwerk fungiert als Amtssitz des Präsidenten des Senats. Der Name des ehemaligen Besitzers hat sich bis heute für den gesamten Bereich erhalten (Palais, Jardin du Luxembourg). Auf dem zusätzlich zum Stadtpalais erworbenen Gelände ließ Maria von Medici ein weiteres Gebäude im Stil der französischen Landschlösser der Ile-de-France errichten. Sie beauftragte den Architekten Salomon de Brosse mit dem Bau, hielt ihn aber dazu an, sich am Palazzo Pitti in Florenz zu orientieren, dem Palast im Familienbesitz der Medici außerhalb des städtischen Zentrums in ländlicher Abgeschiedenheit. 1615 begannen die Arbeiten und wurden erst 1630 beendet. Es entstand ein großer, viereckiger Stadtpalast in französischer Bauweise mit italienischen Elementen. Der dreigeschossige Haupttrakt mit den vorspringenden Eckpavillons und die seitlichen Flügelbauten sind um einen Ehrenhof im Innern gruppiert. Übereinandergereihte toskanische, dorische und ionische Säulen schmücken den Eingangstrakt, der von einer Kuppel überwölbt wird, die mit den hochgezogenen Dächern der Eckpavillons korrespondiert. Maria von Medici hat keine besondere Freude an ihrem neuen Palast entwickeln können. Sie zog 1625 in das noch unfertige Bauwerk ein, musste aber ein Jahr nach Beendigung der Arbeiten im Jahre 1631 den Palais du Luxembourg verlassen. Sie hatte sich ernsthaft mit ihrem Sohn, König Ludwig XIII., zerstritten, der seine größeren Machtbefugnisse auch dadurch demonstrieren wollte, dass er seine Mutter ins Exil drängte.

Während der Französischen Revolution wurde der Palast zeitweise in ein Gefängnis verwandelt und bekam den verhüllenden Titel „Maison nationale de sûreté (Staatshaus für Sicherheit; maison kann allerdings auch Gefängnis bedeuten). Seit 1800 war das Gebäude mit Unterbrechungen Sitz des Senats, dessen Funktionen und Zusammensetzung sich im Laufe der zahlreichen Verfassungsänderungen mehrmals geändert haben. Durch die steigende Zahl der Senatoren im 19. Jahrhundert wurden damals Erweiterungsbauten notwendig.

Die zweite Parlamentskammer der Fünften Französischen Republik besteht heute aus 348 Senatoren, die alle drei Jahre zu einem Drittel in indirekter Wahl für eine Amtszeit von jeweils sechs Jahren gewählt werden. Das Wahlmännergremium besteht aus etwa 150 000 Mitgliedern. Sie sind direkt gewählte Abgeordnete und Delegierte der General- und Gemeinderäte und wählen auf der Ebene des Departements die Vertreter des Senats. Während die Mitglieder der zweiten Parlamentskammer der Bundesrepublik Deutschland, des Bundesrats, allein die Bundesländer vertreten und von den Landesregierungen bestimmt werden, repräsentieren die indirekt gewählten Senatoren in Frankreich die Gebietskörperschaften des Landes (Gemeinden, Departements und Regionen).

Geht man die Rue de Vaugirard, die längste der Pariser Straßen, weiter und biegt rechts in die Rue de Médicis ein, erreicht man am bekannten Boulevard Saint-Michel die Place Edmond Rostand und den Eingang zum Jardin du Luxembourg. Maria von Medici ließ beim Bau des Palastes einen Garten anlegen, der nach der Französischen Revolution beträchtlich erweitert wurde. Seine heutige Gestalt erhielt er zunächst Ende des 18. und Anfang des 19. Jahrhunderts durch den Gartenarchitekten Jean-François Chalgrin und dann im Zweiten Kaiserreich. Chalgrin schuf einen symmetrischen, nach architektonischen Gesichtspunkten ausgerichteten französischen Garten, der bei Erweiterungen in den südlichen Ecken durch Elemente eines der freien Natur nachgebildeten unregelmäßigen Parks des englischen Typs ergänzt wurde. Der 23 Hektar große, weitläufige Jardin du Luxembourg ist einer der größten und beliebtesten Gärten der Stadt; er bildet eine grüne Oase der Ruhe und Beschaulichkeit inmitten der lärmenden Umgebung. An schönen Sommertagen ist er manchmal dem großen Ansturm von Besuchern nicht mehr gewachsen, denn er ist gleichzeitig ein riesiger Freizeitpark zum Spazierengehen, Joggen, Lesen, Flirten, Tennis- und Schachspielen und ein Spielparadies für Kinder. Sie können am zentralen, achteckigen Wasserbecken ihre Bötchen fahren lassen, das Marionettentheater besuchen oder mit dem Karussel fahren. Dies erinnert an Rainer Maria Rilkes (1875–1926) Gedicht und seinen Kehrreim:

Das Karussell
Jardin Du Luxembourg

Mit einem Dach und seinem Schatten dreht
sich eine kleine Weile der Bestand
von bunten Pferden, alle aus dem Land,
das lange zögert, eh es untergeht.
Zwar manche sind an Wagen angespannt,
doch alle haben Mut in ihren Mienen;
ein böser roter Löwe geht mit ihnen
und dann und wann ein weißer Elefant.

Neben dem Vergnügen für die Kinder geben die literarischen Texte zum Jardin du Luxembourg die vielfältigen Freizeitbeschäftigungen im Park wieder. Eine hervorragende Bedeutung kommt der Lektüre zu. Der Jardin du Luxembourg ist in dreifacher Weise mit dem Lesen verbunden. Zum Ersten sind es die Besucher des Parks, die gerne die Möglichkeit nutzen, sich im Grünen in die Lektüre von Büchern und E-Books, von Zeitungen und Zeitschriften zu vertiefen. Eine besondere Publikumsschicht betreibt das berufsmäßig: die Professoren, Universitätsangehörigen und Studierenden aus dem benachbarten Quartier latin, die aber nicht immer wissenschaftliche Fachbücher mitbringen. Zum Zweiten regen die vielen Dichterstatuen, die im Park stehen, zur Lektüre der Werke dieser Autoren an. Die 106 Skulpturen des Jardin du Luxembourg sind nicht nur berühmten Frauen und Königinnen Frankreichs, Politikern, Malern und Musikern gewidmet, sondern auch einer großen Anzahl von bedeutenden Schriftstellern. Zu ihnen gehören die Romanautoren und Erzähler Stendhal, Gustave Flaubert, George Sand und Henri Murger, die Lyriker Charles Baudelaire, Paul Verlaine, Leconte de Lisle und Théodore de Banville sowie der Literaturkritiker Charles-Augustin Sainte-Beuve. Zum Dritten hat der Garten mit der Lektüre dadurch zu tun, dass Schriftsteller Texte über den Park verfasst haben.

Frauen können allerdings beim Blick ins Buch häufig gestört werden, was der in Paris lebende deutsche Schriftsteller Stephan Reimertz (Jahrgang 1962) in einem Zeitungsartikel aus dem Jahre 2003 mit der Überschrift *Die starken Frauen vom Jardin du Luxembourg* beklagt:

> *„Nicht einmal fünf Minuten in Ruhe lesen kann man in diesem Park", seufzt Anna, die täglich in den Jardin du Luxembourg geht. „Dann kommt aus irgendeiner Himmelsrichtung ein Mann, fragt nach einer Straße oder der Uhrzeit – und schon weißt du nicht, wie du ihn loswerden sollst." […].*
>
> *So berühmt der Jardin du Luxembourg als Oase zwischen Sorbonne und Montparnasse ist, so berüchtigt ist er als Jagdgrund für Papagalli. Die grüne Lunge der Rive gauche gilt als heißes Pflaster für Mädchenjäger. Männer jeden Alters, so heißt es, jagen hier nach zweibeinigen Käfern […].*
>
> *„Wenn sich die Männer nur so leicht verscheuchen ließen wie die Tauben!", lacht Anna.*

Der Park, den man schon vor der Französischen Revolution zeitweise für die Öffentlichkeit zugänglich machte, ist aber nicht nur ein Ort für unliebsame Annäherungen. Er bietet auch Raum für anregende erotische Erlebnisse. Dichter haben beispielsweise die kurzfristige Begegnung zweier Menschen thematisiert, die sich im „Augenblick" vollzieht und dann im „Vorübergehen" wieder auflöst. Die Hoffnung hat sich nicht erfüllt, dass auf das unvermittelte Zusammentreffen eine tiefere Liebesbeziehung hätte folgen können.

Bekannte Beispiele für diese reizvolle Thematik sind Charles Baudelaires Gedicht *A une passante (An eine Vorübergehende)* aus der Sektion der *Tableaux parisiens (Pariser Bilder)* seiner *Les Fleurs du Mal (Blumen des Bösen)* und Edith Piafs Chanson *La foule (Die Menge).* Vor ihnen hat der Erzähler und Lyriker Gérard de Nerval ein solches Erlebnis zum Thema eines Gedichts aus dem Jahre 1832 gemacht, das er später in die Abteilung *Odelettes (Kleine Oden)* seiner Gedichte einfügte. Er hat die Begegnung mit dem Motiv der Beziehung eines älteren Mannes zu einem jungen Mädchen verbunden (der Begriff „jeune fille" aus dem französischen Text wird in der deutschen Übersetzung nicht verwendet):

Eine Allee im Luxembourg

Ein Blick – doch schon ging sie vorbei,
Ihr Schritt so leicht wie Vogelflug;
Sie sang ein frohes Lied dabei,
Ich sah die Blume, die sie trug.

Hab ich in ihr das Herz erkannt,
Das unter allen mir bestimmt?
Sind unsre Seelen so verwandt,
Daß sie die Nacht von meiner nimmt?

Doch nein – ich bin nicht jung wie sie!
Leb wohl, du Licht, das mich berührt,
Duft, Glück und Jugend, Harmonie
Hab ich zum letzten Mal gespürt.

Die vielen Personengruppen, die tagsüber den Jardin du Luxembourg besuchen, listet der Romancier und Essayist André Gide (1869–1951) in seinem Werk *Les faux-monnayeurs (Die Falschmünzer)* (1925) auf. Obwohl der Autor bis dahin schon Erzählungen und Romane veröffentlicht hatte, wie *L'Immoraliste (Der Immoralist)* (1902) und *Les caves du Vatican (Die Verliese des Vatikan)* (1914), hat er bei einer kritischen Beurteilung seines Œuvre die *Falschmünzer* als seinen ersten wirklichen Roman bezeichnet.

Zu Beginn des Werkes treffen sich mehrere Pariser Gymnasiasten mit großbürgerlichem Familienhintergrund einmal in der Woche im Jardin du Luxembourg, um miteinander über ihre jeweiligen Interessensgebiete zu plaudern. Zwei von ihnen, Olivier Molinier und Lucien Bercail, sind dabei, literarische Versuche zu starten. Lucien möchte in seinem geplanten Werk nicht hauptsächlich Personen in den Mittelpunkt stellen, sondern einen Ort zum Zentrum der Handlung machen, wie zum Beispiel den Jardin du Luxembourg. Er berichtet Olivier von seinen Plänen:

> *„Was ich möchte, wäre die Geschichte zu erzählen nicht einer Person, sondern eines Ortes – etwa einer Parkallee wie dieser; zu schildern, was sich da vom Morgen bis zum Abend abspielt. Zuerst kommen die Kindermädchen, die Ammen mit den großen Schleifen ... nein, zuerst kommen graue, wesenlose Gestalten und fegen die Wege, sprengen den Rasen, nehmen die verblühten Pflanzen aus den Beeten und setzen neue dafür ein, kurz, sie besorgen, vor Öffnung der Tore, Szenerie und Dekoration. Dann also der Einzug der Ammen. Um sie herum wühlt winziges Volk auf der Erde, macht Kuchen aus Sand, balgt sich und empfängt pädagogische Ohrfeigen. Dann erscheinen, nach Schluß des Unterrichts, die ABC-Schützen. Dann Arbeiterinnen, Ladenmädchen, die Mittagspause haben. Arme Leute setzen sich auf eine Bank und essen. Späterhin tauchen Menschen auf, die sich suchen, andere, die sich fliehen, und Philosophen, die allein sein wollen. Endlich die Menge. Man hat seine Einkäufe erledigt, die Musik spielt. Studenten, wie jetzt. Und abends: Verliebte, die sich umschlungen halten, und andere, die unter Tränen auseinandergehen. Und in der sinkenden Sonne, ein uraltes Paar ... Da plötzlich, ein Trommelwirbel: der Garten wird geschlossen. Alle müssen die Bühne verlassen. Das Stück ist aus.“*

Der Text präsentiert eine soziologisch orientierte Übersicht über die verschiedenen Publikumsschichten, die sich im Park einfinden, und zählt ihre unterschiedlichen Beschäftigungen auf. Es wäre sicherlich sehr aufschlussreich, diese Zusammenstellung mit der gegenwärtigen Situation zu vergleichen und die Gemeinsamkeiten mit der Zeit vor 90 Jahren, aber auch die Unterschiede herauszuarbeiten.

Im Lichte der Vergänglichkeit präsentiert der belgische Dichter französischer Sprache Maurice Carême den Park. An die Geschichte erinnern die Statuen der Königinnen, die Skulptur Paul Verlaines, des Dichters Gérard de Nerval sowie des Lyrikers Charles Cros (dessen verschiedene Wohnsitze sich stets in der Nähe des Parks befanden). Carême verbindet das Vergangene mit der Gegenwart: die spielenden Kinder und die Stadt Paris mit ihren Türmen. Am Ende weitet sich das Blickfeld in die Transzendenz, zum Blick in den Himmel, der mit den Tauben des Parks über die Liebe spricht:

Jardin du Luxembourg

Im Luxembourg-Park spielen mittendrin
Wie gestern schon, auch heute Kinder wieder,
Unterm entrückten Blick so mancher Königin.

Jardin du Luxemburg

Wo ist Nerval, Verlaine? Wo sind sie hin?
Wo ist ein Cros, wo seine oft gesungnen Lieder?
Dort unter den Kastanien, die so starr verzweigt,

Hör ich die Woche sacht verfließen und vergehn –
Paris, das drunten sich von Türmen neigt,
Will nichts erinnern mehr und nichts verstehn ... […].

Und dennoch wandert weiter man dahin,
Und auch der Himmel spricht von Liebe weiterhin
Zu all den Tauben, die im Lichte Kreise ziehn.

Maurice Carême erhielt 1948 und 1954 für zwei Gedichtbände jeweils den Preis der Académie française.

Von der Place Edmond Rostand erreicht man, wenn man die Rue Soufflot entlanggeht und die dritte Kreuzung mit der Rue Saint-Jacques überquert, das Panthéon. Hier befindet man sich auf dem mit 60 Metern höchsten Hügel des linken Seine-Ufers, der Montagne Sainte-Geneviève. Sie ist der Pariser Schutzpatronin gewidmet, der heiligen Genoveva, die im 5. Jahrhundert lebte und die Stadt zweimal vor großem Schaden bewahrte. Anfang des

6. Jahrhunderts stand hier eine frühchristliche Kirche, die um 1180 durch einen Neubau im gotischen Stil ersetzt wurde. Da er im 17. Jahrhundert schon recht baufällig geworden war, plante man, die alte Abteikirche von Sainte-Geneviève durch eine neue im Stil der Zeit zu ersetzen. Das Vorhaben wurde aber erst in der Mitte des 18. Jahrhunderts in Angriff genommen. König Ludwig XV. war im Jahre 1744 lebensgefährlich erkrankt. Er gelobte, falls er die Gesundheit wieder erlangen sollte, der Schutzherrin der Stadt Paris eine prächtige Kirche zu erbauen. Nach seiner Genesung mussten erst die nötigen Geldmittel beschafft werden, da die Staatskasse chronisch leer war; der Herrscher konnte schließlich durch die Steuer auf Lotterielose die Finanzierung sichern. Als Architekt des Baus wurde Jacques-Germain Soufflot beauftragt, der 1757 mit der Planung begann. Für die Sicherung der Fundamente musste zuerst der Boden standfest hergerichtet werden, da der Untergrund durch alten Bauschutt nicht solide genug war. So begannen die Arbeiten erst im Jahre 1764 mit der Grundsteinlegung, die in Anwesenheit des Königs mit einer feierlichen Zeremonie begangen wurde. Der Bau der mächtigen Kuppel stellte den Architekten vor schwerwiegende Probleme, da 1778 in den Stützen der Überwölbung Risse auftraten. Der Kummer darüber, keine Lösung für diese Schwierigkeiten gefunden zu haben, soll – so sagt man – den Tod Soufflots im Jahre 1780 beschleunigt haben. Seine beiden Schüler, Maximilien Brébion und Jean-Baptiste Rondelet, setzten die Arbeiten fort, bauten verstärkte Stützen für die große Kuppel ein und konnten den Rohbau im Jahre 1790 beenden. Die Kirche der heiligen Genoveva war errichtet, aber es dauerte noch bis 1813, bis schließlich die letzten Arbeiten ausgeführt waren.

Das Bauwerk steht auf einem Sockel, sodass man zum Eingang in das Gotteshaus über Treppen emporsteigen muss. Die Kirche wurde auf dem Grundriss eines griechischen Kreuzes errichtet und misst 110 Meter Länge, 84 Meter Breite und 83 Meter Höhe (bis zur Kuppel). Der wuchtige Portikus ist weit vorgezogen, wird von einem dreieckigen Giebel begrenzt und ist mit insgesamt 22 korinthischen Säulen ausgestattet. Er lehnt sich an das Vorbild des Pantheons in Rom an. Die mächtige Kuppel besteht aus drei Schalen und wird von einer Laterne bekrönt. Von der Place du Panthéon sieht es so aus, als ob die Kuppel wegen ihrer Dimensionen über der Kirche schwebe. Man sollte daher einige Meter zurückgehen und kann dann die Verbindung der Kuppel mit dem Bauwerk erkennen. Zum Zeitpunkt der Fertigstellung des Rohbaus war die Église Sainte-Geneviève der größte Pariser Sakralbau.

Doch schon ein Jahr später, im Jahre 1791, widmete die Verfassunggebende Nationalversammlung der Französischen Revolution die Kirche in eine Gedenkstätte um. Sie sollte als Mausoleum dienen, in dem man die sterblichen Überreste großer Männer aus dem „Zeitalter der Freiheit in Frankreich“ aufnehmen wollte, mit anderen Worten: die der Revolutionshelden. Die Kirche wurde zum „Panthéon français“, das – nach dem griechischen Ursprung des Wortes – allen Göttern geweiht sein sollte. Der Architekt Antoine Quatremère de Quincy wurde beauftragt, die religiöse Einrichtung zu entfernen und dem lichtdurchfluteten Innenraum den Charakter eines kühlen Mausoleums zu geben. Darauf ließ er die 42 großen Fenster zumauern. In der Grabesstätte konnten nun die Helden der Revolution bestattet werden. Voltaire war einer der Ersten, dem diese Ehre 1791 zuteil wurde, Jean-Jacques Rousseau folgte drei Jahre später; die beiden im Leben verfeindeten Philosophen und Schriftsteller hat die List der Geschichte im Tod wieder vereint.

Napoleon Bonaparte brachte die Französische Revolution zum Abschluss und wandelte das Panthéon wieder in eine Kirche um. Dieses Wechselspiel geschah während des 19. Jahrhunderts je nach der politischen Ausrichtung der Regime noch mehrmals. Die Restauration behielt die Zweckbestimmung des Gebäudes als Kirche bei. Doch die Julirevolution von 1830 änderte erneut die Situation. Der Bürgerkönig Louis-Philipp nahm 1831 die nächste Umwandlung vor. Gleichzeitig beauftragte er den Dichter Victor Hugo, eine Lobeshymne auf die ehrenvolle Grabstätte der Franzosen, das Panthéon, zu verfassen. Im Juli 1831 war das Gedicht beendet und wurde später in Hugos Sammlung *Les chants du crépuscule (Dämmerungsgesänge)* aufgenommen:

Hymne

Diejenigen, die voll Ehrfurcht für das Vaterland gefallen sind,
Haben ein Anrecht, dass die Menge ihren Sarg besucht und betet.
Unter den schönsten Ehrennamen ist der ihre der allerschönste;
Aller fremde Ruhm verblasst bei ihnen und wird dann vergänglich […].

Ruhm sei unserem ewigen Frankreich!
Ruhm denen, die für das Land gefallen sind!
Ruhm den Märtyrern! Den Tapferen! Den Starken!
Auch denen, die begeistert ihrem Beispiel folgen,
Die einen Platz hier in dem Tempel begehren
Und die sterben werden, wie sie gestorben sind!

Für diese Toten, deren Schatten hier willkommen
Erhebt das mächtige Panthéon hinauf bis in den Himmel
Über Paris, die Stadt der tausend Türme,
Die Königin, die Tyros für uns ist und Babylon

Erhebt sie diese Krone großer Säulen
Die jeden Tag die Sonne, wenn sie aufgeht, uns vergoldet.

Bei diesem verbissenen Kampf um die Zweckbestimmung des Gebäudes war es fast schon vorauszusehen, dass Napoleon III. im Zweiten Kaiserreich ab 1852 die Grabgedenkstätte wieder in eine Kirche umwandelte und die Dritte Republik ab 1871 dies wieder ändern wollte. Die Entscheidung fiel in dieser Frage durch den Tod des allseits verehrten Dichters Victor Hugo im Jahre 1885. Zwei Millionen Menschen, eine bisher nie erreichte Zahl, folgten im Trauerzug dem Sarg auf seinem Weg durch die Stadt ins Panthéon. Nach dieser bedeutenden Zeremonie blieb das Gebäude ein Mausoleum.

Auf das Grabmal Victor Hugos bezieht sich Jean Giraudoux in seinem Werk *Juliette au pays des hommes (Juliette im Lande der Männer)* aus dem Jahre 1924. Juliette, das Mädchen aus der Provinz, ist nach Paris gekommen, um die bedeutenden Monumente der Stadt zu bewundern, und fühlt sich im Panthéon mit den großen Männern der französischen Geschichte konfrontiert:

Es war Abend geworden. Juliette stieg den Hügel wieder hinunter. Da sie selten wanderte, war ihr, als betrachtete nicht sie Paris, sondern als würde vielmehr sie selbst von der Stadt und jedem ihrer Gebäude betrachtet. Vor jeder Kuppel, jedem Glockenturm, fühlte sie sich von Riesenmikroskopen durchforscht und vor den Richterstuhl eines Jahrhunderts oder einer Tugend gefordert. [...]. Sie versuchte es damit, alles auf eine Karte zu setzen. Wie die Lerche, der als letzte Zuflucht nur die Möglichkeit bleibt, sich auf dem Gewehrlauf des Jägers niederzulassen, ging sie sogleich in das Pantheon und stellte sich mitten unter die Kuppel, dann vor das Grab Victor Hugos.

Damit sie diese Prüfung des berühmten Gebäudes ertragen könne, gesellte sie ihr junges unbekanntes Leben für eine Minute den Geistern all derer in Frankreich, die sich dem Schöpfer gegenüber persönlich verantwortet hatten und, in die Krypta eingebettet, nunmehr die Ahnen eines kommenden Monarchen zu sein schienen [...]. Sie irrte zwischen den illustren Schatten umher, jede Tugend und jedes Talent in ihr verblaßte angesichts der entsprechenden überwältigenden Tugend oder dem entsprechenden überwältigenden Talent dieser Männer. Ihre arme Aufrichtigkeit verblich neben der eines Rousseau, ihr bescheidenes Stegreiftalent neben dem eines Voltaire, ihre Fähigkeit im Aquarellieren neben der eines Puvis de Chavannes [der im 19. Jahrhundert das Panthéon ausgemalt hatte].

Eine weniger ehrwürdige und differenziertere Sicht auf die im Panthéon Begrabenen lässt der Romancier Wolfgang Koeppen (1906–1996) erkennen, einer der wenigen Reiseschriftsteller deutscher Sprache von Rang im 20. Jahrhundert. Der Autor begab im Jahre 1960 nach Paris, beschrieb seine Eindrücke 1961 zunächst in einer Rundfunksendung und in demselben Jahr mit anderen Reisetexten in einem Band mit dem Titel *Reisen nach Frankreich*:

> *Der Prachtbau, den Ludwig XV. während einer schweren Krankheit der heiligen Genoveva versprochen hatte, ist noch immer das Pantheon, der weltliche Ruhmestempel, in dem mancher begraben liegt, der nach der Ansicht der strengen Dogmatiker hinter den Zäunen verscharrt sein müßte.*
>
> *In der Krypta finden wir in dämmrig weihevollem Licht Rousseau, Voltaire, Hugo, Zola und den ermordeten Menschenfreund, der den ersten der Weltkriege verhindern wollte, Jean Jaurès, alle dem Volke lieb, alle der Gerechtigkeit, der Freiheit, dem Menschenglück, aber nicht immer dem Papst und den Bischöfen verschworen [...].*

Bekannt geworden in der französischen Literatur des 20. Jahrhunderts ist das Panthéon auch durch einen kurzen Abschnitt im Roman Michel Butors (Jahrgang 1926) *La Modification (Paris – Rom oder Die Modifikation)* aus dem Jahre 1957. Der Verfasser, einer der Hauptvertreter des Nouveau Roman, beschreibt die Bahnfahrt des Pariser Geschäftsmanns Léon Delmont von Paris nach Rom, zwischen zwei Städten, die die beiden Pole seines Lebens repräsentieren. In Paris wohnt seine Ehefrau Henriette mit den vier Kindern, in Rom seine Geliebte Cécile. Während der Bahnfahrt ruft er sich eine Begebenheit aus seiner Pariser Wohnung ins Gedächtnis, bei der er das Panthéon nicht als strahlendes Gebäude, sondern als düstere, belastende Masse erlebt hatte:

> *15, Place Du Panthéon*
>
> *Die Place du Panthéon war, wie immer um diese Stunde, fast ausgestorben, doch sonst bist du um diese Zeit meistens schon zu Hause, da du mit deinem Wagen fährst, der sich aber am Montagabend noch in der Garage in der Rue de l'Estrapade befand, wohin du ihn gestern abend zurückgebracht hast; die dunkle Masse des Panthéon mit seiner unsichtbaren Kuppel lastete über dem Platz, dessen Überquerung dir unendlich lang vorkam, die Scheinwerfer eines Autos, das im Regen um die Ecke bog, bestrahlten einen Augenblick lang die Statue Jean Jacques Rousseaus.*

In den dreißiger Jahren des 19. Jahrhunderts erhielt der Giebel des Portikus ein Relief und die Inschrift: „Aux grands hommes la patrie reconnaissante" („Den großen Männern das dankbare Vaterland"). Inzwischen wurde über 70 verstorbenen Persönlichkeiten die Ehre zuteil, ins Panthéon aufgenommen zu werden. Jedes politische System in Frankreich seit der Revolution von 1789 hat versucht, seine Vorlieben auch bei den Beisetzungen im Panthéon auszudrücken. Zu den Geehrten gehören Wissenschaftler (das Ehepaar Curie, die Entdecker der Radioaktivität, und Louis Braille, der Erfinder

der Blindenschrift), Politiker (Jean Jaurès, der Gründer der sozialistischen Partei, und Jean Monnet, der Mitbegründer der Montanunion), Maler (Jacques-Louis David) und Schriftsteller (neben den schon erwähnten Voltaire, Rousseau und Hugo auch Emile Zola, André Malraux und Alexandre Dumas père). Wie die Inschrift des Portikus es ausdrückt, hatten diese Ehre nur Männer verdient: Als Ehefrauen wurden aber auch Marie Curie, die zweifache Nobelpreisträgerin, und Sophie Berthelot, die Frau des Chemikers) mitberücksichtigt. Allein hat es bisher noch keine Frau geschafft. Welche Bedeutung das Panthéon in der politischen Öffentlichkeit genießt, zeigt auch das Beispiel des Résistancekämpfers Jean Moulin und seine „panthéonisation" („Pantheonisierung"). Nach der Überführung seiner sterblichen Überreste hielt der damalige Kultusminister André Malraux in Anwesenheit General de Gaulles die ergreifende Trauerrede; François Mitterrand zelebrierte nach seiner Wahl zum Staatspräsidenten im Jahre 1981 als erste öffentliche Amtshandlung den Gang ins Panthéon, um am Grab Jean Moulins eine rote Rose niederzulegen.

Von Anfang April bis Ende September kann man über eine Wendeltreppe zur Kuppel emporsteigen und einen wundervollen Blick auf Paris genießen. Das Panthéon ist aber auch von Weitem in der Stadtlandschaft zu sehen und zusammen mit dem Eiffelturm, der Kirche Sacré-Cœur und dem Invalidendom zu einem herausragenden Wahrzeichen der französischen Hauptstadt geworden.

Geht man von der Place du Panthéon, der eigens für das wuchtige Bauwerk angelegt wurde, zur Rue Soufflot und dann zurück zur Rue Victor Cousin, gelangt man auf dieser Straße nach der Überquerung der Rue Cujas zur Place de la Sorbonne. Hier erhebt sich die Église de la Sorbonne. Diese Kirche ist der letzte noch erhaltene Teil des alten Universitätsneubaus aus den Jahren 1624 bis 1642. Kardinal Richelieu war nicht nur Erster Minister König Ludwigs XIII., sondern schon kurz vorher Dekan der theologischen Fakultät der Universität Paris geworden. Er beauftragte den Architekten Jacques Lemercier, den ersten Baumeister des Königs, mit der Errichtung der Kirche. Die Grundsteinlegung erfolgte 1635. Lemercier hatte während eines mehrjährigen Romaufenthalts neu gestaltete italienische Kirchen – wie Il Gesù – und die barocken Bauprinzipien, besonders die Kuppelarchitektur, kennen und schätzen gelernt. Elemente dieses Stils flossen auch in die Errichtung der Église de la Sorbonne ein.

An der Hofseite gelangt man über breite Stufen zum weit vorgezogenen, antikisierenden Portikus, der von korinthischen Säulen getragen in einem dreieckigen Giebel endet. Dahinter erstreckt sich das breite Querhaus der

Église de la Sorbonne

Kirche. Das zweigeschossige Bauwerk wird von einer schlanken Kuppel mit durchbrochenen Laternen überwölbt. Dem Zwischenteil, dem Tambour, sind vier Kampanile vorgelagert, die nach dem italienischen Baustil nicht fest mit dem Baukörper verbunden sind, sondern jeweils einzeln einen zusätzlichen Dekorationseffekt erzielen.

Als der damalige Neubau der Kirche vollendet war, existierte die Sorbonne bereits seit fast vier Jahrhunderten. Der Hofkaplan des Königs Ludwig IX., Robert de Sorbon, der der Institution den Namen geben wird, erhielt 1257 vom Herrscher die Genehmigung zur Einrichtung eines Kollegs für mittellose Studenten. Die Anfänge dieser Bildungseinrichtung reichen bis in die Mitte des 12. Jahrhunderts zurück. Aber erst die päpstliche Genehmigung in Form einer Bulle aus dem Jahre 1231 bildete die Grundlage für eine offizielle Institutionalisierung. Die sich aus dem Kolleg entwickelnde Pariser Universität war die zweitälteste in Europa – nach der in Bologna, deren Ursprünge sich bis ins späte 11. Jahrhundert zurückverfolgen lassen. Die Sorbonne war jedoch eine stärker zukunftsweisende Bildungseinrichtung; sie wurde Muster für die meisten anderen Hochschulen. Wie nur wenige damalige Universitäten hatte sie insgesamt vier Fakultäten: Theologie, Medizin, Recht und die sieben freien Künste. Die letzte Disziplin gliederte sich in eine Dreiergruppe, das Trivium, mit den sprachlichen Künsten Grammatik, Rhetorik und Dialektik, und in eine Vierergruppe, das Quadrivium, mit den mathematischen Künsten Arithmetik, Geometrie, Astronomie und Musik (einschließlich Physik). Unterrichtssprache war Latein, weshalb der Stadtteil, in dem die Studenten sich aufhielten, die Bezeichnung Quartier latin, lateinisches Viertel, erhielt. Die Universität hatte sogar eine eigene, von der staatlichen unabhängige Gerichtsbarkeit. Führende Gelehrte des Kontinents unterrichteten an der Sorbonne: Albertus Magnus, Thomas von Aquin, Roger Bacon und Petrus Abaelardus (Abélard). Die Universität erwarb durch die Qualität der Lehrenden ein außerordentlich großes Ansehen und zog eine steigende Zahl von Studenten an; Ende des 13. Jahrhunderts sollen etwa 3000 Professoren und Studenten die Sorbonne bevölkert haben.

Welche Rolle die Sorbonne auch räumlich im Stadtbild von Paris spielte, geht aus Victor Hugos zitiertem Roman *Notre-Dame de Paris (Der Glöckner von Notre-Dame)* hervor, dessen Handlung im Jahre 1482 spielt. Im Kapitel *Paris à vol d'oiseau (Paris aus der Vogelschau)* des dritten Buches befindet sich der Erzähler auf einem der beiden Türme von Notre-Dame und betrachtet die Stadt des späten Mittelalters:

Im fünfzehnten Jahrhundert war Paris noch in drei ganz unterschiedliche und abgesonderte Städte geteilt, jede mit ihrer Physiognomie und Eigentümlichkeit, mit ihren Sitten, ihren Gewohnheiten, ihren Privilegien und mit ihrer Geschichte; die Altstadt, die Universitätsstadt und die Neustadt. Die Altstadt, welche die Insel einnahm, war die älteste, die kleinste, die Mutter der beiden anderen und eingepfercht zwischen ihnen […]. Das Universitätsviertel erstreckte sich am linken Ufer der Seine […]. Sie [die Ringmauer] umfaßte auch den Hügel der Sainte-Geneviève. Der äußerste Punkt dieser Mauerkrümmung war die Porte-Papale, die sich ungefähr an der Stelle des jetzigen Pantheons befunden hatte. Die Neustadt, die den größten der drei Stadtteile von Paris ausmachte, nahm das rechte Ufer ein. […].

Wie wir soeben bemerkt haben, war jeder dieser drei großen Bezirke von Paris eine Stadt für sich, aber eine zu einseitige Stadt, um für sich allein zu bestehen und der beiden anderen entraten zu können. Daher bot jede von ihnen ein völlig anderes Bild. In der Altstadt wimmelte es von Kirchen, in der Neustadt von Palästen, in der

Universitätsstadt von Lehranstalten. [...]. [Wir können sagen,] daß die Insel dem Bischofe, das rechte Seineufer dem Vorsteher der Kaufmannsgilde, das linke dem Universitätsrektor unterstellt war. [...]. In der Altstadt lag Notre-Dame, in der Neustadt der Louvre und das Rathaus, die Sorbonne in der Universitätsstadt.

Das Universitätsviertel war also im 15. Jahrhundert so groß, dass es eine Stadt für sich innerhalb des Gesamtgebietes von Paris war und politisch wie juristisch Sonderrechte genoss.

Die Sorbonne geriet in dieser Zeit in die Auseinandersetzungen innerhalb der katholischen Kirche. Da sie den Papst in Avignon unterstützte, verließen englische und deutsche Studenten, die für den Papst in Rom eintraten, die Hochschule. Auch die Konkurrenz mit neu gegründeten Universitäten auf dem französischen Staatsgebiet wirkte sich aus. Die Renaissance und die Wiederentdeckung der – griechischen – Antike brachten einen neuen Aufschwung. Für die Sorbonne bewirkte im 17. Jahrhundert der von Richelieu betriebene Neubau eine erfolgreiche Weiterentwicklung.

Die Abschlussprüfungen an der Hochschule bestanden in einer Disputation, einem Streitgespräch, in dem der Kandidat seine Fähigkeit erweisen musste, einen ihm vorgegebenen wissenschaftlichen Sachverhalt angemessen zu erörtern. Eine solche Situation schildert Abbé Prévost in seinem Roman *Manon Lescaut* aus dem Jahre 1731. Des Grieux hat sich nach der von seinem Vater erwungenen Trennung von seiner Geliebten konzentriert auf seine theologische Abschlussprüfung an der Sorbonne vorbereitet und zur Disputation auch bekanntere Persönlichkeiten eingeladen:

Da kam die Zeit heran, daß ich vor der theologischen Fakultät öffentlich eine These verfechten mußte. Ich ließ mehrere angesehene Personen dazu einladen und bat sie, mich mit ihrer Gegenwart zu beehren. So drang mein Name in alle Stadtviertel von Paris und kam sogar meiner treulosen Geliebten zu Ohren. [...]. Sie kam in die Sorbonne, zusammen mit ein paar andern Damen. Sie wohnte meiner Disputation bei und hatte gewiß nicht viel Mühe, mich zu erkennen.

Es wird deutlich, dass diese Prüfung ein gesellschaftliches Ereignis war, an dem die Öffentlichkeit teilnehmen konnte und das das Ansehen des Kandidaten erhöhte.

Eine öffentliche Universitätsprüfung schildert auch Gustace Flaubert in seinem Roman *L'Education sentimentale (Lehrjahre des Gefühls)* (1869). Doch dieses juristische Examen verläuft chaotisch, es offenbart die Eitelkeit des Professors und das fehlende Wissen des Kandidaten:

Es kam der August, die Zeit seines [Frédérics] zweiten Examens. [...]. Frédéric war der vorletzte in der Reihe, hatte also einen ungünstigen Platz. Bei der ersten Frage nach dem Unterschied zwischen einer Konvention und einem Kontrakt widerfuhr ihm eine Verwechslung. Der Professor, ein gutartiger Mann, sagte ihm: „Werden Sie nicht nervös, beruhigen Sie sich!"

Er stellte noch zwei leichte Fragen, die dunkle Antworten fanden, und ging zum vierten Examinanden über. Durch diesen kläglichen Beginn verlor Frédéric die Haltung. [...] Bei der zweiten Frage aus dem Gebiet des Strafrechts schnitt er befriedigend ab. [...]. Endlich nahte der Moment für die Frage aus dem Prozeßrecht. Es handelte sich um den dritten Satz und dessen Gegensatz. Der Professor, den es ärgerte, den seinen widerstreitende Theorien zu hören, fuhr Frédéric schroff an: „Das ist Ihre Überzeugung? So! Was meinen Sie, paßt das Prinzip von Artikel eintausenddreihunderteinundfünfzig des Code civil mit Ihrer merkwürdigen Interpretation zusammen?" [...].

Er [Frédéric] stand hinter seinem Stuhl, schaukelte mit dem Körper und strich seinen Schnurrbart. „Ich warte noch immer auf Ihre Antwort!" sagte der Mann mit dem goldbestreßten Barett. Und da ihn die Geste Frédérics wohl reizte: „In Ihrem Schnurrbart werden Sie sie kaum finden!"

Im 20. Jahrhundert machte die Sorbonne vor allem bei der Studentenrevolte vom Mai 1968 von sich reden. Die Protestbewegung hatte sich auch in anderen Ländern ausgebreitet, erreichte aber an der Pariser Universität die größte politische Erschütterung. Die Auseinandersetzungen begannen an der Universität Nanterre und griffen dann auf die Sorbonne über. Der Protest richtete sich unter anderem gegen die unzureichenden Studienbedingungen, das Verbot der politischen Betätigung an der Hochschule und die sich verschlechternden Bedingungen auf dem Arbeitsmarkt. Als die französische Polizei mit aller Härte durchgriff, weitete sich der Aufstand aus und führte zur Schließung der Sorbonne. Den Studierenden gelang es, andere gesellschaftliche Kräfte zu mobilisieren und mit den Arbeitern einen Generalstreik auszurufen, der den Staat in seinen Grundfesten erschütterte. Simone de Beauvoir hat ihre Eindrücke vom Maiaufstand in *Tout compte fait (Alles in allem)* (1972) beschrieben:

Die Studentenrevolte

Gleich nach der Wiedereröffnung war die Sorbonne von den Studenten besetzt worden. Nie, weder in meiner Jugend, als ich selbst studierte, noch auch zu Beginn des Jahres 1968, hätte ich mir ein solches Fest vorstellen können. Die rote Fahne wehte über der Kapelle und über den Statuen großer Männer. An den Wänden leuchteten die erstaunlichen Parolen, die man sich ein paar Wochen zuvor in Nanterre ausgedacht hatte. Täglich sah man in den Fluren neue Parolen, Anschläge und Zeich-

nungen. Auf den Treppenstufen oder im Hof, überall saßen oder standen Gruppen leidenschaftlich diskutierender Studenten. Jede politische Organisation hatte ihren Stand, wo Schriften und Zeitungen verteilt wurden.

Die Protestbewegung endete abrupt im Juni 1968. Als eine Konsequenz des Aufstands wurde im gleichen Jahr eine Hochschulreform beschlossen, die die Sorbonne in 13 verschiedene Universitäten aufteilte, die sich über das gesamte Stadtgebiet und die Vorstädte verteilten.

9. Blick auf Paris

Bei schönem Wetter ist der Blick von oben auf die sich ausbreitende Stadtlandschaft ein eindrucksvolles Erlebnis. Man muss natürlich auch in den Straßen und auf den Plätzen der Stadt Paris unterwegs sein, um die Bauwerke, Denkmäler und Skulpturen in allen Einzelheiten wahrzunehmen und die Innenräume der Museen, Kirchen und Paläste näher zu studieren. Das ist in der französischen Hauptstadt nicht so schwer, weil die Entfernungen im Zentrum nicht allzu groß sind. Aber um die Strukturen der Baugeschichte, die Bedeutung der Boulevards, die Rolle der neuen Viertel oder die Gliederung des Stadtgebiets durch den Verlauf der Seine richtig zu erkennen, ist vor allem der Blick von oben hilfreich. In Paris bieten sich dafür vielfältige Möglichkeiten, auf die bereits während der vorgestellten Spaziergänge hingewiesen wurde. Als besonders geeignet gelten die Türme der Kirche Notre-Dame, der Arc de Triomphe, das obere Stockwerk des Centre Pompidou, die Terrasse in der höchsten Etage des Kaufhauses Printemps, der Eiffelturm, die Colonne de Juillet (Julisäule) an der Place de la Bastille, die Kirche Sacré-Cœur, der Tour Montparnasse, das Panthéon (im Sommerhalbjahr) und – etwas weiter vom Stadtzentrum entfernt – die Grande Arche im Viertel La Défense.

Man kann also vor den Spaziergängen in den Niederungen des Straßenverkehrs zunächst einmal mit der Betrachtung der Stadt aus der Vogelperspektive beginnen. Victor Hugo hat im dritten Buch seines mehrfach zitierten Romans *Notre-Dame de Paris (Der Glöckner von Notre-Dame)* beispielhaft vorgeführt, welche Erkenntnisse er von seinem höheren Standpunkt vom Turm der Kirche aus über die Gliederung der Stadt sowohl des Mittelalters als auch der Moderne gewonnen hat. Er betont im Kapitel *Paris à vol d'oiseau (Paris aus der Vogelschau)* zunächst einmal die Freude des Betrachters, der nach dem beschwerlichen Aufgang über die Turmtreppe der Kirche plötzlich die Stadt von oben erblickt:

In Wahrheit gab es, wenn man nach langem Umhertasten auf der finsteren Wendeltreppe, die senkrecht die dicke Mauer der Türme durchbricht, endlich unver-

mutet auf einer der beiden licht- und luftumflossenen Plattformen hervortauchte, kaum ein schöneres Bild als das, welches sich von allen Seiten auf einmal unter den Augen entrollte [...].

Im Mittelalter stand das reizvolle Erlebnis der Betrachtung der Stadt noch nicht im Zentrum des Interesses. Von Türmen aus wurde öfter nach Feinden Ausschau gehalten, da besonders die Engländer Paris mehrfach bedrohten und in die Stadt einfielen. Man konnte von oben aber auch den Warenverkehr in Augenschein nehmen oder kontrollieren, um Abgaben zu erhalten. Der Chronist mittelalterlicher Geschichte, Philippe de Commynes (1447–1511), berichtete um das Jahr 1490 in seinen Erinnerungen von seinen Beobachtungen. Er war 20 Monate als Gefangener im Pariser Justizpalast eingekerkert und konnte von da aus den Warenverkehr auf der Seine verfolgen:

Da [im Justizpalast] hatte ich genügend Gelegenheit, aus meinem Fenster all das zu sehen, was aus der Normandie die Seine aufwärts kam. Von dort oben kommt viel mehr, als ich je für möglich gehalten hätte; ich hab's aber mit eigenen Augen gesehen. [...]. Es ist kaum zu glauben, wieviel Güter in Paris eintreffen.

Aus der Perspektive des 19. Jahrhunderts beschreibt Victor Hugo im zuvor zitierten Kapitel die Gliederungsprinzipien der Stadt. Nach einer ausführlichen Darstellung fasst er die wichtigsten Grundzüge noch einmal zusammen:

In der Mitte liegt die Ile de la Cité, die in ihrer Gestalt einer Riesenschildkröte gleicht und die schuppigen Ziegelsteinbrücken wie Beine unter ihrem grauen Dächerrückenpanzer hervortreten läßt. Zur Linken sehen wir das monolithische, feste, dichte, vollgepfropfte und stachelige Trapez der Universitätsstadt, zur Rechten den weiten Halbkreis der Neustadt, weit mehr ein Gemenge von Gärten und Baudenkmälern. Die drei Blöcke: Altstadt, Universitätsstadt und Neustadt, sind von zahllosen Straßen durchadert. Mitten hindurch in ihrer ganzen Länge die Seine. [...]. Rings herum eine immense Ebene, zusammengeflickt aus tausenderlei verschiedenen Feldern und übersät mit schönen Dörfern [...].

Victor Hugo stellt Paris im späten Mittelalter als Idealfall einer historisch gewachsenen, einheitlichen und eindrucksvollen Stadt dar. Seither seien aber durch unangemessene Baumaßnahmen die schönen alten Strukturen zugrunde gegangen:

Seitdem [seit dem Mittelalter] hat die gewaltige Stadt angefangen, sich von Tag zu Tag zu verändern. [...]. Das jetzige Paris hat demnach keinen allgemeinen Stilcharakter. Es ist eine Mustersammlung aus mehreren Jahrhunderten, und die schönsten dieser Muster sind verschwunden.

Der Verfasser des Romans *Notre-Dame de Paris* listet mit dem Blick auf das Stadtgebiet genau auf, welche Veränderungen Paris durch die namhaften Bauwerke seit der Renaissance erfahren hat und wie sich vor allem die schönen mittelalterlichen Normen in der Neuzeit in ihr Gegenteil verkehrt haben. Dabei liefert er eine selektive Geschichte der städtischen Baustrukturen anhand einzelner Beispiele:

Das Paris aus der Zeit Katharinas von Medici erkennt man an den Tuilerien; das Paris Heinrichs II. am Rathaus: zwei noch sehr stilvollen Bauwerken; das Paris aus der Zeit Heinrichs IV. erkennt man an der Place Royale, an den backsteinernen Fronten mit Hartsteinecken und Schieferdächern, an den dreifarbigen Häusern: das Paris Ludwigs XIII. am Val-de-Grâce mit seiner gedrungenen und untersetzten Bauart, den korbhenkelartigen Wölbungen, die so etwas Bauchiges in der Säulenform und Buckliges in der Kuppeldachung haben; ferner das Paris Ludwigs XIV. am großen, reichen, goldstrotzenden und frostigen Invalidendom; das Paris Ludwigs XV. an der Kirche Saint-Sulpice mit ihren Schneckenspiralen, Bänderknoten, Wolkenformen, Fadennudelverzierungen und ihrem Zichorienkrautputz – alles in Stein gemeißelt; das Paris Ludwigs XVI. am Panthéon, einer schlechten Kopie der Sankt-Peterskirche in Rom […]; das Paris der Republik erkennt man am Gebäude der Medizinischen Fakultät, einem traurigen Mischmasch aus griechischem und römischen Stil, das dem Colosseum oder dem Parthenon ähnelt wie die Verfassung des Jahres III den Gestzen des Minos […]; das Paris Napoleons erkennt man an der Place Vendôme: dieses ist erhaben – eine bronzene Säule, die aus Kanonen hergestellt ist; das Paris der Restauration endlich an der Börse, einer blendend weißen Säulenhalle, die einen völlig glatten Fries trägt, das Ganze ein Viereck, das zwanzig Millionen gekostet hat.

Es fragt sich nach dieser Übersicht, in welcher Form sich Hugo neue Bausubstanz vorgestellt hat und nach welchen Prinzipien Veränderungen hätten vorgenommen werden sollen.

Nur wenige damalige Gebäude in Paris wie die Türme von Notre-Dame erlaubten es der Öffentlichkeit bis ins frühe 19. Jahrhundert, die Stadt von oben zu betrachten. So wird immer wieder auf die Kirchentürme verwiesen, wenn man die Stadt aus der Vogelperspektive ansehen möchte. Der Dramatiker, Romancier und Journalist Louis-Sébastien Mercier empfiehlt dies seinen Lesern, wenn sie Paris kennenlernen wollen. In seinem *Tableau de Paris (Mein Bild von Paris)* aus den achtziger Jahren des 18. Jahrhundert schreibt er:

Wollt Ihr wissen, wie Paris wirklich aussieht? Dann steigt auf die Türme von Notre-Dame. Von dort gesehen, ist die Stadt rund wie ein Kürbis, und der Stuck, aus dem sie zu zwei Dritteln besteht, was zeigt, daß sie aus Kreidestein errichtet wurde und auf Kreide fußt, ist weiß und schwarz zugleich.

Im 19. Jahrhundert gehört die Lust am Blick von oben schon zu den beliebten Freizeitbeschäftigungen. Für die Hochzeitsgesellschaft in Emile Zolas Roman *L'Assommoir (Der Totschläger)* gehört es wie selbstverständlich zu den Vergnügungen ihrer Feier, an der Place Vendôme auf die Säule zu steigen und die Stadt zu betrachten. Aber sie braucht zum Erkennen der einzelnen Bauwerke die Hilfe des kenntnisreichen Herrn Madiniers, der sie schon durch den Louvre geführt hatte:

> *Herr Madinier riet jedoch, den Blick zu heben und ihn geradeaus in die Ferne zu richten; das verhindere, daß man schwindlig werde. Und er fuhr fort, mit dem Finger auf das Hôtel des Invalides, das Panthéon, die Notre-Dame-Kathedrale, den Turm Saint-Jacques und die Anhöhen des Montmartre zu zeigen.*

Aber der Blick auf Paris wird im 19. Jahrhundert auch in dramatische Handlungsabläufe einbezogen, so in Balzacs Roman *Père Goriot (Vater Goriot)* aus dem Jahre 1834. Eugène de Rastignac, ein junger Mann, der aus der Provinz nach Paris gekommen war, um dort Jura zu studieren, beobachtet in der kleinen, heruntergekommenen Pension, in der er wohnt, das Leben eines älteren ehemaligen Nudelfabrikanten, der mit Spekulationen reich geworden ist. Dieser ist verwitwet und hat zwei Töchter, für die er sich aufopfert und denen er seine Ersparnisse zukommen lässt, damit sie in die Aristokratie bzw. in das Großbürgertum einheiraten und standesgemäß leben können. Rastiganc erkennt, wie sehr die Töchter den Vater ausnutzen, und wie stark sie sich schon den fragwürdigen Gewohnheiten einer korrupten Gesellschaftsschicht angepasst haben. Am Ende des Romans stirbt Vater Goriot, aber die Töchter halten es noch nicht einmal für nötig, zur Beerdigung zu kommen. Es könnte ihrem Ansehen schaden, einen solchen verarmten Menschen als Vater zu haben. So schicken sie nur ihre leeren Kutschen zur Beerdigung auf den Friedhof Père Lachaise. Rastignac erkennt, dass er in der feinen Gesellschaft der Stadt nur vorankommen kann, wenn er ihre verderbten Gepflogenheiten übernimmt. Mit einem Blick vom Friedhof Père Lachaise auf die aristokratischen und großbürgerlichen Viertel der Stadt, den Faubourg Saint-Germain, den Faubourg Saint-Honoré und die Chaussée d'Antin, schleudert er der oberen Gesellschaftsschicht seine Kampfansage entgegen:

> *Rasignac blieb allein; er ging ein paar Schritte zu der Anhöhe des Friedhofes hinauf und schaute auf Paris, das unlauter gewunden längs der beiden Seinearme dalag, in denen sich die Lichter zu spiegeln begannen. Seine Augen blickten fast gierig nach dem Raum zwischen der Säule auf der Place Vendôme und der Kuppel des Invalidendoms, wo die schöne Welt lebte, in die er hatte eindringen wollen. Er warf auf diesen wimmelnden, summenden Bienenstock einen Blick, der schon im voraus*

> *all seinen Honig aufzusaugen schien, und sprach die grandiosen Worte: „Jetzt kommt es auf uns beide an!“.*
>
> *Und es war die erste Tat, mit der er die Gesellschaft herausfordern wollte, daß sich Rastignac zum Abendessen zu Frau de Nucingen [die Tochter Goriots und Ehefrau des reichen Bankiers Baron de Nucingen] begab.*

Der Blick auf Paris kann aber auch positive Aspekte hervorheben, Bewunderung und Anerkennung der geistigen und kulturellen Leistungen der Stadtbewohner ausdrücken. Giraudoux' Juliette bringt das in ihrer *Prière sur la Tour Eiffel (Gebet auf dem Eiffelturm)* deutlich zum Ausdruck:

> *So liegen jene fünftausend Hektar der Welt unter mir, auf denen am meisten gedacht, am meisten gesprochen, am meisten geschrieben wurde. Der Mittelpunkt unseres Gestirns, der ein Maximum an Freiheit und Eleganz, ein Minimum an Heuchelei gesehen hat. Diese leichte Luft, diese Leere unter mir, es sind vielfältig übereinandergelagerte Schichten von Geist, von vernünftigem Denken, von Geschmack.*

Der Kreis zum Vorwort schließt sich: Auch der Blick auf die Stadt ist ein Lesen im Buch Paris, das Wissen von der Welt vermittelt.

Autoren- und Quellenverzeichnis

ALLAIS, ALPHONSE (1854 Honfleur–1905 Paris)
- *Die große Treppe der Oper [...].* S. 114. In: Christine Ausseur: Guide littéraire des Monuments de Paris. Paris 1992. S. 154.
- *Auf diese Weise konnte ein so seltsames Geschehen [...].* S. 114. In: Ebd. S. 156.

ARAGON, LOUIS (1897 Paris–1982 Paris)
- *Der Instinkt führte ihn nach den Markthallen hinüber.* S. 40. In: Ausgewählte Werke. Die Viertel der Reichen. Aus d. Französischen v. Stephan Hermlin. Berlin: Volk und Welt 1964. S. 335.
- *Asche auf den morgendlichen Dächern [...].* S. 46. In: La diane française, suivi de En étrange pays dans mon pays lui-même. Paris 1946. S. 147/148.
- *Paris, Herr, Paris.* S. 79. In: Ausgewählte Werke. Die Viertel der Reichen. A. a. O. S. 265/266.
- *Da man Adrien Urlaub gegeben hatte.* S. 90. In: Ausgewählte Werke. Die Viertel der Reichen. A. a. O. S. 273/274.
- *Auf der Place de la Concorde.* S. 91. In: Aurélien. Aus d. Französischen v. Lydia Babilas. Berlin 2007. S. 14.
- *Alles ist leicht in Paris.* S. 105. In: Ebd. S. 66/67.
- *„Oh, wie scheußlich ...", rief Paulette.* S.169. In: Die Reisenden der Oberklasse. Aus d. Französischen v. Hans Mayer. München 1962. S. 7.
- *„Oh, wie scheußlich ...", wiederholte Paulette.* S. 169. In: Ebd. S. 8.
- *Wer dachte da oben, auf dem Vorplatz des Trocadero [...].* S. 169. In: Ebd. S. 9.
- *Sie schritten unter dem Eiffelturm.* S. 170. In: Ebd. S. 12/13, 16.

ASSEUR, CHRISTINE (1957)
- *Wie ein schwarzer, riesenhafter Fabrikschornstein.* S. 168. In: Guide littéraire des Monuments de Paris. Hrsg. von Christine Asseur. Paris 1992. S. 15/16.
- *Notre-Dame, die Sainte-Chapelle.* S. 168. In: Ebd. S. 16.

BABELON, JEAN-PIERRE (1931 Paris)
- *Nur aus sehr weiter Entfernung [...].* S. 155. In: Michel Fleury, Alain Erlande-Brandenburg u. Jean-Pierre Babelon: Paris. Aus d. Französischen v. Nina Brotze und Dieter Kimpel. München 1974. S. 350.

BALZAC, HONORÉ DE (1799 Tours–1850 Paris)
- *Noch zu keiner Zeit.* S. 18. In: Tante Lisbeth. Aus d. Französischen v. Paul Zech. Zürich 2007. S. 172.
- der *„geschichtlichen, archeologischen [...] Geschichte".* S. 28. In: La Comédie humaine. VI: Etudes de mœurs: Scènes de la vie parisienne. Notes et Variantes. Ed. Pierre-Georges Castex. Paris 1977. S. 1411.
- *Der Palais de Justice ist ein wirrer Haufen.* S. 28. In: Ebd. S. 778.
- *[...] große Kathedrale der Rechtsverdrehung.* S. 28. In: Ebd.
- *Wenn man diese ausgedehnte Hauptstadt [...].* S. 29. In: Ebd. S. 708.
- [...] den *hohen und großartigen Bau der Sainte-Chapelle.* S. 29. In: Ebd. S. 778.

- *Dieses Viereck, diese Insel von Häusern.* S. 30. In: Ebd. S. 707.
- *Die Conciergerie – historische Bezeichnung.* S. 30. In: Ebd. S. 706/707.
- *Leider hat die Conciergerie [...].* S. 30. In: Ebd. S. 708/709.
- *Daß man das alte Häuserviertel längs des Louvre [...].* S. 58. In: Tante Lisbeth. A. a. O. S. 81–83.
- *Schmutzwinkel im modernen Paris.* S.67. In: Ebd. S. 82.
- *die Gegend um den Louvre herum [...].* S. 67. In: Ebd. S. 169.
- *Er war seelenvergnügt.* S. 82. In: Verlorene Illusionen. Aus dem Französischen v. Hedwig Lachmann. Frankfurt a. M. und Leipzig 1996. S. 196.
- *Er ging in Gedanken verloren weiter.* S. 92. In: Ebd. S. 219.
- *Er [...] kam zum Arc de Triomphe.* S. 99. In: Ebd. S. 219.
- *Um sieben Uhr abends stieg er in eine Droschke.* S. 108. In: Ebd. S. 201/202.
- *Er mußte sich, als er die Männer sah [...].* S. 109. In: Ebd. S. 217.
- *Beim letzten Opernball des Jahres 1824 [...].* S. 110. In: Glanz und Elend der Kurtisanen. Aus dem Französischen v. Felix Paul Greve. Frankfurt a. M., Leipzig 2003. S. 9.
- *Diese widerwärtige Anhäufung von Dreck [...].* S. 124. In: Verlorene Illusionen. A. a. O., S. 310–312.
- *Es gab dort Obst- und Blumenfrauen.* S. 125. In: Ebd. S. 313/314.
- *Die Rue de la Paix ist eine breite Straße.* S. 129. In: La Comédie humaine. V: Etudes de mœurs. Scènes de la vie parisienne (début). Ed. Pierre-Georges Castex. Paris 1977. S. 793.
- *Anstelle Dich unangenehmen Situationen in Indien auszusetzen.* S. 130. In: Ebd. III: Etudes de mœurs. Scènes de la vie privée. Ed. Pierre-Georges Castex. Paris 1976. S. 650.
- *Ich schlug die Rue de Babylone ein.* S. 177. In: Paris, un florilège – Paris-Lesebuch. Hrsg. u. übersetzt v. Martine Passelaigue u. Kristian Wachinger. 3. Aufl. München 2002. S. 147 und 149.
- *[...] eines der schönsten Bauwerke von Paris.* S. 177. In: Ebd. S. 151.
- *Als der verfluchte Wagen dann endlich vorbei war.* S. 177. In: Ebd. S. 153.
- *Ich muss betrunken gewesen sein.* S. 178. In: Ebd.
- *Rastignac blieb allein.* S. 220. In: Vater Goriot. Aus d. Französischen übertragen v. Ernst Sander. München o. J. S. 340.

Barthes, Roland (1915 Cherbourg–1980 Paris)

- *Damit der Eiffelturm diese große Traumfunktion [...].* S. 174. Aus: Der Eiffelturm. Übersetzt v. Helmut Scheffel. In: Reise Textbuch Paris. Hrsg. v. Hans von Ziegesar. München 1986. S. 227/228.
- *Blick und Objekt, der Eiffelturm.* S. 174. In: Ebd. S. 229/230.

Baudelaire, Charles (1821 Paris–1867 Paris)

- *Der Schwan.* Übers. v. Dolf Oehler. S. 68. In: Baudelaires „Blumen des Bösen". Hrsg. v. Hartmut Engelhardt und Dieter Mettler. Frankfurt a. M. 1988. S. 222/223.
- *Ich muss Ihnen eine kleine unangenehme Sache mitteilen.* S. 120. In: Correspondance. T. I: 1832–1860. Ed. Claude Pichois. Paris 1973. S. 439.

Beauvoir, Simone De (1908 Paris–1986 Paris)
- *Das ‚Flore‘* hatte seine Sitten. S. 184. Aus d. Französischen v. Rolf Soellner. In: In den besten Jahren. 30. Aufl. Reinbek bei Hamburg 2008. S. 297.
- *Blaßhaarige, mehr oder minder von Rauschgift [...] zerrüttete Wesen.* S. 184. In: Ebd.
- *Die jungen Müßiggänger des ‚Flore‘* [...]. S. 184. In: Ebd.
- *Im ‚Flore‘* war es nicht kalt. S. 185. In: Ebd. S. 452.
- *Im Lauf des Vormittags füllte sich der Saal allmählich.* S. 185. In: Ebd. S. 455.
- *Die Studentenrevolte.* S. 215. Übersetzung v. Eva Rechel-Mertens. In: Paris. Ein literarischer Streifzug. Hrsg. v. Magali Nieradka und Christian Schärf. Frankfurt a. M. 2011. S. 195.

Benjamin, Walter (1892 Berlin–1940 Portbou)
- *Denkbilder.* S. 7. In: Gesammelte Schriften. IV.1. Frankfurt a. M. 1972. S. 356.
- *Hauptstadt des XIX. Jahrhunderts.* S. 7. In: Gesammelte Schriften. V.1. Frankfurt a. M. 1982. S. 45.

Börne, Ludwig (1786 Frankfurt a. M.–1837 Paris)
- *Die Widersacher der Revolution* [...]. S. 144. In: Reise Textbuch Paris. Hrsg. v. Hans von Ziegesar. München 1986. S. 295.

Bossuet, Jacques Bénigne (1627 Dijon–1704 Paris)
- *So mögen Sie alle aus seinen Tugenden Nutzen ziehen.* S. 21. Oraisons funèbres. In: Bossuet: Œuvres. Ed. Abbé Velat et Yvonne Champailler. Paris 1961. S. 217.

Brassens, Georges (1921 Sète–1981 Saint-Gély-du-Fesc [bei Montpellier])
- *Sie hatt' 'nen knackigen Popo.* S. 134. Übersetzt v. Johannes Westenfelder. In: Reise Textbuch Paris. Hrsg. v. Hans von Ziegesar. München 1986. S. 120.

Breton, André (1896 Tinchebray [Orne]–1966 Paris)
- *Diese Place Dauphine ist wohl einer der [...] Orte.* S. 32. Übersetzung v. Max Hölzer. In: Reise Textbuch Paris. Hrsg. v. Hans von Ziegesar. München 1986. S. 70/71.

Bruant, Aristide (1851 Courtenay [Loiret]–1925 Paris)
- *An der Bastille.* S. 145. Übersetzt v. Heinz Kahlau. In: Poetischer Paris-Führer. Hrsg. v. Mona Wodsak. 2. Aufl. Darmstadt 1996. S. 67.
- *Gemeiner Herkunft bin ich zwar.* S. 147. In: Ebd. S. 77.
- *Manieren hatte man und Schick.* S. 154. In: Ebd.

Butor, Michel (1926 Mons-en-Barœul [Nord])
- *15, Place du Panthéon.* S. 210. Übersetzt v. Helmut Scheffel. In: Reise Textbuch Paris. Hrsg. v. Hans von Ziegesar. München 1986. S. 83.

Carco, Francis (1886 Nouméa [Neu-Kaledonien]–1958 Paris)
- *Das Lapin agile.* S. 158. In: Christine Ausseur: Guide littéraire des Monuments de Paris. Paris 1992. S. 177.
- *Quadrillen.* S. 159. In: A. a. O. S. 176.

Carême, Maurice (1899 Wavre [Wallonisch-Brabant]–1978 Anderlecht)
- *Jardin du Luxembourg.* S. 205. Übersetzt v. Mona Wodsak. In: Poetischer Paris-Führer. Hrsg. v. Mona Wodsak. 2. Aufl. Darmstadt 1996. S. 111.

Chateaubriand, François-René De (1768 Saint-Malo–1848 Paris)
- *Am 2. Dezember 1804.* S. 21. In: Mémoires d'outre-tombe. T. I. Ed. Maurice Levaillant et Georges Moulinier. Paris 1951. S. 748.
- *Am 14. Juli wird die Bastille gestürmt.* S. 144. In: Erinnerungen. Hrsg., neu übertragen v. Sigrid von Massenbach. München 1968. S. 107/108.

Claudel, Paul (1868 Villeneuve-sur-Fère–1955 Paris)
- *In einem Nu wurde mein Herz ergriffen.* S. 23. In: Gesammelte Werke. Bd. VI. Hrsg. Edwin Maria Landau. Heidelberg 1958 ff. S. 10.

Colette, Sidonie Gabrielle Claudine (1873 Saint-Sauveur-en-Puisaye [Yonne]–1954 Paris)
- *Der geeignete Garten.* S. 126. In: Blaue Flamme. Übersetzt v. Uli Aumüller. Reinbek bei Hamburg 1979. S. 30/31.

Commynes, Philippe de (1447 Schloss Renescure [bei Aire]–1511 Schloss Argenton [Deux-Sèvres])
- *Da hatte ich genügend Gelegenheit.* S. 218. Übersetzt v. Hans von Ziegesar. In: Reise Textbuch Paris. Hrsg. v. Hans von Ziegesar. München 1986. S. 17.

Corneille, Pierre (1606 Rouen–1684 Paris)
- *Nun habe ich endlich die studentische Richterrobe.* S. 70. In: Œuvres complètes. T. II. Ed. Georges Couton. Paris 1984. S. 9.
- *Géronte: Paris erblickt jeden Tag diese Veränderungen.* S. 122. In: Ebd. S. 33.
- *Dich auf der Place Royale zu treffen.* S. 140. In: Œuvres complètes T. 1. Ed. Georges Couton. Paris 1980. S. 479.
- *Ordnung und Schönheit dieser großen Gebäude.* S. 140. In: Œuvres complètes. T. II. A. a. O. S. 33.

Debraux, Émile (1796 Ancerville [Meuse]–1831 Paris)
- *Sei gegrüßt, Du riesenhaftes Denkmal.* S. 131. In: Mémoires de la chanson. 1200 chansons du Moyen-Âge à 1919. Hrsg. v. Martin Pénet. Paris 2001. S. 428.

Delanoë, Pierre (1918 Paris–2006 Poissy)
- *Les Champs-Elysées.* S. 97. In: Paris. Eine literarische Einladung. Hrsg. v. Karin Uttendörfer u. Annette Wassermann. Berlin 2007. S. 52.
- *Oh Champs-Elysées.* Deutscher Text: Hans Bradtke. S. 97. In: Ebd. S. 53/54.

Desnos, Robert (1900 Paris–1945 KZ Theresienstadt)
- *Der Wächter vom Pont-au-Change.* S. 26. In: Robert Desnos: Ausgewählte Texte. Einleitung von Pierre Berger. Neuwied, Berlin 1968. S. 168.

Diderot, Denis (1713 Langres–1784 Paris)
- *Es mag schön oder häßlich Wetter sein.* S. 123. In: Rameaus Neffe. Zweisprachige Ausgabe. Übersetzt v. Goethe. Frankfurt a. M. 1984. S. 9.

Dorgelès, Roland (1886 Amiens–1973 Paris)
- *Zu Beginn des Jahrhunderts war der Montmartre noch eine Art Dorf.* S. 150. Bouquet de Bohème. In: Christine Ausseur: Guide littéraire des Monuments des Paris. Paris 1992. S. 172.
- *Ich erinnere mich noch daran, dass wir eines Nachts […].* S. 154. In: Ebd. S. 164.

Fargue, Léon-Paul (1876 Paris–1947 Paris)
- *Nichts an den Champs-Elysées deutete […].* S. 94. Aus: Der Wanderer durch Paris. Aus d. Französischen v. Katharina Spann. Frankfurt a. M. 1999. S. 48.
- *Woher kommt diese Kundschaft […]?* S. 94. In: Ebd. S. 54.
- *Mit anderen Cafés […].* S. 94. In: Ebd. S. 53.
- *Es sind die Autobusse.* S. 129. In: Ebd. S. 78.
- *Mein Leben hat sich so abgespielt.* S. 150. In: Ebd. S. 33, 34, 39.
- *Das Café de Flore ist den Parisern bekannt.* S. 183. In: Ebd. S. 140/141.

Flaubert, Gustave (1821 Rouen–1880 Croisset)
- *Die Place du Carrousel dehnte sich friedlich wie sonst.* S. 75. In: Lehrjahre des Gefühls. Geschichte eines jungen Mannes. Übertragen v. Paul Wiegler. Reinbek bei Hamburg 1959. S. 215/216.
- *Sénécal, der in den Tuilerien eingeschlossen war.* S. 77. In: Ebd. S. 250/251.
- *Sie wurden sehr erregt.* S. 126. In: Ebd. S. 217.
- *Es kam der August, die Zeit seines zweiten Examens.* S. 215. In: Ebd. S. 50/51.

Fourneau, Léon (1867 Paris–1953 Paris)
vgl. Pseudonym Xanrof)

France, Anatole (1844 Paris–1924 La Béchellerie [Touraine])
- *Evarist Gamelin verließ die Bernabitenkirche.* S. 32. In: Die Götter dürsten. Roman. Aus d. Französischen übertragen v. Friedrich von Oppeln-Bronikowsky. München 1967. S. 10.

Friedrich, Hugo (1904–1978)
- *Entpersönlichung der modernen Lyrik.* S. 10. In: Die Struktur der modernen Lyrik. Von Baudelaire bis zur Gegenwart. Hamburg 1962. S. 26.

Gallo, Max (1932 Nizza)
- *Es lag ein süßlicher Geruch von Crêpes und Beignets […].* S. 48. In: La Fontaine des Innocents. Paris 1992. S. 15.
- *Er hatte erfahren, dass Isabelle gerne nach Beaubourg […] gehe.* S. 48. In: Ebd. S. 16.

Gaulle, Charles De (1890 Lille–1970 Colombey-les-Deux-Églises)
- *Vor mir liegen die* Champs-Élysées*!* S. 96. Übersetzung v. Wilhelm und Modeste Pferdekamp. In: Reise Textbuch Paris. Hrsg. v. Hans von Ziegesar. München 1986. S. 186/187.

Gautier, Théophile (1811 Tarbes–1872 Neuilly-sur-Seine)
- *Der Pariser Obelisk.* S. 89. In: Poésies complètes. Ed. René Jasinski. Nouv. éd. T. III. Paris 1970. S. 40/41.

Gide, André (1869 Paris–1951 Paris)
- *Was ich möchte, wäre die Geschichte zu erzählen.* S. 205. In: Die Falschmünzer. Deutsch v. Ferdinand Hardekopf. Reinbek bei Hamburg 1963. S. 10.

Giraudoux, Jean (1882 Bellac–1944 Paris)
- *DIE IRRE. Was treiben diese Banditen?* S. 164. Übersetzt v. Wilhelm M. Treichlinger u. Otto F. Best. In: Die Irre von Chaillot. Stuttgart 1980. S. 41.
- *[…] und hier der Eiffelturm.* S. 173. In: Juliette im Lande der Männer. Deutsche Übertragung Otto F. Best. 2. Aufl. Frankfurt a. M. 1979. S. 119.

- *Es war Abend geworden.* S. 209. In: Ebd. S. 31/32.
- *So liegen jene fünftausend Hektar der Welt [...].* S. 221. In: Ebd. S. 122.

GRÉTRY, ANDRÉ-ESNART-MODESTE (1741 Lüttich–1813 Ermitage de Montmorency)

- *In jener Schreckenszeit [...].* S. 86. Aus: Versuche über die Musik. Übersetzt v. Karl Spazier [1800]. In: Reise Textbuch Paris. Hrsg. v. Hans von Ziegesar. München 1986. S. 178/179.

HAZAN, ÉRIC (1936 Paris)

- *Montmartre ist zudem das Quartier von Paris.* S. 151. In: Die Erfindung von Paris. Aus d. Französischen v. Michael Müller u. Karin Uttendörfer. Zürich 2006. S. 306/307.
- *Damals, am Ende des 19. Jahrhunderts.* S. 161. In: Ebd. S. 308/309.

HEINE, HEINRICH (1797 Düsseldorf–1856 Paris)

- *Wird sich Guizot halten?* S. 88. In: Sämtliche Schriften. Hrsg. Klaus Briegleb. Bd. 9: Schriften 1831–1855. München, Wien 1976. S. 380/381.

HESSEL, FRANZ (1880 Stettin–1941 Sanary-sur-Mer)

- *Ein Ball im Moulin Rouge.* S. 160. In: Reise Textbuch Paris. Hrsg. v. Hans von Ziegesar. München 1986. S. 265/266.

HUGO, VICTOR (1802 Besançon–1885 Paris)

- *Es ist keine romanische Kirche mehr.* S. 14. In: Notre-Dame de Paris. 1482. Ed. Marius-François Guyard. Paris 1961. S. 130.
- *Es gibt sicherlich nur wenige schönere Seiten im Buch der Architektur.* S. 14. In: Ebd. S. 126.
- *ein auch heute noch majestätisches und erhabenes Bauwerk; Königin der Kathedralen.* S. 14. In: Ebd. S. 125.
- *Die Gegenwart dieses außerordentlichen Wesens.* S. 14. In: Ebd. S. 183.
- *An diesen klaren, warmen und heiteren Tagen.* S. 15. In: Ebd. S. 275/276.
- *[...] sahen die mächtigen Türme von Notre-Dame.* S. 15. In: Ebd. S. 526.
- [dieses] *verhängnisvolle Bauwerk.* S. 15. In: Ebd. S. 413.
- *die gewaltige Kathedrale nur noch einem Elefanten [...] ähnelte.* S. 16. In: Ebd. S. 414.
- *Sphinx mit zwei Köpfen.* S. 16. In: Ebd. S. 207.
- *sonderbarer Zentaur.* S. 16. In: Ebd. S. 183.
- *Ohne seine halbrote, halbviolette Kluft.* S. 16. In: Ebd. S. 402.
- *Besonders die Glocken [...].* S. 16. In: Ebd. S. 425.
- *Das Buch wird das Bauwerk töten.* S. 17. In: Ebd. S. 209.
- *Bis zu Gutenberg [...].* S. 17. In: Ebd. S. 215.
- *Der Buchdruck wird die Architektur töten.* S. 17. In: Ebd. S. 210.
- *damals als der größte überdachte Raum [...].* S. 27. In: Ebd. S. 13.
- *Von tausend Armen gezogen [...]* S. 33. In: Œuvres poétiques. Vol. I. Ed. Pierre Albouy. Paris 1964. S. 311.
- *Schließlich war dann noch ein vierter Teilbereich.* S. 49. In: Notre-Dame de Paris. 1482. Ed. Marius-François Guyard. Paris 1961. S. 154/155.
- *1848. 14. März.* S. 76. In: Christine Ausser: Guide littéraide des Monuments de Paris. Paris 1992. S. 55/56.

- *Auf den Triumphbogen der Etoile.* S. 100. Übersetzt v. Heinrich Elsner. In: Poetischer Paris-Führer. Hrsg. v. Mona Wodsak. 2. Aufl. Darmstadt 1996. S. 45, 47.
- *Von weitem schon erfüllt beim goldnen Sonnenuntergang.* S. 101. In: Œuvres poétiques. T. I. Ed. Pierre Albouy. Paris 1964. S. 936/937.
- *Der Greis, mit Tagen ohne Zahl belastet.* S. 102. In: Ebd. S. 938.
- *Frankreich hat das Recht zu vergessen.* S. 103. In: Ebd. S. 921.
- *Für Joseph-Léopold-Sigisbert, Graf Hugo.* S. 103. In: Ebd. S. 917.
- *Oh, da mit starker Hand die Säule er erbaute.* S. 132. Aus: An die Vendôme-Säule. Übersetzt v. F. W. Dralle. In: Poetischer Paris-Führer. Hrsg. v. Mona Wodsak. 2. Aufl. Darmstadt 1996. S. 53.
- *So gelangten sie, immer den Kai entlanglaufend.* S. 135. In: Der Glöckner von Notre-Dame. Auf der Grundlage der Übertragungen v. Friedrich Bremer [...] neu erarbeitet v. Michaela Messner. 2. Aufl. München 2005. S. 552/553.
- *Hymne.* S. 208. In: Œuvres poétiques. T. I. Ed. Piere Albouy. Paris 1964. S. 832/833.
- *Im fünfzehnten Jahrhundert war Paris [...].* S. 213. In: Der Glöckner von Notre-Dame. A. a. O. S. 135/136.
- *In Wahrheit gab es, wenn man nach langem Umhertasten [...].* S. 217. In: Ebd. S. 132.
- *In der Mitte liegt die Ile de la Cité.* S. 218. In: Ebd. S. 152/153.
- *Seitdem hat die gewaltige Stadt angefangen.* S. 218. In: Ebd. S. 154/155.
- *Das Paris aus der Zeit Katharinas von Medici.* S. 219. In: Ebd. S. 154/155.

Kahnweiler, Daniel-Henry (1884 Mannheim–1979 Paris)

- *Ich machte mich also eines Tages auf den Weg zu Picasso.* S. 149. Übersetzung v. Susanne B. Milczewski. In: Reise Textbuch Paris. Hrsg. v. Hans von Ziegesar. München 1986. S. 271/272.

Kimpel, Dieter (1942 Krefeld)

- *Pilgerkirche,* Sacré-Cœur, *deren die Stadtsilhouette [...].* S. 154. In: Paris. Führer durch die Stadtbaugeschichte. München 1982. S. 343/344.

Koeppen, Wolfgang (1906 Greifswald–1996 München)

- *Der Prachtbau, den Ludwig XV. während einer schweren Krankheit [...].* S. 210. In: Reisen nach Frankreich und andere Reisen. Hrsg. v. Walter Erhart (= Werke. Hrsg. Hans-Ulrich Treichel. Band 10). Frankfurt a. M. 2008. S. 158.

La Fayette, Marie-Madeleine Comtesse De (1634 Paris–1692 Paris)

- *Der Hochzeitstag kam heran.* S. 52. In: Die Prinzessin von Cleve. Übersetzung Hans Broemser. Die Prinzessin von Montpensier. Reinbek bei Hamburg 1958. S. 21.
- *Den Tag der Verlobung verbrachte sie ganz damit.* S. 52. In: Ebd. S. 22/23.
- *Sogleich als der König im Schloss Tournelles verschieden war.* S. 138. In: Romans et Nouvelles. Ed. Émile Magne. Paris 1961. S. 357.

La Fontaine, Jean De (1621 Château-Thierry [Champagne]–1695 Paris)

- *Durch diese Eigenschaft der Großzügigkeit [...].* S. 55. In: Fables. Paris 1964. S. 197.

Laforgue, Jules (1860 Montevideo–1887 Paris)

- *Die feierliche Orgel stimmt.* S. 24. In: Œuvres complètes. I. Poésies. Paris 1962. S. 48.

LÉAUTAUD, PAUL (1872 Paris–1956 La Vallée-aux-loups [Hauts-de-Seine])
- *Im heutigen* Matin *großes Trara.* S. 178. Aus: Literarisches Tagebuch 1893–1956. Ausgewählt u. übersetzt v. Hanns Grössel. In: Reise Textbuch Paris. Hrsg. v. Hans von Ziegesar. München 1986. S. 241.

LEROUX, GASTON (1868 Paris–1927 Nizza)
- *Sie befanden sich in der zweiten Versenkung.* S. 115. In: Das Phantom der Oper. Deutsch v. Johannes Piron. 21. Aufl. München 2007. S. 250/251.
- *So kehrten sie allmählich zur riesigen Unterbühne zurück.* S. 115. In: Ebd. S. 259.

MALET, LÉO (1909 Montpellier–1996 Châtillon-sous-Bagneux [Hauts-de-Seine])
- *Die Julisonne überflutete die Champs-Elysées.* S. 96. In: Corrida auf den Champs-Elysées. Deutsch v. Hans-Joachim Hartstein. Reinbek bei Hamburg 1993. S. 7.

MARX, KARL (1818 Trier–1883 London)/ENGELS, FRIEDRICH (1820 Barmen–1895 London)
- *daß Herrn Sue, Herrn Rudolph […].* S. 26. In: Über Kunst und Literatur. Zweiter Bd. Frankfurt a. M., Wien 1968. S. 128.

MAUGER-KAUFFMANN, RENÉE (1902 Reims–1979 Asnières-sur-Seine bei Paris)
- *Place des Vosges.* S. 141. Übersetzt v. Mona Wodsak. In: Poetischer Paris-Führer. Hrsg. v. Mona Wodsak. 2. Aufl. Darmstadt 1996. S. 65.

MAUPASSANT, GUY DE (1850 Schloss Miromesnil bei Tourville-sur-Argues [Normandie]–1893 Paris)
- *Nachdem sie die Herzogin […].* S. 92. In: Stark wie der Tod. Aus d. Französischen v. Caroline Vollmann. Frankfurt a. M. 2004. S. 75.
- *Der Wagen fuhr schneller.* S. 104. In: Bel Ami. Ins Deutsche übertragen v. Anna Wagenknecht. München 1968. S. 209/210.
- *Das massige Gebäude, das man ‚Die nationale Musikakademie' nennt.* S. 113. In: Stark wie der Tod. A. a. O. S. 234/235.
- *Ich habe Paris und sogar Frankreich verlassen.* S. 168. In: La Vie errante. Paris 1890. S. 5.

MAUROIS, ANDRÉ (1885 Elbeuf–1967 Paris)
- *In dem eisigen Gotteshaus […].* S. 23. Zit. nach Voss, Karl [Bearb.]: Reiseführer für Literaturfreunde - Paris. 2. Aufl. Frankfurt a. M./Berlin 1995. S. 13.

MERCIER, LOUIS-SÉBASTIEN (1740 Paris–1814 Paris)
- *Für die Stadt ist der Pont-Neuf […].* S. 34. In: Mein Bild von Paris. Übertragen u. hrsg. v. Jean Villain. Leipzig 1979. S. 48.
- *In der Provinz glaubt man […].* S. 35. In: Ebd. S. 50.
- *Der Louvre.* S. 57. In: Ebd. S. 284/285.
- *Es war zugleich schrecklich und sonderbar.* S. 107. In: Tableau de Paris. Amsterdam 1793. T. 2. S. 298.
- *Obschon vor kurzem erst erweitert […].* S. 137. In: Mein Bild von Paris. A. a. O. S. 182.
- *Staatsgefängnis! Mit diesem einem Wort […].* S. 143. In: Ebd. S. 188.
- *Ansonsten aber graut den kleinen Leuten.* S. 144. In: Ebd. S. 189/190.
- *Wollt ihr wissen, wie Paris wirklich aussieht?* S. 219. In: Ebd. S. 20.

Miller, Henry (1891 New York–1980 Los Angeles)
- *Gerade in der Nacht sticht Sacré-Cœur [...].* S. 154. Übersetzung v. Kurt Wagenseil. In: Reise Textbuch Paris. Hrsg. v. Hans von Ziegesar. München 1986. S. 276.

Modiano, Patrick (1945 Boulogne-Billancourt)
- *Place de L'Etoile.* S. 95. In: La ronde de nuit. Paris 1969. S. 88.

Muscheler, Ursula
- *Wir Schriftsteller, Maler, Bildhauer.* S. 167. In: Die Nutzlosigkeit des Eiffelturms. Eine etwas andere Architekturgeschichte. 2. Aufl. München 2005. S. 204.

Musset, Alfred De (1810 Paris–1857 Paris)
- *Die Wegstrecke zwischen der Rue Grange-Batelière [...].* S. 118. In: Œuvres complètes en Prose. Ed. Maurice Allem et Paul-Courant. Paris 1960. S. 1104–1108.

Nerval, Gérard De (1808 Paris–1855 Paris)
- *Notre-Dame ist sehr alt.* S. 24. Übersetzt v. Mona Wodsak. In: Poetischer Paris-Führer. Hrsg. v. Mona Wodsak. 2. Aufl. Darmstadt 1996. S. 145.
- *Es gibt einen anderen Platz in der Stadt.* S. 31. In: Œuvres. Vol. 1. Ed. Albert Béguin et Jean Richer. Paris 1966. S. 477.
- *Der Pont-Neuf.* S. 34. In: Ebd. S. 483.
- *Der Traum ist ein zweites Leben.* S. 44. In: Ebd. S. 359.
- *Anschließend ging ich zur Kirche Saint-Eustache.* S. 44. In: Ebd. S. 399.
- *Nichts ist so schön wie diese Häuser des 17. Jahrhunderts.* S. 141. Ebd. S. 477.
- *Ich habe längere Zeit auf dem Montmartre gewohnt.* S. 147. In: Ebd. S. 121, 123/124.
- *Eine Allee im Luxembourg.* S. 204. Übersetzt v. Monika Schmid. In: Poetischer Paris-Führer. Hrsg. v. Mona Wodsak. 2. Aufl. Darmstadt 1996. S. 109.

Nizon, Paul (1929 Bern)
- *Wir fuhren im Taxi nach Pigalle.* S. 161. In: Paris. Ein literarischer Streifzug. Hrsg. v. Magali Nieradka u. Christian Schärf. Frankfurt a. M. 2011. S. 213.

Perec, Georges (1936 Paris–1982 Ivry sur Seine [Val-de-Marne])
- *Es gibt viele Dinge an der Place Saint-Sulpice.* S. 197. In: Versuch, einen Platz in Paris zu erfassen. Aus d. Französischen v. Tobias Scheffel. 2. Aufl. Konstanz 2011. S. 9.
- *Ein Großteil, wenn nicht die meisten dieser Dinge [...].* S. 198. In: Ebd.
- *Das Datum: 20. Oktober 1974 [...].* S. 198. In: Ebd. S. 48–50.

Perrault, Charles (1628 Paris–1703 Paris)
- *Als der Tuileriengarten vollständig neu bepflanzt [...] war.* S. 80. In: Christine Ausseur: Guide littéraire des Monuments de Paris. Paris 1992. S. 63/64.

Prévert, Jacques (1900 Neuilly-sur-Seine–1977 Omonville-la-Petite)
- *Aber als der Bouquiniste [...]* S. 29. In: Histoires et autres Histoires. Paris 1963. S. 17.
- *Ich war dabei, als etwas sich [...] ereignet hat.* S. 35. In: Ebd. S. 20/21.
- *Osiris oder Die Flucht nach Ägypten.* S. 64. In: Gedichte und Chansons. Französisch und Deutsch. Nachdichtungen v. Kurt Kusenberg. Reinbek bei Hamburg 1964. S. 179.

Prévost, Abbé (1697 Hesdin [Artois]–1763 Courteuil bei Chantilly)
- *Wir einigten uns schließlich auf einen vernünftigen Mittelweg.* S. 163. In: Manon Lescaut. Übertragen v. Walter Widmer. Frankfurt a. M., Hamburg 1962. S. 40.
- *eine in der Stadt und die andere auf dem Lande [...].* S. 163. In: Ebd. S. 41.
- *Da kam die Zeit heran, daß ich vor der theologischen Fakultät [...].* S. 214. In: Ebd. S. 35.

Proust, Marcel (1871 Paris–1922 Paris)
- *Im übrigen ist es ja auch im gleichen Lande so.* S. 63. In: Auf der Suche nach der verlorenen Zeit. Die Welt der Guermantes 2. T. Deutsch v. Eva Rechel-Mertens. Frankfurt a. M. 1967. S. 690/691.
- *Doch erregte der Name Poussin [...].* S. 64. In: Auf der Suche nach der verlorenen Zeit. Sodom und Gomorra. 1. T. Deutsch v. Eva Rechel-Mertens. Frankfurt a. M. 1979. S. 294.
- *Tuilerien.* S. 83. In: Freuden und Tage. Übertragen v. Luzius Keller. Frankfurt a. M. 1998. S. 143/144.
- *[...] der uns leider zu viele Wallfahrten [...].* S. 90. In: A la recherche du temps perdu. Ed. Jean-Yves Tadié. T. IV. Paris 1989. S. 374.
- *Statt dessen [...] wurde ich nur jeden Tag [...].* S. 93. In: Auf der Suche nach der verlorenen Zeit. In Swanns Welt 2. T. Deutsch v. Eva Rechel-Mertens. Frankfurt a. M. 1966. S. 520/521.
- *In dem Augenblick, da ich dank dem Billett [...].* S. 116. In: Auf der Suche nach der verlorenen Zeit. Die Welt der Guermantes 1. T. Deutsch v. Eva Rechel-Mertens. Frankfurt a. M. 1971. S. 45/46.
- *Er erinnerte sich an die Gaslaternen.* S. 119. In: A la recherche du temps perdu. Ed. Jean-Yves Tadié. T. I. Paris 1987. S. 341.
- *Einen Augenblick lang stellte Saint-Loup [...].* S. 161. In: Auf der Suche nach der verlorenen Zeit. Die Welt der Guermantes 1. T. A. a. O. S. 214.

Queneau, Raymond (1903 Le Havre–1976 Paris)
- *Man reißt Notre-Dame nieder.* S. 25. In: Œuvres complètes. I. Ed. établi par Claude Debon. Paris 1989. S. 400.
- *Problem der Weltbeschreibung.* S. 105. In: Christine Ausseur: Guide littéraire des Monuments de Paris. Paris 1992. S. 46/47.

Rabelais, François (1494 La Devinière bei Chinon–1553 Paris)
- *Ich glaube, diese Rüpel wollen [...].* S. 19. In: Œuvres complètes. T. I. Ed. Pierre Jourda. Paris 1962. S. 68.
- *Bei der Heiligen Mutter.* S. 19. In: Ebd. S. 69.
- *[...] wegen der weißen Oberschenkel.* S. 20. In: Ebd.
- *sie sind gute Flucher.* S. 20. In: Ebd.
- *mit Briekäse und frischen Heringen beladen.* S. 20. In: Ebd.

Régnier, Mathurin (1573 Chartres–1613 Rouen)
- *Betrachten wir doch diese Äbte.* S. 142. In: Paris, Ile de France, Nord von Raymonde Bonnefous, Bernadette Arnaud. In: Guide littéraire de la France. Paris 1964. S. 178.

REIMERTZ, STEPHAN (1962 Aachen)
- *„Nicht einmal fünf Minuten in Ruhe lesen [...].* S. 203. In: Paris. Ein Reiselesebuch. Hrsg. v. Sandra Kegel. Hamburg 2008. S. 55/56.

RÉTIF DE LA BRETONNE, NICOLAS-EDME (1734 Sacy/Yonne–1806 Paris)
- *Ich ging über den Pont Royal zu den Tuilerien.* S. 81. In: Christine Ausseur: Guide littéraire des Monuments de Paris. Paris 1992. S. 64/65.
- *Nachdem ich den schrecklichen Brand gesehen hatte.* S. 108. In: Ebd. S. 145/146.
- *Wie! Trotz meines Verbots dem Teufel helfen!* S. 108. In: Ebd. S. 146.

RILKE, RAINER MARIA (1875 Prag–1926 Sanatorium Valmont bei Montreux [Schweiz])
- *Das Karussell. Jardin du Luxembourg.* S. 202. In: Gesammelte Gedichte. Frankfurt a. M. 1962. S. 286.

RIMBAUD, ARTHUR (1854 Charleville–1891 Marseille)
- *Der Schmied.* S. 72. In: Sämtliche Dichtungen. Französisch und Deutsch. Übersetzung v. Walther Küchler, ergänzt durch Carl Andreas. Reinbek bei Hamburg 1963. S. 35, 39, 41, 43.

ROLLAND, ROMAIN (1866 Clamecy–1944 Vézelay)
- *Auch in Christof war irgend etwas verändert.* S. 62. In: Johann Christof. Bd. 2. Johann Christof in Paris. Aus dem Französischen übersetzt v. Erna Grautoff unter Mitwirkung v. Otto Grautoff. München 1977. S. 211/212.

ROMAINS, JULES (1885 St.-Julien-Chapteuil [Haute-Loire]–1972 Paris)
- *Abendessen Place du Tertre.* S. 156. In: Paris, un florilège - Paris-Lesebuch. Hrsg. u. übersetzt v. Martine Passelaigue u. Kristian Wachinger. 3. Aufl. München 2002. S. 57.
- *Place du Tertre.* S. 157. Übersetzt v. Mona Wodsak. In: Poetischer Paris-Führer. Hrsg. v. Mona Wodsak. 2. Aufl. Darmstadt 1996. S. 83.

RONSARD, PIERRE DE (1524 Château de la Possonnière [Vendômois]–1585 Saint-Cosme [Touraine])
- *Einst war König Franz [...].* S. 51. In: Œuvres complètes. T. II. Ed. Jean Céard, Daniel Ménager et Michel Simonin. Paris 1994. S. 796/797.

SÉVIGNÉ, MARIE DE RABUTIN-CHANTAL, MARQUISE DE (1626 Paris–1696 Schloss Grignan [Drôme])
- *Es handelt sich nochmals um Tod und Traurigkeit.* S. 21. In: Lettres de Mme. de Sévigné. Ed. Jean Baptiste Atoine Suard. Paris 1866. S. 538.

STIERLE, KARLHEINZ (1936 Stuttgart)
- *l'abrégé de l'univers.* S. 7. In: Der Mythos von Paris. Zeichen und Bewusstsein der Stadt. München, Wien 1993. S. 14.
- *Ort des gesteigerten Bewusstseins.* S. 7. In: Ebd. S. 37.

SUE, EUGÈNE (1804 Paris–1857 Annecy [Savoyen])
- *An einem kalten, regnerischen Dezemberabend.* S. 25. In: Die Geheimnisse von Paris. Aus d. Französischen übersetzt u. bearbeitet v. Bernhard Jolles. München 1982. S. 7.

SÜSKIND, PATRICK (1949 Ambach)
- *der zu den genialsten und abscheulichsten Gestalten [...] gehörte.* S. 45. In: Das Parfüm. Die Geschichte eines Mörders. Zürich 1985. S. 5.

- *Sie bedankte sich, ohne zu sagen, daß sie nicht beichten wolle.* S. 43. In: Ebd. S. 307–309.
- *An sonnigen Tagen liefen sie.* S. 46. In: Ebd. S. 244.
- *Höflich bat Herr Madinier darum [...].* S. 60. In: Der Totschläger. L'Assommoir. Ins Deutsche übertragen v. Gerhard Krüger. München 1965. S. 71–74.
- *Drei Monate später, an einem Dezemberabend.* S. 121. In: Nana. Aus d. Französischen v. Erich Marx. Frankfurt a. M., Leipzig 2008. S. 213.
- *Sie liebte die* Passage des Panoramas *über alles.* S. 121. In: Ebd. S. 220.
- *Als die Hochzeitsgesellschaft dann, auf dem Place Vendôme angekommen, [...].* S. 133. In: Der Totschläger. Ins Deutsche übertragen v. Gerhard Krüger. 4. Aufl. Berlin 1970. S. 103, 104, 105.
- *Er betrachtete Paris, dessen unendlich weites Meer [...].* S. 153. In: Paris. Paris 1898. S. 1.
- *Als sie sich umdrehten, bemerkten sie bei Vollmond [...].* S. 153. In: Christine Ausseur: Guide littéraire des Monuments de Paris. Paris 1992. S. 179.
- *An einem Montag, am 14. März [...].* S. 192. In: Das Paradies der Damen. Aus d. Französischen v. Hilda Westphal. 3. Aufl. Frankfurt a. M. 2007. S. 301/302.
- *Und noch immer betrachtete Mouret sein von all diesen Flammen umgebenes Frauenvolk [...].* S. 192. In: Ebd. S. 549/550.
- *Wie alle großen Feldherren [...].* S. 193. In: Ebd. S. 122/123.
- *Was die Damen am Weitergehen hinderte [...].* S. 194. In: Ebd. S. 511, 513.
- *Mouret hatte nur eine einzige Leidenschaft [...].* S. 194. In: Ebd. S. 302/303.
- *Zudem legte er ihr noch kunstvollere Schlingen [...].* S. 195. In: Ebd. S. 304.
- *Herr Madinier riet jedoch, den Blick zu heben.* S. 220. In: Der Totschläger. Ins Deutsche übertragen v. Gerhard Krüger. A. a. O. S. 105.

[Sofern nicht anders angegeben, stammen die Übersetzungen vom Verfasser.]

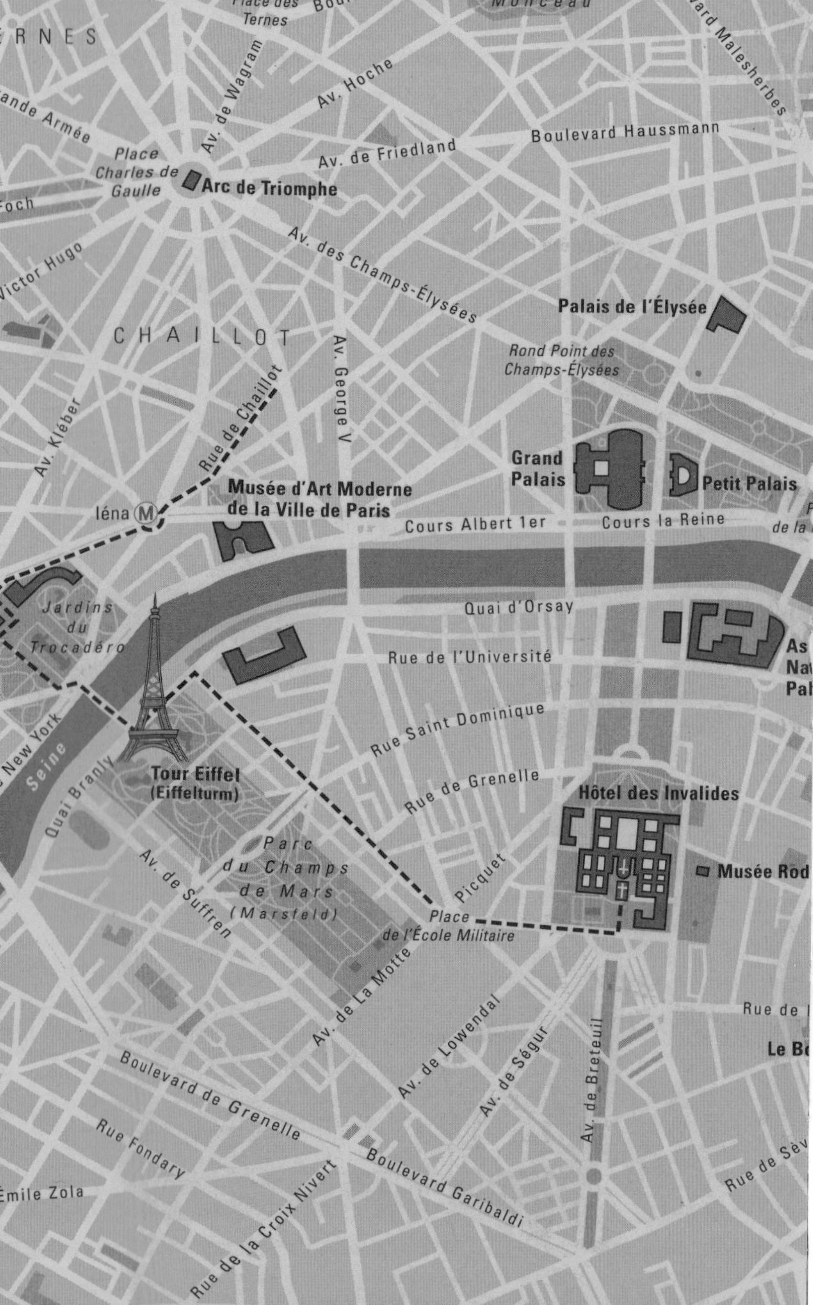
Place des Ternes
Monceau
Boulevard Malesherbes
Av. de Wagram
Av. Hoche
Boulevard Haussmann
Av. de Friedland
Place Charles de Gaulle
Arc de Triomphe
Av. des Champs-Élysées
Victor Hugo
CHAILLOT
Palais de l'Élysée
Rond Point des Champs-Élysées
Av. George V
Rue de Chaillot
Av. Kléber
Grand Palais
Petit Palais
Musée d'Art Moderne de la Ville de Paris
Iéna
Cours Albert 1er
Cours la Reine
Jardins du Trocadéro
Quai d'Orsay
Rue de l'Université
Rue Saint Dominique
Seine
Quai Branly
Tour Eiffel
(Eiffelturm)
Rue de Grenelle
Hôtel des Invalides
Parc du Champs de Mars
(Marsfeld)
Av. de Suffren
Picquet
Musée Rod
Place de l'École Militaire
Av. de La Motte
Av. de Lowendal
Av. de Ségur
Av. de Breteuil
Boulevard de Grenelle
Rue Fondary
Boulevard Garibaldi
Émile Zola
Rue de la Croix Nivert
Rue de Sèv

Abbildungsnachweis

S. 13: © microworks – Fotolia. com
S. 33: © bluesky6867 – Fotolia. com
S. 50: Hervé Champollion/akg-images
S. 86: © rob3rt82 – Fotolia. com
S. 106: © scalesy – Fotolia. com
S. 112: akg-images/Erich Lessing
S. 122: © TMAX – Fotolia. com
S. 136: © Ralf Gosch – Fotolia. com
S. 139: Hervé Champollion/akg-images
S. 155: akg-images/Catherine Bibollet
S. 172: © Beboy – Fotolia. com
S. 176: akg/Bildarchiv Monheim
S. 187: akg-images/ANA
S. 206: Hervé Champollion/akg-images
S. 212: akg-images/Gerard Degeorge